KATHARINA BETA
ERKENNST DU MICH?

KATHARINA BETA

ERKENNST DU MICH?

Aphorismen

Ibera verlag, wien

Die Deutsche Bibliothek – CIP-Einheitsaufnahme
Beta, Katharina :
Erkennst Du mich? :
Aphorismen:
/ Katharina Beta.
– Wien: Ibera-Verl., 2001
ISBN 3-85052-110-9

1. Auflage
© 2001 by Ibera Verlag/ EUP, Wien
Foto Schutzumschlag: Torsten Lapp
Druck und Bindung: Ueberreuter Buchproduktion, Korneuburg
ISBN- 3-85052-110-9
Alle Rechte vorbehalten, auch der auszugsweisen Wiedergabe
in Print- oder elektronischen Medien

www.ibera.at

INHALT

Einleitung 7

I. Kapitel
Lebensweisheiten wurden mir zu Wegweisern
  für ein glückliches Dasein 15
Reden wir über das Glück 19

II. Kapitel
Was bist du? 38
Weißt du, daß die Gesundheit
  mit der Schönheit verwandt ist? 46
Gehörst du zu den Philistern? 64

III. Kapitel
Liebst du deinen Feind? 68
Der Nächste ist nicht einfach jeder Mensch! 72
Ist das Gewissen eine Naturordnung? 77
Sagst du mir, was du hast? 80

IV. Kapitel
Was bedeutest du anderen Menschen? 89
Bist du eitel oder stolz? 96
Hast du in dieser Welt eine Bedeutung? 100
Hast du Ehrfurcht vor dem Alter? 107
Was denkst du über die Sexualehre? 108
Was bedeuten dir Ruhm und Ehre? 127

V. Kapitel
Kannst du eine Predigt nützlich anwenden? 139
Wie verhältst du dich zu dir selbst? 148

Läßt du dich vom Verzichten beglücken? 152
Vielleicht bist du geizig? 165
Das All betrachtet uns 173
Ich frage dich: Bist du neidisch? 179
Verfügst du über Phantasie? 194
Steck deinen Wünschen ein Ziel! 199
Hast du über die Bewahrung deiner Gesundheit
nachgedacht? 203

VI. Kapitel
**Denkst du darüber nach,
wie du dich anderen gegenüber verhältst?** **206**
Niemand kann über sich sehen 208
Vermeide jede Affektion 218
Sich Freunde zu verschaffen! 222

VII. Kapitel
Wie ist dein Verhalten zum Schicksal und zur Welt? 229
Bist du unschlüssig? 229
Die Lebensjahre 238
Das letzte Kapitel 258

Quellenverzeichnis 269

EINLEITUNG

Wie komme ich zu der Frage: „Erkennst du mich?"
Sie beantwortet sich einfach. Die Voraussetzung dafür ist, daß du dich kennst. Denn würdest du dich nicht kennen, gäbe es dich gar nicht, könntest du mich nicht einmal kennen. Wir brauchen den Vergleich. Das heißt: Jeder Mensch sieht sich im anderen und lernt sich dadurch selbst erkennen. Kennst du den Satz: Gleiches wird durch Gleiches erkannt? Wir streben im Selbst-Werden das Ganze an, um den Sinn des Ganzen zu erkennen.

Die Frage beschäftigt mich seit vielen Jahren, eigentlich wurde sie – ohne daß ich es noch wußte – bereits im Spital gestellt, als ich mein Gesicht in einem Spiegel sah. Damals war mein Gesicht nach einem Autounfall zerstört; außer den Augen, die mich sehen konnten, gab es nicht mehr viel Physiognomie. Warum das so war, wußte ich zu jenem Zeitpunkt noch nicht. Ich erkannte nur, daß die Gesichter der Menschen, die sich um mich bemühten, ganz anders waren als meines. Das bestärkte mich später in der Ansicht, anders zu sein, nicht zu ihnen dazuzugehören; ich war aus dem Wasser gekommen. Von meinem Leben vor dem schweren Autounfall mit Gehirnverletzungen und totalem Gedächtnisverlust weiß ich nichts. Ich war nur gegenwärtig in dem neuen Leben, in der neuen Zeit. Erst als ich Fragen an das Leben zu stellen versuchte, begann ich den ersten Schritt zu gehen.

Es wurde ein unendlich mühsamer Weg, der eigentlich noch nicht beendet ist, weil er immer wieder neue Kreuzungen und Umwege bereit hat. Das Gehen erforderte und erfordert Kraft, Disziplin und Ausdauer, aber auch Heiterkeit und Begegnungen mit Menschen, die sehr unter-

schiedliche Lebensanschauungen und Charaktere haben. Den Menschen aus dem Weg gehen zu wollen, wie ich es anfangs aus Angst vor ihnen tat, bedeutet, dem Leben und sich selbst aus dem Weg zu gehen. Der Lernprozeß findet nicht statt.
Als ich das Buch „Katharsis" geschrieben hatte, stellten sich die Fragen anders.
Viele Leserinnen und Leser schrieben mir und suchten mich auf. Sie spürten, angeregt durch meine Worte, daß sie ihren Lebensweg, ihre Lebensinhalte ändern wollten, daß ihnen aber die Kraft und der Mut dazu fehlten.
Wie soll ich es bewerkstelligen, fragte ich mich, ihnen allen von meiner Kraft zu geben, denn im Grunde verlangten sie nichts anderes. Wie kann ich für jemanden dessen Wege gehen, oder die Lebensinhalte anderer Menschen ändern, wenn ich selbst noch auf der Suche nach meinem Weg und dem Lebensinhalt bin? So viel wußte ich von mir!

Als der Punkt erreicht war, als ich erkannte, daß die Fragen einander immer mehr glichen, daß die Menschen auf der Suche nach sich selbst sind, ohne es sich eingestehen zu können, machte ich einen Versuch.
Vor meiner Wohnungstür stellte ich einen großen Spiegel auf und schrieb darüber: Erkennst du dich?
So mußte also jeder Ankommende zuerst sich selbst anschauen, die Frage lesen und sich die Antwort darauf geben.
Ich will es so formulieren: Wenn ein Mann in den Spiegel schaut, kann ihm darin kein Frauengesicht begegnen. Wenn die Lüge in den Spiegel blickt, kann nicht die Wahrheit herausschauen, und umgekehrt. Wenn ein Affe in den Spiegel schaut, kann kein Genie zurückblicken, und umgekehrt. Wenn ein Teufel hineinschaut, wie soll ihn ein Engel anlachen? Wenn ein zerstörtes Gesicht sich spiegelt, wie soll daraus eine einigermaßen harmonische Physiognomie werden? Das sind Vorstellungen und Wunschdenken, nicht aber Realität.

Ich selbst mußte mit Hilfe anderer Menschen mein eigenes Gesicht ändern! Niemand gab mir ein anderes. Ich mußte die Operationen erleiden. Narben entstanden, heilten, neue kamen dazu, die alten verblaßten. Wenn der Zweifel in den Spiegel schaut, blickt ihn daneben auch die Hoffnung an, wenn die Hoffnung in den Spiegel schaut, begegnet ihm daneben auch der Zweifel. Diese beiden sind nicht zu trennen. Hoffnung und Zweifel sind sozusagen ein Wortpaar, aber auch untrennbare Eigenschaften. Gleichermaßen sind Liebe und Schmerz, Zuversicht und Angst Wortpaare. Sie tauchen immer zusammen auf.

Ich möchte nun etwas weiter ausholen, um vielleicht selbstverständlich Gewordenes etwas zu lockern und zum Nachdenken aus einem anderen Blickwinkel anzuregen.

In unserer Sprache sind Grundwörter keine Einzelwörter, sondern Wortpaare. Das eine Grundwort ist das Wortpaar Ich-Du. Wenn das Du gesprochen wird, ist das Ich des Wortpaares Ich-Du mitgesprochen. Dieses Grundwort kann nur mit dem ganzen Wesen gesprochen werden, sagt Martin Buber. Die Verschmelzung zum ganzen Wesen kann nie durch mich, kann nie ohne mich geschehen. Ich werde am Du; ich-werdend spreche ich Du. Alles wirkliche Leben ist Begegnung.

Du trittst vor den Spiegel und bist darin du selbst!

Es ist lohnend, darüber nachzudenken. Vielleicht erkennt sich mancher Leser an den Spiegelbildern?

Unser Leben als Menschenwesen besteht nicht im Umkreis der zielenden Zeitwörter allein. Es besteht nicht aus Tätigkeiten allein, die ein Etwas zum Gegenstand haben. Ich nehme etwas wahr. Ich empfinde etwas. Ich stelle etwas vor. Ich will etwas. Ich fühle etwas. Ich denke etwas. All dies und seinesgleichen gründen das Reich Es. Das Reich des Du hat anderen Grund. Wer Du spricht, hat kein Etwas zum Gegenstand. Du grenzt nicht.

Jemand hat gesagt: „Du erfährst die Welt." Was heißt das? Einst griff ich über die Fläche der Dinge und begriff sie. Ich holte mir aus ihnen ein Wissen um ihre Beschaffenheit, eine Erfahrung. Ich erfuhr, was an den Dingen ist. Aber nicht Beschaffenheit allein brachte mir die Welt näher. Sie brachte mir nur eine Welt, die aus Es und Es und Es, aus Er und Er und Sie und Sie und Es besteht.

Ich erfahre etwas. Daran wird nichts geändert, wenn ich zu den äußeren die inneren Erfahrungen füge, der urewigen Trennung folgend, die der Begier des Menschengeschlechts entstammt, das Geheimnis des Todes abzustumpfen. Innendinge wie Außendinge – Dinge unter Dingen.

Kein Mensch ist reine Person, keiner reines Eigenwesen, keiner ganz wirklich, keiner ganz unwirklich. Jeder lebt im zwiefältigen Ich. Aber es gibt Menschen, die so personbestimmt sind, daß man sie Person, und Menschen, die so eigenwesenbestimmt sind, daß man sie Eigenwesen nennen darf. Zwischen jenen und diesen trägt sich die wahre Geschichte aus.

Je mehr der Mensch, je mehr die Menschheit vom Eigenwesen bestimmt wird, um so tiefer verfällt das Ich der Unwirklichkeit. In solchen Zeiten führt die Person im Menschen und in der Menschheit eine unterirdische, verborgene, gleichsam ungültige Existenz – bis sie aufgerufen wird. Der Mensch ist um so personhafter, je stärker er in der menschlichen Zwiefalt seines Ich ist, dessen Grundwort Ich-Du ist.

Das Wort Ich ist das wahre Schibboleth (Losungswort) der Menschheit. Welcher Mund spricht das Ich?

„Hör' nur darauf", sagt Martin Buber, und gibt mir neue Rätsel auf.

Ich erfahre etwas.

Als ich mit der Schaffung meiner Identität, meiner Physiognomie beschäftigt war, als ich das Leben zu finden hoffte und die Zusammenhänge der Menschengeschichte, begegnete

mir Arthur Schopenhauer und stellte mir ohne Worte die Frage: Kennst du mich? Ich bin eine Person aus dem Ganzen. Du weißt nicht, wer ich bin? Weißt du noch nicht, daß ein Ganzes viele, unendlich viele kleine Teilchen kennt, aus denen es sich nicht zusammensetzt, die es aber ausgliedert? Der Mensch als Maß aller Dinge?
Darauf kommen wir noch.
Jeder Mensch ist nicht ein Teil des anderen?

Ein Gleichnis will ich nennen: Eigenschaften, aus denen hervorgeht, daß der Löwe und der Bär sich als Raubtier gleichen, lassen nicht den Schluß zu, daß der Löwe ein Bär ist.

Also – durchfuhr es mich – wenn der Löwe in einen Spiegel blickt, kann nicht der Bär herausschauen, ebenso verhält es sich mit Mann und Frau; ich spürte den ziehenden Gedankenfaden eines riesigen Knäuels. Ich sah die Spinne ein Weltnetz weben – und sah das ganze Netz und seine Funktion.

Willst du mich kennen lernen? Ich habe dir viel zu sagen und will dich Teil werden (haben) lassen.

Was hast du mir zu sagen? Was hast du mir zu geben? Ich weiß noch wenig. Viel Menschliches ist mir fremd. Ich fordere viel.

Aber ich weiß, daß es nicht schwer wird, mich zu verstehen, wenn du nur willst.

Ja, es ist gut.

Die gesunde Natur ist nicht wehleidig. Es kann ihr nichts geschehen. Sie hat die Gnade der Empfängnis und nimmt alles auf, was in ihr wachsen kann. Wer für seine Natur zittert, hat keine. Die Menschen unserer Zeit sollten nicht eher ruhen, bis sie das Natürliche, Menschliche in sich selbst gefunden haben, das heilige Feuer in ihnen angefacht worden ist. Niemand wird ihnen ihren Besitz rauben. Alle werden ihn hüten und pflegen. Alle brauchen Hilfe, niemand schafft das allein. Sie schaffen es.

Wie?

Sie sollten wahrhaftig sein. Sie alle sollten aufhören, Komödie zu spielen. Zeige den Geschminkten dein ungeschminktes Gesicht und überlasse es jedem, zu sich selbst zu kommen. Die falschen Posen, die konventionellen Lügen, das unechte Pathos, die Fabrikware gebrauchsfähiger Gefühle; kaufe nichts, übernimm nichts, erzeuge alles selbst.
Lerne dich selbst kennen. Ertappe dich unbarmherzig bei jeder Lüge. Werde wesentlich. Es ist nicht die Welt des Scheins, in der du lebst, sondern die Welt des Seins. Nicht wer etwas macht, kann sich auf Dauer in ihr behaupten, nur wer etwas ist.
Halte dich frei von Abenteuern, bleibe innerlich und äußerlich sauber.
Die Natur verleiht jedem Menschen ein besonderes Gesicht. Es gibt ebensowenig zwei Menschen, die einander vollkommen gleichen, wie es an einem Baum zwei Blätter von absoluter Kongruenz gibt. Aber im schmalen Flußbett des bürgerlichen Lebens, vom Alltag hin und her gestoßen, werden die Menschen schließlich so abgeschliffen wie runde Kieselsteine. Einer sieht wie der andere aus. Sie bezahlen diesen Schliff mit ihrer persönlichen Physiognomie.
Das wird meistens viel zu spät bemerkt. Wenn es aber bemerkt wird, wird der Weg zurück zu sich selbst zu gehen versucht. Das ist der Punkt, an dem wir stehen, Menschen erleben jemanden, der es geschafft hat, ein Selbst zu werden und es bewußt zu sein. Sie möchten so werden wie dieser. Wir können einander gegenseitig helfen. Es gibt Beispiele, es gibt Vergleiche und Hinweise darauf, wie sie genutzt werden können. Immer wieder beginnen, immer wieder neu lernen, erkennen, erkannt werden, als auch mich erkennen und von dir erkannt werden.
Und ich begann mich mit Arthurs Gedanken zu beschäftigen, als wären sie für mich und wirklich nur für mich ge-

sprochen und geschrieben worden. Manches davon gebe ich jetzt weiter.

Anfangs war mir vieles rätselhaft in seiner Ausdrucksweise, weil die Worte vor mehr als einhundert Jahren gesprochen und geschrieben worden sind, weil sie ein anderes Satzgefüge haben, als es in unseren Tagen gebräuchlich ist; einfach, weil sie zu der Vergangenheit gehörten, die mir den Zugang verweigerte. Das ist eine Ausrede? Er sprach Gedanken aus, die mir fremd und neu waren, die mir dennoch bekannt erschienen, und ich war aus unerklärlichen Gründen angezogen und fasziniert. Arthur ist also nicht aus unserer gegenwärtigen Zeit, sondern sehr alt. Arthur wurde ein Freund. Ich unterhalte mich mit ihm, bitte ihn um Rat in unklaren Lebenssituationen und im Umgang mit Menschen.

Wenn ich Menschen beobachte – sei es beim Einkaufen, in der Straßenbahn, im Konzerthaus oder irgendwo in einem Straßenkaffee – und wenn ihr Verhalten, ihre Gestik im Widerspruch zu den Worten steht, die sie sagen, den Gründen, warum sie miteinander streiten, dann frage ich Arthur. Ist das verwirrend? Er verhalf mir oft zur Klarheit. Außerdem begann ich die Zusammenhänge zwischen der Gestalt und dem Ursprung, der Idee, zu suchen. Zum Beispiel die Phrasen: die Schafe von den Böcken trennen, oder: das Glas bis zur bitteren Neige austrinken, oder: durch den Schlüssel Erkenntnisse finden und ähnliche mehr. Was heißt das: mit den Füßen auf dem Boden bleiben können, wenn Gedanken mich in die Höhe ziehen?

Ich betrachte einen Baum. Ich kann ihn als Bild aufnehmen: starrende Pfeiler im Anprall des Lichts, oder: spritzendes Grün von der Sanftmut des blauen Grundsilbers durchflossen. Ich kann ihn als Bewegung verspüren: flutendes Geäder am haftenden und strebenden Kern, Saugen der Wurzeln, Atmen der Blätter, unendlicher Verkehr mit Erde und Luft – und das dunkle Wachsen selbst. Ich kann ihn als Gattung einreihen und als Exemplar beobachten in Aufbau und Lebensweise. Ich kann ihn als Diesmaligkeit und Geformtheit so hart überwinden, daß ich ihn nur noch als Ausdruck der Gesetze erkenne – der Gesetze, nach denen ein stetes Gegeneinander von Kräften sich stetig schlichtet, oder der Gesetze, nach denen die Stoffe sich mischen und entmischen.

In all dem bleibt der Baum mein Gegenstand und hat seinen Platz und seine Frist, seine Art und Beschaffenheit.

Es kann auch geschehen, aus meinem Willen und Gnade in einem, daß ich, den Baum betrachtend, in die Beziehung zu ihm eingefaßt werde, und nun ist er kein Es mehr. Die Macht der Ausschließlichkeit hat mich ergriffen.

So hat der Baum ein Bewußtsein, dem unseren ähnlich? Ich erfahre es nicht. Mir begegnet nicht die Seele des Baumes, sondern er selbst.

Stehe ich einem Menschen als meinem Du gegenüber, spreche ich das Grundwort Ich-Du zu ihm. Er ist kein Ding unter Dingen, nicht aus Dingen bestehend.

Wie sich die Melodie nicht aus Tönen zusammensetzt, der Vers nicht aus Wörtern und die Bildsäule nicht aus Linien – man muß daran zerren und reißen, bis man die Einheit zur Vielheit zubereitet hat, so ist auch der Mensch, zu dem ich Du sage.

Ich kann die Farbe seiner Haare oder die Farbe seiner Rede, die Farbe seiner Güte aus ihm holen, ich muß es immer wieder; aber schon ist er nicht mehr Du. Den Menschen, zu dem ich Du sage, erfahre ich nicht. Aber ich stehe in Beziehung zu ihm, im heiligen Grundwort. Wenn ich daraus trete, erfahre ich ihn wieder. Erfahrung ist Du-Ferne.

I. Kapitel
LEBENSWEISHEITEN WURDEN MIR ZU WEGWEISERN FÜR EIN GLÜCKLICHES DASEIN

Dasein, sagt Arthur, läßt sich wiederum definieren als ein rein objektiv betrachtetes, und das bei reiflicher Überlegung, da es hier auf ein subjektives Urteil ankommt. Dasein ist dem Nichtsein vorzuziehen. Daraus geht hervor, daß wir am Leben des Lebens wegen hängen, und nicht bloß aus Furcht vor dem Tod; und weiter, daß wir es von endloser Dauer sehen möchten. Die Frage, ob das menschliche Leben dem Begriff eines solchen Daseins entspricht, oder auch nur entsprechen könnte, verneint Arthur in seiner Philosophie; während der, der im Glück das höchste Ziel sieht, das Dasein bejaht.

Das Leben der Menschen hätte mehr Fülle, würden sie weniger träumen, was und wie etwas sein könnte, und mehr verwirklichen. Mit dem Mut zum ersten Schritt kann ein neuer Teil des Weges beginnen, können Brücken und bleibende Verbindungen zu anderen Menschen entstehen.

Mit dem Schwung des Anfangs kann etwas gelingen, bei dessen Planung wir uns überfordert sahen und an dessen Gelingen uns Zweifel überkamen. Wer nicht wagt, gewinnt nicht, sagt ein Sprichwort. Ob wir etwas Handwerkliches schaffen, etwas schreiben, erlernen, ordnen oder in einer Gemeinschaft etwas klären wollen, tun wir es doch ohne Anlaufzeit, denn langes Überlegen kostet viel Kraft und Zeit. Und wir sind auch noch mit Freude dabei. Im spontanen Handeln werden oft erstaunliche Kräfte frei und Begabungen geweckt, von denen wir vorher vielleicht nicht einmal etwas geahnt haben. Nimm dir ein Beispiel an jenen, sagt Arthur, die dem „göttlichen Wink" gehorchten und mutig Aufgaben übernahmen, bei denen sie sich überfordert sehen konnten, schließlich aber Neuerungen brachten und Großes schufen. Hier kommt es darauf an, *was* jemand ist.

Ich spreche hier von der schöpferischen Kraft, die im spontanen und mutigen Beginnen eines Tuns frei wird, nicht von unüberlegtem, einer ungezügelten Laune entspringendem Handeln. Dem fehlt der geniale Keim und die Kraft für einen guten Ausgang. Meist werden dadurch Schäden verursacht, und damit verbunden Unglück und Trauer.

Was immer du tun kannst oder träumst, es zu können, fang damit an!

Wir können heute über Ozeane fliegen, hören und sehen, aber der Weg zu uns selbst und zu unserem Nächsten ist sternenweit. Ich möchte mit Arthur in die unerforschten Gründe der menschlichen Seele hinabsteigen und geheimnisvolle Verwandlungen erleben, so daß ich mit Händen, Augen und Mund voller Wunder wieder auftauchen kann – und die angeborenen Fähigkeiten, zu lieben, zu hassen, zu jubeln und zu leiden in mir selbst erkenne. Du turnst täglich, um deine Muskeln zu stärken, damit sie nicht schwinden. Auch deine seelischen Organe, die doch für die lebenslange Arbeit geschaffen sind, dürfen nicht ungebraucht bleiben, denn dadurch verlieren sie mit der Zeit ihre Leistungsfähigkeit. Die seelische, die geistige und die körperliche Gesundheit hängen von der unverminderten Funktion ihrer Organe ab. Du kannst es spüren, wenn ein herzliches Gelächter dich befreit, ein tiefes Schluchzen dich erleichtert. Ja, du suchst oft unbewußt solche Ausbrüche. Viele Jahre und in vielen Elternhäusern sprach die Erziehung dagegen. Es hieß: Zeige nicht, was in dir vorgeht. So entstanden Verdrängungen, von denen das Leben voll ist. Die Welt wird sich nicht durch deine Freude oder durch deine Tränen verändern. Tränen trocknen schnell, die Freude ist wie das Lied eines Vogels, sie währt so lange, wie der Vogel singt. Die Veränderung passiert nur in dir, passiert in jedem selbst.

Im allgemeinen haben die Weisen aller Zeiten immer dasselbe gesagt, und die Mehrzahl der Menschen aller Zeiten haben immer das Gegenteil getan. Dazu sagt Voltaire: „Wir werden diese Welt ebenso dumm und so schlecht verlassen, wie wir sie vorfanden, als wir in ihr ankamen."

Ich möchte meine Erfahrungen mit Arthur gern weitergeben und bemühe mich, verständlich zu schreiben. Oft kommen die eigenen Gedanken, nach denen zu handeln gar nicht leicht fällt. Immer ist Übung notwendig.

Wir sagen: Nichts geschieht durch Zufall. Alles, was in unser Leben kommt, sei es gut oder schlecht, ist das Ergebnis eines unwandelbaren, unausweichlichen Gesetzes. Der das Gesetz in Gang setzt, bist du, und kein anderer. Niemand sonst hat dir je ein Leid zugefügt oder könnte das je tun, wenn es auch noch so sehr den Anschein haben mag. Bewußt oder unbewußt hast du irgendwann einmal jeden erwünschten oder unerwünschten Zustand erzeugt, der sich heute in deinem körperlichen Befinden oder in deinen Lebensumständen zeigt. Du und nur du allein hast diese Dinge heraufbeschworen. Jetzt treten sie in Erscheinung. So lange du über dich und dein Leben falsche Vorstellungen hast, werden dich die gleichen Schwierigkeiten belästigen. Jede Saat muß unweigerlich ihre eigene Art hervorbringen. Der Gedanke ist die Saat des Schicksals. Wir müssen lernen richtig zu denken. Lichtenberg sagt: Es ist weniger bedeutsam, was wir denken, aber wichtig ist es, wie wir denken. Das Leben braucht kein Kampf zu sein, sondern kann zum Abenteuer werden.

Dazu muß allen, die mich hören, bewußt sein, daß ich dann, wenn ich den Menschen meine, den ganzen, ungeteilten Menschen sehe, der ein inneres und ein äußeres Erscheinungsbild hat.

Aristoteles hat die Güter des menschlichen Lebens in drei Klassen geteilt: die äußeren, die der Seele und die des Leibes. Das, was den Unterschied im Schicksal der Sterblichen begründet, sagt Arthur, läßt sich auf drei Grundbestimmungen zurückführen. Diese sind:
1. was einer ist: also die Persönlichkeit im weitesten Sinne, worin die Gesundheit, die Kraft, die Schönheit, das Temperament, der moralische Charakter, die Intelligenz und Ausbildung und dergleichen inbegriffen sind.
2. was einer hat: also Eigentum und Besitz in jeglichem Sinne.
3. was einer vorstellt: Darunter wird bekanntlich verstanden, was jemand in der Vorstellung anderer Menschen ist, d.h. welche Vorstellung oder Meinung also andere Menschen von ihm haben.

Die unter 1 zu betrachtenden Unterschiede sind solche, die die Natur selbst zwischen Menschen gesetzt hat, woraus sich erkennen läßt, daß der Einfluß dieser Unterschiede auf Glück und Unglück viel wesentlicher ist als jene, die sich aus den Umständen ergeben, die unter den anderen Rubriken genannt werden. Zu den echten persönlichen Vorzügen, dem großen Geist und dem großen Herzen, verhalten sich alle Vorzüge der Geburt, des erworbenen Titels, des Reichtums und dergleichen mehr wie die Theaterkönige zu den wirklichen.

Vor langer Zeit schreibt Metrodorus, der erste Schüler des Epikur, „Das Glück ist eine leichte Sache, aber es ist sehr schwer, es in uns, und unmöglich, es anderswo zu finden."

REDEN WIR ÜBER DAS GLÜCK

„So machen es die Spieler von Ruf", sagt Gracian. „Ein schöner Rückzug ist ebenso viel wert wie ein kühner Angriff. Man bringe seine Taten, wann ihrer genug, wann ihrer viele sind, in Sicherheit. Ein lange anhaltendes Glück ist allemal verdächtig: das unterbrochene ist sicherer, und das süßsaure deshalb sogar dem Geschmack angenehmer." Je mehr sich Glück auf Glück häuft, desto mehr Gefahr laufen die Spieler, auszugleiten, und alle miteinander niederzustürzen. Die Höhe der Gunst des Glücks wird oft durch die Kürze ihrer Dauer aufgewogen: denn das Glück wird es müde, einen so lange auf den Schultern zu tragen.

Sicher ist für unser Wohlbefinden, ja für die ganze Art und Weise unseres Daseins, die Hauptsache, was in uns selbst besteht und vorgeht. Aber es ist nichts ohne Grund. Den Tieren haben wir das begriffliche Denken voraus. Das Wort Ich bezeichnet nicht nur das Erkennende, untrennbar damit verbunden ist auch das Wollende. Die Handlung ist ein Willensakt, der durch das Motiv hervorgerufen wird. Jeder Mensch muß, nach eingetretenem Motiv, die Handlung vollziehen. Platon sagt, die Idee will sich gestalten, wie sie dem angeborenen und unveränderlichen Charakter gemäß ist, und folgt unausbleiblich wie jede andere Wirkung der Ursache.

In uns liegt unser Behagen oder Unbehagen, das sich als unmittelbares Resultat unseres Empfindens, Wollens und Denkens erweist; alles außerhalb Gelegene hat nur mittelbaren Einfluß darauf. Daher prägen dieselben äußeren Verhältnisse oder Vorgänge jeden Menschen anders, und bei gleicher Umgebung lebt doch jeder in einer anderen Welt. Jeder hat nur mit seinen eigenen Vorstellungen, Gefühlen und Willensbewegungen unmittelbar zu tun. Die Äußerlichkeiten haben nur Einfluß auf den Menschen, wenn sie Veranlasser der Willensbewegungen und Gefühle sind. Die Welt, in der jeder lebt, hängt davon ab, wie jeder die Welt sieht, wie er sie erlebt.

Unser Körper ist uns auch gegeben worden, um unserem Willen die Gestaltungskraft zu geben. Jede willkürliche Bewegung ist die Erscheinung eines Willensaktes. Zähne, Schlund und Darmkanal sind der objektivierte Hunger, die Genitalien der objektivierte Geschlechtstrieb, die greifenden Hände, die raschen Füße, entsprechen dem schon sehr mittelbaren Streben des Willens, das sie darstellen. Diesen Willen müssen wir in allem suchen, was uns als Vorstellung gegeben ist: in Menschen und Tieren, in der treibenden Kraft der Pflanze, in der Hinwendung des Magneten zum Nordpol, in der chemischen Verbindung und Trennung, im Fallen des Steines zur Erde, und im Drang der Erde zu der Sonne. Der Wille ist das, was Kant „das Ding an sich" genannt hat. Er erscheint in der blindwirkenden Naturkraft, wie im überlegten Handeln des Menschen. Die stufenweise Objektivierung des einen untrennbaren Willens ist die ganze sichtbare Welt. Erst für die Dinge in ihr gibt es Einzelursachen, aus denen ein Ding gerade hier und gerade jetzt ist.

In der Pflanzenwelt wirkt der Wille noch völlig erkenntnislos. Die Erkenntnis wird erst notwendig, wenn das Suchen und Auswählen von Nahrung eine Rolle spielt. Als ein Mittel zur Erhaltung des einzelnen Menschen und der Art hat sich das Gehirn entwickelt. Es ist ein Werkzeug, wie jedes andere Organ des Leibes. Aber sobald das Erkennungsorgan da ist, wird die Welt, die bisher bloß Wille war, zugleich Vorstellung. Zum Verstand, den auch die Tiere haben, gesellt sich die Vernunft, das Vermögen der Begriffsbildung. Damit erhält der Wille die Erkenntnis von seinem Wollen, vom Leben, und kann es als Ganzes beurteilen. Das Ergebnis der Betrachtung ist nicht erfreulich. Es gibt keine beste Welt, sondern nur eine grundschlechte. Die Hemmung des Willens wird als Leiden empfunden, das Erreichen des Zieles als Glück.

Sei zufrieden mit dem, was du erreicht hast, sagt Arthur, und fährt sogleich fort: Es ist menschlich, daß keine Befriedigung andauert, sondern es setzt immer wieder neues Streben ein. Also ist die Welt im steten Leiden begriffen, ohne bleibendes Glück. Die Begabten sind nicht etwa die Glücklichsten, im Gegenteil. Mit der Fähigkeit zu empfinden wächst der Schmerz. Der, in dem der Genius lebt, leidet am meisten.

Die Auffassungsgabe von der Welt, in der jeder lebt, richtet sich nach der Verschiedenheit der Köpfe, danach wird sie arm, schal und flach, oder reich, interessant und bedeutungsvoll ausfallen. Denn Begebenheiten, die sich in einem geistreichen Kopf so interessant darstellen, würden, von einem flachen Alltagskopf aufgefaßt, auch nur eine schale Szene aus der Alltagswelt sein. Sehr klar stellt sich dies bei manchen Gedichten Goethes und Byrons dar, denen offenbar reale Vorgänge zugrundeliegen. Ein wenig begabter oder oberflächlicher Leser ist imstande, den Dichter um jene Begebenheit zu beneiden, anstatt um die große Phantasie, die aus einem ziemlich alltäglichen Vorfall etwas so Schönes zu machen fähig war.

Ein Unterschied zeigt sich auch, wenn du Einblick in die Theaterwelt nimmst, wenn ein Melancholiker eine Trauerspielszene sieht, wo ein Sanguiniker nur einen interessanten Konflikt und der Phlegmatiker etwas Unbedeutsames vor sich hat. Dies alles beruht darauf, daß jede Wirklichkeit, jede erfüllte Gegenwart aus zwei Hälften besteht, dem Subjekt und dem Objekt. Sie stehen in so notwendiger und enger Verbindung wie Oxygen und Hydrogen im Wasser. Bei völlig gleicher objektiver Hälfte, oder verschiedener subjektiver, ist daher, so gut wie im umgekehrten Fall, die gegenwärtige Wirklichkeit eine ganz andere: die schönste und beste objektive Hälfte bei stumpfer, schlechter subjektiver gibt doch nur eine schlechte Wirklichkeit und Gegenwart, die vergleichbar ist mit einer schönen Gegend bei schlechtem Wetter.

Arthur sagt: „Jeder steckt in seinem Bewußtsein wie in seiner Haut und lebt unmittelbar nur in derselben. Daher ist ihm von außen nicht viel zu helfen. Auf der Bühne spielt einer den Fürsten, der andere den Rat, ein dritter den Bettler oder Diener, aber diese Unterschiede sind äußerlich, im Kern einer solchen Erscheinung steckt bei allen dasselbe: ein armer Komödiant mit seiner Plage und Not. Im Leben ist es auch so."

Die Unterschiede von Titel und Reichtum lassen jeden seine Rolle spielen, die jedoch keineswegs der inneren Verschiedenheit von Glück und Gehaben entspricht, denn auch hier steckt in jedem derselbe arme Tropf mit seiner Not und seiner Plage. Es sind nur die Inhalte bei jedem anders, aber dem eigentlichen Wesen nach so ziemlich bei allen gleich. Alles, was für den Menschen da ist und was geschieht, passiert unmittelbar nur in seinem Bewußtsein und für sein Bewußtsein; so ist offenbar die Beschaffenheit des Bewußtseins das zunächst Wesentliche. Darauf kommt es in den meisten Fällen mehr an als auf die Gestalten, die sich darstellen. Alle Pracht und alle Genüsse aus einem dumpfen Bewußtsein betrachtet, sind sehr armselig, verglichen mit dem Bewußtsein des Cervantes, der in seinem unbequemen Gefängnis den „Don Quichote" schrieb.

Das ist so, weil die objektive Hälfte der Gegenwart und Wirklichkeit in der Hand des Schicksals steht und daher veränderlich ist. Die subjektive Hälfte sind wir selbst, sie ist daher im wesentlichen unveränderlich. Folglich trägt das Leben jedes Menschen trotz aller Abwechslung von außen, immer denselben Charakter und ist mit einer Reihe von Variationen zu einem Thema zu vergleichen. Aus seiner Individualität kann keiner heraus.

Wir ziehen den Vergleich mit dem Tier, das unter allen Verhältnissen, in die es hineingestellt wird, auf den engen Kreis beschränkt bleibt, den die Natur seinem Wesen unwiderruflich gezogen hat. Deshalb sind manche Bestrebungen, ein geliebtes Tier zu beglücken, stets seinen Bedürfnissen anzupassen. So ist es auch mit dem Menschen. Durch seine Individualität ist das Maß seines möglichen Glückes im voraus bestimmt. Vor allem die Grenzen seiner Geisteskräfte haben die Fähigkeiten zu erhöhtem Genuß festgelegt.

Sind sie eng, so werden alle Bemühungen von außen, alles was Menschen tun können, alles was das Glück für uns zu tun vermag, ohne Sinn sein, dieser Mensch läßt sich nämlich nicht über das Maß des gewöhnlichen, halb tierischen Menschenglückes und Behagens hinausführen. Er bleibt auf Sinnengenuß, trautes und heiteres Familienleben, niedere Gesellschaft und vulgären Zeitvertreib angewiesen. Sogar die Bildung vermag zur Erweiterung seines Horizontes gar nicht so viel, wie man meint.

Die höchsten und anhaltendsten Genüsse sind die geistigen; wie sehr wir uns auch in der Jugend darüber täuschen mögen. Hieraus wird erkennbar, wie sehr unser Glück von dem abhängt, was wir sind, von unserer Individualität, während wir meistens nur unser Schicksal, nur das, was wir haben oder vorstellen, in Betracht ziehen. Das Schicksal kann sich bessern; außerdem wird man, bei innerem Reichtum, nicht viel von ihm verlangen; jedoch bleibt ein Tropf ein Tropf, ein dumpfer Klotz ein dumpfer Klotz bis an sein Ende, und wäre er im Paradies.

Dazu sind Goethes Worte passend:

Volk und Knecht und Überwinder,
sie gestehn zu jeder Zeit,
höchstes Glück der Erdenkinder
sei nur die Persönlichkeit.
(Westöstlicher Diwan)

Daß für unser Glück und unseren Genuß das Subjektive ungleich wesentlicher ist als das Objektive, bestätigt sich in allem, beginnend bei dem Sprichwort, daß der Hunger der beste Koch ist, bis zum Leben des Genies oder Heiligen. Alle äußeren Güter sind weniger wichtig als die Gesundheit. Es ist sicher richtig, daß ein gesunder Bettler zufriedener ist als ein kranker König. Ein Mensch in vollkommener Gesundheit, mit einem ruhigen und heiteren Temperament, mit lebhaftem, richtig fassendem Verstand, mit gemäßigtem, sanftem Willen hat sicher auch ein gutes Gewissen; dies sind Vorzüge, die kein Titel oder Reichtum ersetzen kann.

Was du für dich selbst bist, was dich in die Einsamkeit begleitet, und was keiner dir geben oder nehmen kann, ist offenbar für dich wesentlicher als alles, was du besitzen kannst oder was du in den Augen anderer Menschen sein kannst. Ein guter, gemäßigter Charakter kann auch unter dürftigen Umständen zufrieden sein, während ein begehrlicher, neidischer und böser dies bei allem Reichtum nicht ist.

Für den, der den Genuß einer außerordentlichen, geistig eminenten Individualität hat, sind die meisten allgemein angestrebten Genüsse ganz überflüssig, ja störend und lästig. Daher sagt Horaz: „Elfenbein, Marmor, Geschmeide, Bilder, Silbergerät und Gewänder gefärbt mit Purpur, – viele entbehren dergleichen; und einige fragen danach nicht."

Und Sokrates sagt beim Anblick zum Verkauf ausgelegter Luxusartikel: „Wie vieles gibt es doch, was ich nicht nötig habe."

Für unser Lebensglück ist das, was wir sind, die Persönlichkeit, das Erste und Wesentliche. Sie ist beständig und unter allen Umständen wirksam, zudem ist sie nicht dem Schicksal unterworfen und kann uns nicht entrissen werden. Die Persönlichkeit hat beständigen Wert im Gegensatz zu Glück und Reichtum oder Titel. Daran ist erkennbar, daß dem Menschen durch Äußeres weniger beizukommen ist, als allgemein angenommen wird. Nur die Zeit übt auch hier ihre Kraft und ihr Recht; ihr unterliegen die geistigen und die körperlichen Vorzüge, nur der moralische Charakter bleibt ihr unzugänglich.

Wie an dem Tag, der dich der Welt verliehen,
die Sonne stand zum Gruße der Planeten,
bist alsobald und fort und fort gediehen,
nach dem Gesetz, wonach du angetreten.
So mußt du sein, dir kannst du nicht entfliehen,
so sagten schon Sibyllen, so Propheten,
und keine Zeit und keine Macht zerstückelt
geprägte Form, die lebend sich entwickelt.
J. W. von Goethe

Das einzige, was in dieser Hinsicht in unserer Macht steht, ist, daß wir die gegebene Persönlichkeit zum möglichsten Vorteil nutzen, das heißt, nur die uns entsprechenden Bestrebungen verfolgen und uns um eine Ausbildung bemühen, die uns angemessen ist, und jede andere zu meiden versuchen, also die Lebensweise wählen, die zu uns paßt.

Ein mit ungewöhnlicher Muskelkraft ausgestatteter Mensch, der durch äußere Verhältnisse genötigt ist, einer sitzenden Beschäftigung, einer kleinlichen Handarbeit nachzukommen oder aber auch Studien und Kopfarbeit zu treiben, weil es die Eltern wünschen, was ganz andere Kräfte fordert, als er hat, dessen ausgezeichnete Kräfte aber ungenutzt bleiben, der wird sich zeitlebens unglücklich fühlen. Noch mehr wahrscheinlich jener, bei dem die intellektuellen Kräfte sehr stark überwiegen und der sie ungenutzt und unentwickelt lassen muß, um einer körperlichen Beschäftigung nachzugehen, zu der seine Kraft nicht ausreicht. In der Jugend stellen sich oft diese Fragen, weil sich Jugendliche ein Übermaß an Kräften zuschreiben, die nicht vorhanden sind.

Weise ist und bleibt es, wenn wir den größeren Wert auf die Erhaltung unserer Gesundheit legen und auf die Ausbildung unserer Fähigkeiten, als auf den Erwerb von Reichtum hinzuarbeiten, das heißt aber nicht, daß man den Erwerb von allem Notwendigen vernachlässigen soll.

Die Bewegung des Körpers ist wichtig und notwendig. Kinder und Jugendliche können nicht auf virtuelle Art in das Leben hineinwachsen. Sie müssen auf eine körperliche Art hineinwachsen und können erst dann einen Einstieg in die virtuelle Welt finden. Ich glaube, daß die Sinnfindung des Erwachsenen weitgehend davon abhängt, ob dieser Bezug zur Welt in der Kindheit über seinen Körper stattgefunden hat oder nicht. Wenn sich Kinder in die Umwelt integrieren, lernen sie etwas von der Umwelt und gleichzeitig etwas über sich und ihren Körper. Für jedes Kind sind die Personen in seiner Umgebung die wichtigsten Momente seiner Umwelt. Die Entwicklung des menschlichen Individuums geschieht unter Rahmenbedingungen, die seiner Entwicklungsgeschichte entsprechen. Wir können zwar unsere Entwicklung vorantreiben, aber nicht Teile unserer biologischen Geschichte ignorieren. Wenn diese archaische Auseinandersetzung nicht gelingt, bezahlen wir sowohl auf individueller Ebene (mit einem hohen Maß an Sinnverlust, Depressionen, Streß, Krankheiten), als auch auf kollektiver Ebene (mit Krieg, Zerstörung der Umwelt etc.) einen hohen Preis. Jugendliche werden durch frühes Eintauchen in die virtuelle

Welt (Computerspiele) ihrer Umgebung und der Natur entfremdet.

Eltern, die im Überfluß leben oder meinen, sie müßten ihren Kindern etwas Gutes tun und ihnen so früh wie möglich die virtuelle Welt öffnen, tun sicherlich nichts Gutes, wenn sie nicht gleichzeitig auch für die Bewegung in der Natur sprechen und ihre Kinder dazu anleiten.

Wer sein Dasein bejaht und ihm jedes fremde opfert, also folglich Unrecht tut, ist böse. Der höchste Grad der Bosheit ist die Freude an der Qual der anderen. Wenn einer den anderen quält, sind beide in Wahrheit nur Erscheinungsformen des Willens, der die Zähne in sein eigenes Fleisch schlägt. Daher sagt die Weisheit der Inder: „Das bist du" (Tat tvam asi).

Es gibt in den Belangen der Gesundheit nur zwei wirkliche Gegner: das Halbwissen und die schädigenden Gewohnheiten, die sich in unser Leben eingeschlichen, darin breitgemacht und festgesetzt haben. Es stimmt, wir sind zivilisiert, gebildet, technisch fortgeschritten und wir wissen viel. Aber wir sind gleichzeitig – und das gilt für die allermeisten von uns – bequem, instinktlos, naturfern und in der Lebensweise zum Teil sogar unnatürlich geworden. Die Folgen sind: Krankheitsanfälligkeit, Unzufriedenheit, Ängste, seelische und körperliche Leiden, kurzum Krankheit in irgendeiner Form. Ich sehe nur einen einzigen Weg, der aus allem Ungemach, aus Schwäche und Krankheiten herausführt: die Abwendung von Naturwidrigem, von schädigenden Gewohnheiten und das Ergreifen der Hände, die uns die Natur helfend darreicht.

Wie wahr sind doch Arthurs zeitlose Worte: „Gesundheit bedeutet nicht alles, aber ohne Gesundheit ist alles nichts."

Die allermeisten von uns Hochzivilisierten erreichen nicht das von der Natur vorgesehene Alter, und selten tritt jemand in seine Altersjahre in der geistig-seelisch-körperlichen Verfassung, die ihm eigen sein müßte, gäbe es nicht die fortwährende, zumeist unwissentlich vorgenommene Demontage der Gesundheit, und gäbe es nicht die Zivilisationskrankheiten.

Langjährige vielfältige Studien und vergleichende Untersuchungen, in die auch sehr alte Menschen einbezogen waren, haben eindeutig ergeben: Wir können nicht ein einziges Jahr zu der uns biologisch bestimmten Lebenszeit hinzugewinnen. Aber wir können es vermeiden, wehrlose Opfer der Zivilisation zu werden, unser Leben mit Beschwerden, Krankheiten und chronischen Leiden zu belasten und es um Jahre, ja, Jahrzehnte zu verkürzen. Wir können es vermeiden, indem wir die vielfältige, Tag für Tag fortgesetzte Demontage unserer Gesundheit oder der Gesundheit unserer Kinder, die immer üblere, zum Teil katastrophale Folgen hat, nicht mehr betreiben. Wir sollen bis zu unserem Tod als körperlich wie geistig gut funktionierende Wesen leben können, und nicht schon von mittleren Lebensjahren an bis zum Tod fortwährend abbauen, Beschwerden haben und schließlich dahinvegetieren.

Ungünstige Erbanlagen sind nicht ausnahmslos unbeeinflußbar „Schicksal", und konstitutionell bedingte Schwäche und Krankheitsanfälligkeit sind weitgehend oder ganz beseitigbar. Verlangt ist lediglich, Falsches, und deshalb Schädigendes zu unterlassen und zu vermeiden und die Heilkräfte der Natur wie auch die Natur selbst zu nützen.

Die Lehre von der Seelenwanderung bringt den Menschen die gleiche Wahrheit in mystischer Verkleidung zum Bewußtsein. Die echte Tugend entspringt der unmittelbar erlebten Erkenntnis, daß im anderen Individuum dasselbe Wesen lebt wie in meinem eigenen Ich. Wir betrachten unsere Hände, weil sie die Hände unseres Körpers sind. Das

Dasein anderer Menschen wird uns dadurch zur Gewißheit, daß wir einander die Hände reichen, einander berühren. Ein anderer Körper wird spürbar. Es ist, als dehnen wir uns selbst aus. Durch das Aneinanderfügen von zwei Händen nimmt der eigene Arm an Reichweite zu. Der andere Mensch ist Gestalt (Körper), wie ich selbst Gestalt bin. Richtig ist, daß ich nicht sehen, nicht hören, nicht denken könnte, wenn ich nicht auch Mensch wäre. Ich berühre meine linke Hand mit meiner rechten Hand. Mein Körper lebt in dieser Welt. Durch das Berühren einer anderen menschlichen Hand erweitere ich meinen Lebenskreis, ziehe den anderen Menschen jedoch nicht herein. Der gute Mensch lebt in einer Welt befreundeter Erscheinungen, für ihn gibt es keine Schranken, wo er aufhört und der andere anfängt.

Alle wahre und reine Liebe ist Mitleid, und jede Liebe, die nicht Mitleid ist, ist Selbstsucht.

Warum sage ich das? Eine konkrete Betrachtung kann am Phänomen der Liebe manches deutlich machen, was trotz seiner Wichtigkeit leicht übersehen wird. Es läßt sich zeigen, daß auch Liebe nicht einfach nur friedliche Harmonie ist, sondern eine sehr vielfältig strukturierte Beziehung des Ich-bezogenen Begehrens, Ergebenheit, Aggression, Identitätserlebnis und letzte Einsamkeit, Selbstwerdung und Entfremdung, Selbstsucht, Erinnerung und Hoffnung. Eine stärkere Hinwendung zur Empirie erschließt sowohl philosophisch wie theologisch wichtige Einsichten. Auch die Ich-Du-Beziehung, mit der sich dialogisches Denken beschäftigt, ist nicht von Anfang an fertig. Sie tritt auch nicht an irgendeinem späteren Zeitpunkt des menschlichen Lebens unvermittelt auf, sondern entwickelt sich in einem Prozeß, in dem sie auch einen grundlegenden Wandel durchmacht. Für das Verhalten gegenüber dem Mitmenschen ist der Vollzug der Liebe besonders grundlegend; sie ist keine selbstverständliche und einfach zu begreifende Sache. Sie birgt vielmehr das ganze Geheimnis des Menschseins in sich. Nur so weit man Liebe begreift, kann man auch ihre Gegensätze, wie Haß und Einsamkeit, erhellen. Aber darüber sprechen wir später noch ausführlich (vgl. Kapitel III). Hier soll nur kurz auf das Thema eingegangen werden.

Ich gehe davon aus, daß du dich selbst im anderen suchst. Richtig ist, daß du dich selbst am meisten liebst, mehr als jeden anderen Menschen. Ob du es willst oder nicht oder dir die Verwerflichkeit dessen immer bewußt ist, es ist einfach so. Du bist schon ein gutes Stück auf dem Weg, wenn du einen andern lieben kannst wie dich selbst. Du bist gewiß auf dem falschen Weg, wenn du einen anderen liebst, dich jedoch nicht! Dann nämlich ist es nicht Liebe, was dich mit dem anderen verbindet. Es ist deine Suche nach dem fehlenden Stück Selbst im anderen Menschen, im Freund. Aristoteles sagt richtig: „Freundschaft ist hergeleitet von dem Verlangen des Menschen zu sich selbst."

Freundschaft ist das Abbild, das Urbild ist die Selbstliebe. Die Suche nach dem fehlenden Stück selbst, dem Mut zum Beispiel, der Kraft – ich denke daran, wie es in früherer Zeit gehalten wurde, als es noch Ritter gab, die dem mutigen Feind, der sich tapfer schlug und nur sehr schwer zu besiegen war, das Herz herausschnitten und es aufaßen in dem Glauben, mit diesem Herzen den Mut, die Kraft und die Kühnheit des anderen Menschen sich einverleiben zu können. Ist das nicht reiner Egoismus, reinste Selbstsucht? Da war das Habenwollen, das „Sein wollen wie" Mitleid mit der eigenen Person in der Erkenntnis: Diese Güter fehlen mir. War da Achtung vor dem Besiegten? Oder gar Mitleid mit dem Getöteten, der gegeben hatte, was der Sieger brauchte? Heute nennt man das Transplantation – tauscht ein krankes gegen ein gesundes Herz aus, um das Leben (oder das Sterben) zu verlängern, weil man meint, fremde Kraft gegen den Tod oder das Schicksal stellen zu können.

Die Suche nach der fehlenden Selbstliebe im Freund ist sicher ein falscher Weg, weil du Lieben sofort mit dem Habenwollen verwechselst, du erkennst Eigenschaften im anderen Menschen, die du besitzen möchtest. Sicher ist: Wir lieben nur das, was wir an uns selber lieben möchten! Wir suchen, kurz gesagt, nur uns selbst. Wir sind von der physischen Präsenz des geliebten Menschen abhängig. Ständig brauchen wir Beweise. Der Zweifel meldet sich an. Enttäuschungen sind an der Tagesordnung. Aus Liebe wird Haß. Du fühlst dich um deinen Besitz betrogen. Besitz? Du wolltest in Besitz nehmen! Am Ende steht die Leere, das Aus.

Bedenke: „Alles, was du brauchst, ist in dir." In dir mußt du es suchen und finden. Du mußt lernen, in dich hineinzuhorchen, dahin, wo Gott in dir lebt, und dir selber zuzuhören. Kaum zu glauben, was alles in dir redet. Der nächste Termin fällt dir ein, die gute Satzformulierung oder die Frage, welche Nahrung du brauchst, was in der Zeitung stand, wie bedauernswert die Opfer der Flutkatastrophe sind oder die Angehörigen jener, die durch einen Flugzeugabsturz das Leben verloren haben. Ich will, ich brauche. Alles geht vom Ich aus. Die ganze Welt dreht sich um dich und dein Wollen, besser noch, um dein Habenwollen. Und wenn du spürst, daß es anders ist, dann ärgerst du dich.

Ich weiß, daß du so weit gehst, den Menschen zu bemitleiden, der weniger leisten kann als du, zum Beispiel keine geistigen Bedürfnisse oder Interessen hat, zu wenig oder gar nicht liest, sich zu wenig bewegt, dessen einzige Bewegung das Zum-Munde-Führen des Löffels ist oder die Fernbedienung des Fernsehapparates zu drücken, der keine positive Lebenseinstellung hat, wenig bewußt in der Gegenwart lebt und so weiter. Du hast Mitleid mit ihm, das heißt aber auch, daß es dir nicht gleichgültig ist, wie die Menschen deiner näheren Umgebung leben. Du weißt, daß ihnen der Wille fehlt, besonders der Wille zur Eigenarbeit. Sind sie weniger glücklich als du? Denk mal darüber nach.

Die allumfassende Menschenliebe mag unpersönlich erscheinen, so daß sie schon wieder keine mehr ist. Wenn jeder mein Freund ist, dann habe ich keinen. Wenn ich mich für jeden verantwortlich fühle, dann für keinen. Wenn ich mir jeden vertraut gemacht habe, dann keinen wirklich.

Selbstliebe heißt Arbeit am Selbst, damit es liebenswert wird.

Du beziehst dich in der Liebe auf das Du des Partners, gleichzeitig aber auf das eigene Ich. In diesem Verhältnis von Ich und Du ist von vornherein die Möglichkeit des Konfliktes gegeben. Dabei ist immer auch die leibliche Vermittlung und somit die Es-Bezogenheit der Liebe zu bedenken.

Thomas von Aquin hat mit Aristoteles die Liebe definiert als „velle alicui bonum" (jemandem Gutes wollen). Diese Definition ist sehr formal. Welches Gute ist hier gemeint, das man dem anderen will? Wurde dabei nur an materielle Güter gedacht? Der Mensch hat, wie du weißt, auch höhere Bedürfnisse. Wir verlangen nach Erfolg, Zufriedenheit, Mut, Ruhm, Befriedigung der Eitelkeit, Ehre und so weiter. Du kannst dem anderen solche Güter wünschen, wie du ihm Gesundheit wünschst, ohne ihn zu lieben, wenn du deine eigene Person nicht ins Spiel bringst.

So hat G. Gilleman die Definition des Thomas interpretiert als „velle alteri seipsum" (dem anderen sich selbst wollen) und noch ergänzt durch „velle alteri Deum" (dem anderen Gott wollen). Gilleman will damit sagen, daß die Liebe den Einsatz und die Übergabe der eigenen Person an den anderen fordert und daß darin auch eine Einswerdung mit Gott (in ihm) geschieht.

Hier wird die Dimension der Vermittlung zwischen Liebendem und Geliebtem übersprungen. Eine Person kann nicht einfach der anderen ihr Ich übergeben. Sie kann mit der anderen Person nur in eine Kommunikation eintreten, in der Einheit und Verschiedenheit von Ich und Du gegeben sind. Wenn sich Liebe nicht auf den Körper und seine Bedürfnisse richtet, sondern auf die menschliche Person als solche, dann muß sie deren Wohl anstreben. Das Wohl der Person liegt nicht in einzelnen begrenzten Gütern, sondern letztlich nur in dem, was man Heil nennt, also in der endzeitlichen Vollendung des Menschen. Liebe bedeutet demnach „velle alicui salutem (dem anderen das Heil wollen). Weil du aber dem Menschen nicht einfach sein Heil ohne sein eigenes Zutun vermitteln kannst, sondern weil er selber das Gute bejahen und lieben muß, um dieses Heil zu finden, deshalb besagt Liebe schließlich auch: „velle alicui caritatem" (dem anderen Liebe wollen). Diese Liebe, die der andere vollziehen muß, um sein Heil zu finden, kann sich nicht unvermittelt nur auf Gott beziehen, sondern muß sich auch bewähren in der Liebe gegenüber seinen menschlichen Partnern, und damit auch gegenüber demjenigen, der ihn liebt. In diesem Sinne zielt jede personale Liebe auch darauf, beim anderen Gegenliebe zu finden und so mit ihm in eine liebende Kommunikation, in einen Austausch von Geben und Nehmen zu gelangen.

Besonders die Stellungnahme zum Mitmenschen ist deshalb ein Symbol für die Haltung gegenüber Gott. Das freie Ja, das du in Glaube und Liebe zu Gott sprichst, muß sich also auch im Ja zum Mitmenschen darstellen.

Nur wenn du dich selber bejahen kannst, kannst du auch den Mitmenschen lieben, und nur wenn du deinen Nächsten liebst, kannst du dich selber annehmen. Wenn du die Liebe annimmst, und wenn du dich darüber freust, erfährst du den Wert der eigenen Person. Willst du dir's nicht eingestehen, dann mußt du diese Liebe, die dir entgegengebracht wird, als unberechtigt und damit als unwahr zurückweisen und dich verschließen. Die Folge sind aber auch Selbstverachtung und Selbsthaß, was die Fähigkeit zur Bejahung eines Du beeinträchtigt.

Das Phänomen Selbstbejahung wird oft unter dem Begriff Narzißmus behandelt. Der Narziß ist eine Gestalt aus der griechischen Mythologie. Ein schöner Jäger, der für die Zurückweisung der Liebe einer Nymphe dazu verdammt wurde, in das eigene Spiegelbild verliebt zu sein. Dementsprechend versteht man unter Narzißmus eitle Selbstverliebtheit oder krankhafte Selbstbezogenheit. Der Psychoanalytiker F. Kernberg sagt dazu: „Innerhalb der psychoanalytischen Theorie wird Narzißmus in zwei Weisen benützt. 1. Um die Investition des Ichs mit Libido zu bezeichnen. 2. Narzißmus ist die Investition des Ichs im Gegensatz zur Objektbeziehung, die die Investition der Libido von anderen ist. Im Narzißmus ist also die Triebenergie nicht auf einen anderen Menschen gerichtet."

Spricht das für eine isolierende Verliebtheit in die eigene Person? Oder sind diese Selbstbejahung und das Selbstwertgefühl die notwendige Voraussetzung für die Nächstenliebe? In das eigene Spiegelbild verliebt sein sagt aber auch: Hier findet eine Spiegelübertragung statt, in der du dich zu Wesenszügen des anderen hingezogen fühlst, in denen du eigene Züge findest. Deshalb fühlst du dich oft zu gleichgesinnten Personen hingezogen, bzw. zu solchen, mit denen dich die verschiedensten Gemeinsamkeiten verbinden.

Während im Alten Testament die Selbstliebe als Maßstab der Nächstenliebe angeführt wird, soll sich Nächstenliebe im Neuen Testament an der Liebe Christi zu den Menschen messen. Dieses anspruchsvolle Ideal von Liebe setzt eine gesunde Selbstachtung und Selbstliebe voraus.

Selbstliebe ist auch, wenn du eigene Interessen auf Kosten des Wohls der Mitmenschen zu realisieren suchst. Hier isoliert sich das Ich. Ist es in seiner Sinnerfüllung geschmälert?

Nächstenliebe kann verschiedene Stufen und Inhalte haben. Es kann darum gehen, jede zwischenmenschliche Beziehung zu einer tieferen Gemeinschaft auszubauen und darin einen geistigen Austausch zu suchen.

Der Verzicht auf Nähe kann schmerzlich sein, ist aber notwendig, um noch Schmerzlicheres zu vermeiden. Zur Bejahung des anderen gehören auch die Bejahung seines Andersseins und die Achtung vor seinem anders ausgerichteten Wollen. Wo du versuchst, den anderen nur nach deinem eigenen Bild zu sehen und nach deinen eigenen Wünschen zu behandeln, nimmst du das Du in seiner Würde nicht ernst.

Liebe orientiert sich an der Art der Bedürfnisse, die du hast, die der andere hat, und dem Versuch, diese Bedürfnisse zu befriedigen. Die Liebe ist nicht irgend ein Teil deiner Person, sondern in ihr vollzieht und verwirklicht sich die gesamte Persönlichkeit. Und es geht dir, der Person, um die Befriedigung deiner Bedürfnisse.

Gracian sagt: „Du sollst weder dir noch dem anderen ganz angehören. Beides ist eine Tyrannei. Daraus, daß einer sich ganz für sich allein besitzen will, folgt alsbald, daß er auch alle Dinge für sich haben will. Solche Leute wollen nicht in der geringsten Sache nachgeben, noch das Mindeste von ihrer Bequemlichkeit opfern. Sie sind nicht verbindlich, sondern verlassen sich auf ihre Glücksumstände. Du mußt bisweilen auch den anderen anhören, damit du wieder angehört wirst.

Im Gegenteil gibt es Leute, die ganz den anderen angehören, denn die Torheit geht stets ins Übertriebene, hier aber auf eine unglückliche Art. Diese haben keinen Tag und keine Stunde für sich, sondern gehören in solchem Übermaß den anderen an, daß sie schon als Diener aller bezeichnet wurden. Dies erstreckt sich sogar auf den Verstand, indem sie für alle wissen und bloß für sich unwissend sind. Der Aufmerksame lerne begreifen, daß keiner ihn sucht, sondern jeder seinen Vorteil in ihm oder durch ihn zu finden hofft."

Reden wir über das Glück? Das, was du bist, trägt dazu bei. Wende die menschlichen Mittel an, als ob es keine göttlichen, und die göttlichen, als ob es keine menschlichen gäbe. Damit hört der Kampf auf. Du ringst nicht mehr um deinen Platz im Leben. Du gelangst in den Zustand der freiwilligen Entsagung, der wahren Gelassenheit und Willenlosigkeit. Vielleicht treibt dich auch die Abscheu vor dem Leben zur Askese? Sicher bleibt die Tatsache, daß großer Überfluß wenig zu unserem Glück beitragen kann. Es ist bekannt, daß sich viele reiche Leute unglücklich fühlen, weil sie oft ohne Geistesbildung und ohne Kontakt zur Natur, zum Mitmenschen oder irgendein objektives Interesse sind, das sie zu geistiger Beschäftigung führen könnte. Was der Reichtum über die Befriedigung der wirklichen und natürlichen Bedürfnisse hinaus tun kann, ist von geringem Einfluß auf unser eigentliches Wohlbehagen; vielmehr wird es durch Sorgen gestört, die von der Erhaltung des großen Besitzes ausgehen. Dennoch sind die Menschen tausendmal mehr bemüht, sich Reichtum anzuschaffen, als geistige Bildung zu erwerben.

Doch das, was wir sind, trägt viel mehr zu unserem Glück bei als das, was wir haben.

Mancher Mensch ist in rastloser Beschäftigung, emsig wie eine Ameise, von morgens bis abends bemüht, den schon vorhandenen Reichtum zu vermehren. „Niemals soll das Pro-Kopf-Einkommen schneller wachsen als das Pro-Kopf-Glück", sagte der König von Bhutan, Jigme Singye Wangchuk.

Oft ist es so, daß der Mensch über den engen Gesichtskreis der Mittel hinaus nichts kennt; der Geist ist leer und auch unempfänglich für alles andere. Die höchsten Genüsse, nämlich die geistigen, bleiben unzugänglich; durch flüchtige, sinnliche Genüsse, die viel Geld kosten, die er sich aber zwischendurch erlaubt, sucht er vergeblich den Ersatz.

Am Ende eines Lebens hat er, wenn er Glück hatte, das Resultat: einen recht großen Haufen Geld, den er schließlich den Erben hinterläßt.

Ein solcher Lebenslauf, mit Ernsthaftigkeit durchgeführt, ist ebenso töricht wie mancher andere, der geradezu die Schellenkappe zum Symbol hat.

Noch einmal ist zu betonen: Was wir in uns selber sind, ist für unser Lebensglück das Wesentliche. Aber weil dies in der Regel sehr wenig ist, fühlen sich die meisten von uns, die über den Kampf mit der Not hinaus sind, im Grunde ebenso unglücklich wie jene, die noch um ihren Lebensunterhalt kämpfen.

Die Leere des Inneren, die Begrenztheit des Bewußtseins, die Armut des Geistes treiben die Menschen zur Gesellschaft, die nun aber aus ebensolchen Menchen besteht. Sie nennen das, was sie tun, allgemein Kurzweil und Unterhaltung. So mancher Erbe eines großen Reichtums kann durch heillose Verschwendung in unglaublich kurzer Zeit das ganze Erbe durchbringen – und kann doch die Langeweile nicht überwinden. Es ist der äußerliche Reichtum, mit dem er vergeblich versucht, seine innere Armut auszugleichen. Er will alles von außen empfangen, wie ein alter Mann, der durch den Kontakt zu einem jungen Mädchen Kraft zu gewinnen versucht. So führt die innere Armut auch noch die äußere herbei.

Natürlich muß über den Wert des Besitzes, der allgemein anerkannt wird, nicht gesprochen werden. Nach der Ehre ist zu streben, denn sie ist ein unschätzbares Gut. Der Ruhm, den ein Mensch erlangen kann, ist wie ein goldenes Vlies. Wer sich selbst findet, hat das höchste Ziel erreicht.

II. Kapitel
WAS BIST DU?

Eine Möglichkeit, diese Frage zu betrachten, ist die des Vergleichens mit anderen Ansichten oder Weisen oder Lebensinhalten. Es kommt darauf an, was wir sind: Der eine ist zu jung, um genügend Reife zu haben, der andere ist zu reif oder schon zu alt, um an den Torheiten der Jugend Freude zu finden. Der eine ist zu klein, um jedem in gleicher Höhe in die Augen sehen zu können, ein anderer ist zu groß, um nicht aufzufallen. Der eine ist zu dick, ein anderer zu mager. Jemand spricht zu leise, so daß man ihn nur schwer versteht, ein anderer spricht zu laut, was abstößt. Der eine ist zu gutgläubig, weshalb er oft von anderen ausgenutzt oder benachteiligt wird, ein anderer ist auch dort mißtrauisch, wo er Vertrauen haben sollte. Der eine ist zu gesund, um zu verstehen, was es heißt, leidend zu sein, ein anderer ist zu krank, um alles das leisten zu können, von dem er meint, daß er es leisten müßte. Der eine sieht zu gut, als daß er nicht sehen könnte, wohin er tritt, ein anderer sieht zu wenig oder zu schlecht, so daß er vieles nicht sieht, was er sehen müßte. Der eine ist faul oder zu träge, um es im Leben zu etwas zu bringen, ein anderer ist zu fleißig und zu arbeitsam, um sich Ruhe zu gönnen. Der eine ist zu heimattreu, als daß es ihm gleichgültig wäre, was in seinem Land vor sich geht, ein anderer ist zu weltfremd, als daß es ihn berühren würde, was in der Welt getrieben wird. Der eine ist zu anständig, als daß er einen anderen aus egoistischen Gründen schädigen würde, und wieder ein anderer ist zu oberflächlich, um sich Gedanken darüber zu machen, welche Folgen seine Handlungen haben ...

Immer kommt es darauf an, was wir sind und demnach an uns selber haben, denn unsere Individualität begleitet uns überallhin; und von ihr geht alles aus, was wir erleben. In allem und bei allem genießen wir zunächst uns selbst. Das gilt sowohl für die physischen als auch für die geistigen Genüsse. Daher ist die englische Phrase „to enjoy oneself" sehr treffend, wenn man zum Beispiel sagt: „He enjoys himself in Paris." Also nicht: „Er genießt Paris", sondern: „Er genießt sich in Paris."

Ist nun aber die Individualität von schlechter Beschaffenheit, so sind alle Weine ohne Geschmack oder wie Galle. Dennoch kommt es, im Guten wie im Schlechten, weniger darauf an, was uns im Leben begegnet oder widerfährt, als vielmehr darauf, wie wir es empfinden; also auf die Art unserer Empfänglichkeit in jeder Hinsicht. Die Persönlichkeit und ihr Wert sind das allein Unmittelbare zu unserem Glück und Wohlbefinden. Alles andere ist mittelbar und kann vereitelt werden, aber die Persönlichkeit nicht.

Alle Sprüche, Predigten und Vorhaltungen, die an das Gute im Menschen rühren sollen, können es nur, wenn sie bereitwillig aufgenommen und verstanden werden.

Diese Bereitwilligkeit findest du aber kaum bei jemandem, der unter dem unausweichlichen Druck politischer oder anderer Umstände gezwungen ist, nur dem Selbstbewahrungs- und Überlebensgebot zu gehorchen.

Jemand kann für Ideale kämpfen und sich für Ideale opfern, aber ausschließlich nur „gut" zu sein, Güte zu beweisen und Verzicht zu leisten, ist wohl nur dem möglich, dem es im allgemeinen gut geht, der von niemandem bedroht oder bedrängt wird und der von allem, was er braucht, genug oder mehr als genug hat.

An diesem Sachverhalt hat bis heute noch keine religiöse, philosophische oder politische Lehre, kein Wirtschaftssystem etwas grundlegend zu ändern vermocht. Stärker als alles Bemühen der Religion, Philosophie und politischen Ideologien, die Masse zum Gutsein zu bringen und ihr den Weg in eine friedliche und insgesamt glückliche Zukunft zu weisen, sind der Selbstbewahrungs- und Überlebenstrieb der Menschen und ihr Geltungsbedürfnis. Diese Faktoren stellen sich edlen Motiven und Strebungen vielfach in den Weg. Und nicht eher, als bis es gelingt, ihnen die Macht zu nehmen, kannst du von Läuterung sprechen, und erst dann können Friedfertigkeit und das Streben zum Gutsein die lenkenden Kräfte der Masse sein.

Außerdem ist die Beschaffenheit des Bewußtseins etwas Bleibendes, die Individualität wirkt fortwährend, anhaltend, mehr oder minder in jedem Augenblick. Alles andere hingegen ist immer nur gelegentlich, vorübergehend und noch selbst dem Wechsel unterworfen. Aristoteles sagt in diesem Sinne: „Die Natur ist zuverlässig, das Geld nicht." Das ist der Grund dafür, daß wir einen Unglücksfall, der uns von außen trifft, mit mehr Fassung ertragen als ein selbstverschuldetes Unglück. Das Schicksal kann sich ändern, die eigene Beschaffenheit nicht. Daher sind die subjektiven Güter, ein edler Charakter, ein glückliches Temperament, ein heiterer Sinn, ein gesunder Körper – mens sana in corpore sano – zu unserem Glück die wichtigsten Voraussetzungen. Es ist daher beinahe unsere erste Pflicht, auf deren Erhaltung zu achten.

Was uns am unmittelbarsten beglückt, ist die Heiterkeit des Sinnes. Diese gute Eigenschaft belohnt sich augenblicklich selbst. Wer fröhlich ist, hat allemal Ursache, es zu sein, nämlich eben diese, daß er es ist. Nichts kann so sehr wie diese Eigenschaft jedes andere Gut vollkommen ersetzen, während sie selbst durch nichts zu ersetzen ist. Einer ist jung, reich und gebildet, und wir fragen uns, wenn wir sein Glück beurteilen wollten, ob er dabei heiter ist. Ist er heiter, so ist es einerlei, ob er jung oder alt, gerade oder buckelig, arm oder reich ist, er ist glücklich.

Arthur schreibt aus seiner frühen Jugend: „Ich machte einmal ein altes Buch auf und darin stand: wer viel lacht, ist glücklich, und wer viel weint, ist unglücklich." Eine einfältige Bemerkung, die er aber wegen ihrer einfachen Wahrheit doch nicht vergessen konnte. Deswegen sollen wir der Heiterkeit, wann immer sie sich einstellt, Tür und Tor öffnen, denn sie kommt nie zur unrechten Zeit.

Statt uns zu fragen, ob wir der Heiterkeit Eingang gestatten oder erst wissen wollen, ob wir auch in jeder Hinsicht Grund haben, uns zu freuen, sollten wir uns fragen, ob wir fürchten, in unseren wichtigen Überlegungen durch sie gestört zu werden, denn ob wir durch sie Entscheidungen bessern, ist sehr ungewiß. Sicher dagegen ist Heiterkeit ein unmittelbarer Gewinn.

Sie allein ist gleichsam die bare Münze des Glücks für uns. Heiterkeit beglückt unmittelbar in der Gegenwart und ist daher das höchste Gut. Wir sollten die Erwartung dieses Gutes jedem anderen Streben vorziehen.

Gewiß ist, daß zur Heiterkeit nichts weniger beiträgt als Reichtum und nichts mehr als Gesundheit. Bei den auf dem Land arbeitenden Menschen, den Bauern, sehen wir heitere und zufriedene Gesichter, bei den reichen, vornehmen Menschen die verdrießlichen. Daraus ergibt sich, daß wir bestrebt sein sollten, uns den hohen Grad vollkommener Gesundheit zu erhalten, als dessen Blüte sich die Heiterkeit einstellt.

Die Mittel, um die Gesundheit zu erhalten, waren noch zu keiner Zeit so vielfältig wie in unserer. Es gilt alle Exzesse zu vermeiden, alle Ausschweifungen, alle heftigen und unangenehmen Gemütsbewegungen, auch alle zu großen und anhaltenden Geistesanstrengungen. Jeder muß für sich das richtige Maß finden und einhalten. Bewegung in der frischen Luft ist notwendig, ob wir laufen, schnell gehen oder radfahren, ist dem einzelnen überlassen. Dazu gehören die entsprechenden Lebensmittel, ich sage absichtlich nicht

Nahrung, denn Lebensmittel sind sowohl Bewegung, als auch die gesunde Einstellung zum Leben sowie die gesunde Ernährung.

Ohne tägliche Bewegung kann man nicht gesund bleiben. Alle Lebensprozesse erfordern, um entsprechend vollzogen zu werden, Bewegung des inneren und äußeren Menschenkörpers. Die geistigen und körperlichen Möglichkeiten und Fähigkeiten des Menschen sind sehr viel größer, als die meisten ahnen. Jene, die das begriffen haben und Nutzen aus der Erkenntnis der Fakten und ihrer Zusammenhänge ziehen, sind der Beweis dafür. Aber wer nicht bereit ist, sich dort, wo nötig, zu ändern, wer nicht bereit ist, auf falschem Wege umzukehren, Fehler abzustellen und Schritte zum Guten hin zu tun, dem bleiben zwangsläufig die guten Erfolge versagt.

Das Leben besteht aus Bewegung und hat sein Wesen in ihr.

Daher sagt Aristoteles: Systole und Diastole, Zuammenziehung und Erweiterung – motus peristalticus – die Wurmbewegung. Im ganzen Inneren des Organismus herrscht unaufhörliche, rasche Bewegung: das Herz in seiner komplizierten doppelten Systole und Diastole, es schlägt heftig und unermüdlich; mit achtundzwanzig seiner Schläge hat es die gesamte Blutmasse durch den ganzen großen und kleinen Kreislauf hindurchgetrieben. Die Lunge pumpt ohne Unterlaß wie eine Dampfmaschine, die Gedärme winden sich stets im motus peristalticus, alle Drüsen saugen und sekretieren beständig. Selbst das Gehirn hat eine doppelte Bewegung mit jedem Pulsschlag und jedem Atemzug.

Wenn wir zum Beispiel eine ganz und gar sitzende Lebensweise haben, wie es bei vielen Menschen der Fall ist, wenn die äußere Bewegung so gut wie ganz fehlt, so entsteht ein verderbliches Mißverständnis zwischen der äußeren Ruhe und dem inneren Tumult, denn die innere Bewegung will durch die äußere unterstützt sein. Dieses Mißverhältnis wird uns dann bewußt, wenn wir durch eine besondere Nachricht im Inneren zu kochen beginnen und wir nach außen nichts davon merken lassen dürfen. Krankheiten, Magengeschwüre und Herzinfarkte sind oft die Folge. Vergleichen wir mit der Natur, deren Teil wir sind: Sogar die Bäume bedürfen, um zu gedeihen, der Bewegung durch den Wind. Dabei gilt die Regel: Je schneller eine Bewegung ist, desto mehr ist sie Bewegung.

Wie sehr unser Glück von der Heiterkeit der Stimmung und diese vom Gesundheitszustand abhängt, lehrt uns ein Vergleich: Äußere Verhältnisse oder Vorfälle üben an einem harmonischen Tag eine ganz andere Wirkung auf uns aus als an einem Tag, an dem Kränklichkeit uns verdrießlich und ärgerlich gestimmt hat. Nicht was die Dinge objektiv und wirklich sind, sondern was sie für uns, in unserer Auffassung sind, macht uns glücklich oder unglücklich.

Epiktet sagt: „Es verwirren den Menschen nicht Dinge, sondern Meinungen über Dinge."

Neun Zehntel unseres Glücks beruhen allein auf der Gesundheit. Mit ihr wird alles eine Quelle des Genusses. Ohne sie ist kein äußeres Gut, welcher Art es auch sein mag, genießbar; selbst alle anderen subjektiven Güter, die Eigenschaften des Geistes, Gemütes, Temperaments werden durch Krankheiten gemindert oder verkümmern.

Deshalb geschieht es nicht ohne Grund, daß man sich gegenseitig nach dem Gesundheitszustand befragt und sich gute Gesundheit wünscht, denn sie ist wirklich die Grundlage des menschlichen Glücks.

Für die Lebensführung eines jeden Menschen gilt sinngemäß das gleiche. Wie gesagt, auf das „Gewußt wie" kommt es an. Viele Aufregungen, Ängste und körperliche Beschwerden würden wegfallen, würde richtig getan, was getan werden müßte und könnte. Das gilt für alle Belange des Daseins.

Daraus ergibt sich als größte Torheit, seine Gesundheit zu opfern für was es auch sei, für Karriere, für Erwerb oder Gelehrsamkeit, für Ruhm oder flüchtige Genüsse – vielmehr soll man alles für sie tun.

So sehr die Gesundheit zur Heiterkeit beiträgt, so hängt Heiterkeit aber nicht von der Gesundheit ab. Bei vollkommener Gesundheit kann ein melancholisches Temperament und eine andauernde trübe Stimmung bestehen. Das liegt zweifellos an der ursprünglichen und unveränderbaren Beschaffenheit des Organismus, und zwar in dem mehr oder minder normalen Verhältnis der Sensibilität zur Irrationalität.

Abnormes Übermaß an Sensibilität hat eine Ungleichheit der Stimmung zur Folge, periodische, übermäßige Heiterkeit ruft die Melancholie herbei. Manches Genie leidet unter dem Übermaß an Sensibilität, und Aristoteles bemerkt hier ganz richtig, daß alle ausgezeichneten Menschen aufgrund der Empfindlichkeit der Nerven melancholisch sind. Alle Menschen, die hervorragend sind in Philosophie, Politik, Dichtung oder den Künsten, scheinen melancholisch.

Die großen Unterschiede in der Grundstimmung schildert Shakespeare auf seine Art:

Die Natur hat in ihren Tagen
seltsame Käuze hervorgebracht,
die stets aus ihren Äugelein vergnügt hervorgucken
und wie Papageien über einen Dudelsackspieler lachen,
und andere von so sauertöpfischem Ansehen,
daß sie ihre Zähne nicht durch ein Lächeln bloßlegen,
wenn auch Nestor selbst schwüre,
der Spaß sei lachenswert.

Diese Unterschiede der Grundstimmung bezeichnete Platon als finster oder heiter. Sie lassen sich auf die verschiedenen Empfindlichkeiten der Menschen zurückführen. So kann es passieren, daß der eine noch lacht, während gleiches Geschehen einen anderen fast zur Verzweiflung bringt.

Dabei stellt sich heraus, daß die Empfänglichkeit für angenehme Eindrücke oft schwächer ist als für unangenehme. So wird der Finstere beim unglücklichen Ereignis sich ärgern oder grämen, beim glücklichen sich aber nicht freuen. Der Heitere wird sich über das unglückliche Ereignis nicht grämen oder ärgern, aber sich über das glückliche freuen. Wenn dem Finsteren von zehn Vorhaben neun gelingen, so freut er sich nicht über diese, sondern ärgert sich über das eine mißlungene. Der Heitere weiß, im umgekehrten Fall, sich doch mit dem einen gelungenen zu trösten und aufzuheitern.

So ist aber kein Übel ohne Kompensation, und so haben die finsteren und ernsthaften Charaktere im ganzen mehr imaginäre, daher weniger reale Unfälle und Leiden zu überstehen als die heiteren und sorglosen. Denn wer alles schwarz sieht, stets das Schlimmste befürchtet und demnach seine Vorkehrungen trifft, wird sich nicht so verrechnen können wie einer, der stets den Dingen die heitere Farbe und Aussicht leiht.

Wenn nun aber jemand ein krankes Nervensystem hat, kann sich ein hoher Grad von dauerndem Mißbehagen entwickeln, der Hang zum Selbstmord entstehen, und es vermag ihn selbst die geringste Unannehmlichkeit dazu zu veranlassen, so daß es größerer Übel gar nicht bedarf. Manchmal wird der Selbstmord nach anhaltendem Mißbehagen beschlossen und dann mit kühler Überlegung und fester Entschlossenheit ausgeführt, so daß selbst Kranke, die schon im Spital sind, jede sich ergebende Chance ohne zu zögern nutzen und jede Möglichkeit, die Unerträglichkeit des Lebens zu beenden, ergreifen. Der Selbstmörder will das Leben, denke ich, und ist bloß mit den Bedingungen unzufrieden, unter denen es ihm geworden. Er zerstört nicht das Leben, sondern nur seine eigene Erscheinungsform des Lebens, sich selbst. Im Selbstmörder handelt gerade der Wille zum Leben, der nicht in dieser, sondern in einer anderen Form weiterleben will. Nur durch die Erkenntnis kann der Wille zum Leben aufgehoben werden. Was die christliche Lehre die Erbsünde nennt, ist die Bejahung des Willens, und die Erlösung ist die Verneinung des Willens. Mit ihr verschwindet auch die Erscheinungswelt. Kein Wille, keine Vorstellung, keine Welt.

Arthur sagt: Allerdings kann auch ein gesunder Mensch, vielleicht selbst der heitere Mensch, sich zum Selbstmord entschließen, wenn die Größe des Leidens oder das unausweichbare Unglück die Schrecken des Todes übertrifft. Der Unterschied liegt in der verschiedenen Größe des Anlasses, je größer dieser ist, desto geringer kann jener sein, ja, am Ende auf Null herabsinken: Je größer die Heiterkeit und die unterstützende Gesundheit, desto schwerer muß der Anlaß wiegen. Es gibt unzählige Abstufungen zwischen den beiden Extremen des Selbstmordes: dem aus krankhafter Steigerung der angeborenen Finsternis entspringenden und dem des Gesunden und Heiteren, aus ganz objektiven Gründen.

WEISST DU, DASS DIE GESUNDHEIT MIT DER SCHÖNHEIT VERWANDT IST?

Obwohl Schönheit, dieser subjektive Vorzug, nicht unmittelbar zu unserem Glück beiträgt, sondern bloß mittelbar, durch den Eindruck auf andere zum Beispiel, so ist sie doch von großer Wichtigkeit. Schönheit ist ein offener Empfehlungsbrief, der die Herzen im voraus für uns gewinnt. Was tun Menschen doch alles für ihre äußerliche Schönheit! Sie kommt aber nur wenig oder gar nicht zur Geltung, wenn die innere Harmonie, die Schönheit der Seele fehlt.

Das Erkennende dem Erkannten gleich zu machen, darin liegt das Ziel, das Gott den Menschen gesetzt hat. Ein Ziel hat nur Sinn, wenn ein Weg zu ihm gegeben ist. Es muß also die Möglichkeit bestehen, den erkennenden Menschen der Idee des Guten gleich oder ähnlich zu machen, denn dieses ist das höchste Ziel der Erkenntnis. Alles Gute ist schön, sagt Platon. Das Schöne ist nicht maßlos. Also ist auch der Mensch, der gut und schön sein soll, ebenmäßig zu denken. Wir nehmen die Ebenmäßigkeit im Kleinen wahr, aber im Größten lassen wir sie unbeachtet. Für Krankheit und Gesundheit, Gutsein und Schlechtsein ist keine Relation so maßgebend wie die zwischen Leib und Seele. Wer lernt oder seinen Geist richtig ausbildet, muß auch dem Leib seine Bewegung geben. Wer den Leib sorgsam bildet, muß auch der Seele die entsprechende Bewegung geben, indem er die Kunst und die Philosophie hinzunimmt, und kann so auf zutreffende Weise „schönundgut" genannt werden. „Schönundgute Menschen" – dieses Ziel ist Platonisches Gedankengut. Natürlich müssen die Ansprüche des Leibes auf ihr naturnotwendiges Maß gestimmt werden. Die Sinne müssen zur Schau erzogen werden, denn die höchste Schau ist nicht mehr die leibliche, sondern die des geistigen Auges. Der gute Geist erscheint im schönen Leib, darauf kommt es für den leiblichen Menschen an.

Die Idee des Guten steht als Inhalt des ganzen Lebens. Schon die Mythen und Märchen aus der Kindheit prägen der kindlichen Seele ein göttliches Bild ein, das seine Gestalt von der Idee des Guten empfängt. In den Gefahren des Geistes muß sich das Gute bewähren. „Alles Große ist gefährlich" und, wie Platon sagt, „das Schöne wirklich schwer". Das Schöne ist die Möglichkeit des Guten, sich auszuwirken und erkannt zu werden. Alles ist gut, wenn es Gestalt hat, alles Gestaltete ist schön nach dem Grade seiner Gestalthaftigkeit. Erst als Gestalt heben sich die Dinge vom Raum ab. Durch Gestalt wird das Chaos zum Kosmos, durch Gestalt wird der Mensch ein Mensch, sonst wäre er nur ein Stück Fleisch. Die Gestalt gibt den Dingen mehr als die äußere

Form, nämlich ihre Stellung im Kosmos, ihren Rang, ihre Teilhabe. Nichts Unwirkliches kann erkannt werden. Denken ist stets Denken von etwas, Erkennen heißt stets, etwas zu erkennen. Wirklich erkannt wird nur das wirkliche Sein. Die Gestalt der Dinge erregt in uns die Wiedererinnerung an die reine Gestalt: die Idee.

Das Werdende entzieht sich als etwas Wechselndes, Unbestimmtes der Erkenntnis und bleibt Gegenstand der Meinung. Sobald es Gestalt hat, wird es erkannt, schreibt Platon.

Von der Schönheit spricht auch der Vers des Homer: „Nicht zu verachten sind der Götter herrliche Gaben, die sie allein nur verleihen, die keiner erwirbt nach Belieben."

Platon erklärt: „Güte, Schönheit und Zweckmäßigkeit jedes Gerätes, jedes Lebewesens und jeder Handlung bezieht sich auf nichts anderes als den Gebrauch, für den jedes gemacht oder geschaffen ist." Nur von der guten Schönheit aus kann ich den Begriff bestimmen. So setzt jedes Sein ein Sollen, einen Sinn voraus, den die Logik nicht bestimmen kann. Das Gute, das Wesen und die Erkennbarkeit der Dinge sind aber keineswegs der von den Menschen in die Dinge hineingelegte Zweck, sondern Zweck an sich ist denknotwendig. Was in gar keiner Hinsicht gut ist, das ganz Unzweckmäßige und durchaus Ungestaltete, ist weder erkennbar noch möglich. Das Bild der Vollkommenheit ist uns gegeben. Das Bild der Unvollkommenheit liegt zwar in der Erscheinung vor, aber absolute Unvollkommenheit ist etwas ganz Negatives, ein Unding. Dagegen haben wir die vollkommene Vorstellung eines perfekten Kreises, einer reinen Lilie, eines fehlerlosen Pferdes, ohne das Vollkommene je mit Augen geschaut zu haben. Sofern dieses Bild noch subjektiv getrübt ist, ist es nur eine Vorstellung; ganz rein ist es reine Gestalt: die Idee! Noch einmal betont Platon: „Um diese reine Idee zu haben, muß ich selbst gut, muß ich selbst rein und gottgeliebt sein."

Jedes wahre Sein enthält unmittelbar ein Sollen des Menschen.

Es ist ein unguter Gedankengang, wenn jemand wünscht, so schön sein zu wollen wie ... (wie z. B. jemand aus dem Freundes- oder Bekanntenkreis oder irgendein Vorbild). Mach dir ein Bild von dir selbst und arbeite daran, bis du deine eigene Schönheit entdecken kannst und leben lernst. Damit ist kein Schmerz verbunden.

In der Betrachtung dieser Dinge erkennen wir neben Schönheit und Glück auch die beiden Feinde des menschlichen Glücks: Schmerz und Langeweile.

Die Langeweile ist, wie ich immer wieder feststelle, ein besonderes Herzensanliegen von Arthur. Sie ist für ihn die Grundidee, die Grundlage vieler Übel. In dem Maße, in dem es uns glückt, uns von einem der beiden zu entfernen, kommt uns das andere näher. Unser Leben zeigt eine stärkere oder schwächere Verbindung von Schmerz und Langeweile. Denn beide stehen in einem doppelten Antagonismus zueinander, einem äußeren oder objektiven und einem inneren oder subjektiven.

Äußerlich entsteht aus Not und Entbehrungen der Schmerz, aus Sicherheit und Überfluß dagegen die Langeweile.

Wir sehen viele Menschen in einem beständigen Kampf gegen die Not, also den Schmerz; die reiche und erfolgreiche Welt hingegen in einem anhaltenden Kampf gegen die Langeweile. Betrachtenswert erscheint, daß das frühere Nomadenleben der Menschen, das die unterste Stufe der Zivilisation kennzeichnete, sich jetzt auf der höchsten, im allgemein gewordenen Touristenleben, wieder einfindet. Ersteres entstand aus der Not, das zweite aus der Langeweile.

Der subjektive Antagonismus beruht darauf, daß im einzelnen Menschen die Empfänglichkeit für das eine im entgegengesetzten Verhältnis zu dem anderen steht, indem sie durch das Maß der Geisteskräfte bestimmt wird. Es ist die

Stumpfheit des Geistes, durchgängig im Verein mit der Stumpfheit der Empfindungen und dem Mangel an Reizbarkeit, die für Schmerz und Betrübnisse jeder Art und Größe weniger empfänglich macht. Aus dieser Geistesstumpfheit aber geht andererseits die innere Leere hervor, die wahre Quelle der Langeweile. Sie ist auf zahllosen Gesichtern ausgeprägt. Sie richtet ihre beständig rege Aufmerksamkeit auf die kleinsten Vorgänge in der Außenwelt, um Geist und Gemüt durch irgend etwas in Bewegung zu bringen. In ihrer Wahl ist sie hierbei ohne Skrupel, wie dies die Erbärmlichkeit der Zeitvertreibe bezeugt, zu denen Menschen greifen, denen die Qualität der Gesellschaft und der Konversation gleichgültig sind. Dieser inneren Leere entspringt die Sucht nach Gesellschaft, Zerstreuung, Vergnügungen und Luxus jeder Art, die viele Menschen zur Verschwendung und als deren Folge ins Elend führt.

Vor diesem Elend kann nichts so sicher bewahren wie der innere Reichtum, der Reichtum des Geistes. Dieser läßt der Langeweile keinen Raum. Die unerschöpfliche Regsamkeit der Gedanken, die vielen Erscheinungsformen der Innen- und Außenwelt, das sich stets erneuernde Spiel, die Kraft und der Drang nach immer neuen Kombinationen heben den eminenten Kopf ganz aus dem Bereich der Langweile heraus. Andererseits aber hat die gesteigerte Intelligenz eine erhöhte Sensibilität und größere Heftigkeit des Willens, also der Leidenschaft, zur Wurzel: Aus dieser Vereinigung wächst nun eine Stärke aller Affekte und eine gesteigerte Empfindlichkeit gegen geistigen und körperlichen Schmerz, ja sogar größere Ungeduld bei allen Hindernissen oder Störungen. Dazu trägt die Stärke der Phantasie bei, die Lebhaftigkeit sämtlicher Vorstellungen, also auch der widerwärtigen. Das heißt also, daß jeder, objektiv und subjektiv, der einen Quelle des Leidens, der Langeweile, im menschlichen Leben in dem Maße näher kommt, wie er sich von der anderen, der gesteigerten Intelligenz, entfernt. Sein natürlicher Hang wird ihn dazu anleiten, in dieser Hinsicht das Objektive dem Subjektiven möglichst anzupassen, also gegen die Quelle der Leiden, gegenüber der er die stärkere Empfindlichkeit hat, die größere Vorkehr zu treffen. Der geistreiche Mensch wird nach Schmerzlosigkeit streben, ebenso nach Ruhe und Muße, folglich ein stilles, bescheidenes, möglichst unangefochtenes Leben suchen und nach einer Begegnung mit oberflächlichen Menschen die Zurückgezogenheit und Einsamkeit wählen.

Denn je mehr er an sich selber hat, um so weniger bedarf er von außen, und um so weniger können ihm die anderen sein. Darum wird er oft als ungesellig bezeichnet.

Ja, wenn die Quantität der Gesellschaft sich durch Qualität ersetzen ließe, wäre es der Mühe wert, sogar in der großen Welt zu leben, aber leider ergeben hundert Narren auf einem Haufen noch keinen gescheiten Menschen.

Der Mensch des anderen Extrems wird, wenn er die Not überwinden konnte, wenn er Luft zum Atmen hat, die Kurzweil und Gesellschaft um jeden Preis suchen und mit allem vorlieb nehmen, nichts so sehr fliehend wie sich selbst.

In der Einsamkeit, wo jeder von uns auf sich selbst gestellt ist, da zeigt sich, was wir an uns selber haben: Da seufzt der Tropf in Samt und Seide, bedrückt von der unabwälzbaren Last seiner armseligen Individualität, während der Hochbegabte die ödeste Umgebung mit seinen Gedanken belebt und bevölkert.

Seneca sagt in diesem Sinne: „Alle Dummheit leidet am Überdruß ihrer selbst", und auch der Ausspruch Jesus Sirachs: „Des Narren Leben ist ärger als der Tod" verrät alles.

Wir können also festhalten, daß der Mensch in dem Maße gesellig ist, wie er geistig arm ist. Man hat in der Welt nur die Wahl zwischen Einsamkeit und Gemeinschaft.

So mancher Mensch im Alter der Pensionierung sucht die errungene Muße im freien Genuß seines Bewußtseins und seiner Individualität als die Frucht und den Ertrag eines Daseins, das bis ins hohe Alter nur Arbeit und Mühe war. Was gibt die Muße den Menschen? – Langeweile und Dumpfheit den Armen im Geiste, wenn keine sinnlichen Genüsse oder Nervenkitzel oder Albernheiten da sind, um sie zu füllen. Wie völlig wertlos sie für jene ist, zeigt die Art, wie Muße verbracht wird. Sie ist die Langeweile der Unwissenden. Diese sind bloß darauf bedacht, die Zeit zuzubringen. Daß manche Menschen der Langeweile so sehr ausgesetzt sind, kommt daher, daß der Intellekt nichts weiter als das Medium der Motive zu ihrem Willen ist. Wenn aber keine Motive zu erkennen sind, ruht der Wille und feiert der Intellekt, weil er so wenig wie jener aus sich heraus zur Tätigkeit bereit ist.

Das Resultat ist die Stagnation aller Kräfte im Menschen: Langeweile. Um ihr zu begegnen, setzt man nun dem Willen einstweilige beliebig angenommene Motive vor, um ihn zu erregen und auch den Intellekt, der sie aufzugreifen und in Tätigkeit umzusetzen hat. Diese verhalten sich jedoch zu den wirklichen Motiven wie Papiergeld zum Silber, weil ihr Wert willkürlich festgesetzt wird.

Was bringen zum Beispiel die Kartenspiele, die dem Zweck der Freizeitgestaltung dienen? Das Kartenspiel ist in vielen Ländern eine Hauptbeschäftigung in der Gesellschaft geworden. Es ist die deklarierte Bankrotterklärung an alle Gedanken (auch die Zigarette ist ein willkommenes Surrogat der Gedanken). Weil nämlich die Menschen keine Gedanken auszutauschen haben, tauschen sie Karten aus und suchen einander Geld abzunehmen. „O, klägliches Geschlecht", ruft Arthur ihnen zu. Das Kartenspiel hat auch einen demoralisierenden Einfluß, denn der Geist des Spieles ist, daß man auf jede Weise, durch jeden Streich zu gewinnen trachtet. Die Gewohnheit, im Spiel so zu verfahren, wurzelt ein, greift schließlich auf das praktische Leben über und bringt den Menschen allmählich dahin, in den Angelegenheiten des Mein und Dein aus jedem Vorteil, den man eben in der Hand hält, Gewinn zu schlagen. Das Leben gibt täglich Zeugnis darüber ab. Aber wir wollen nicht ungerecht sein, oder voreingenommen. Was kann man zugunsten des Kartenspiels sagen? Es könnte eine Vorübung zum Welt- und Geschäftsleben sein, wenn man daraus lernt, die vom Zufall gegebenen Umstände klug zu nutzen. Man kann zum Beispiel lernen, zum schlechten Spiel eine heitere Miene aufzusetzen, also Kontenance zu bewahren.

Weil also die Muße die Blüte oder die Frucht des arbeitsreichen Daseins der Menschen ist, weil sie ihn zu sich selber führen kann, sind die glücklich zu preisen, die dies verstehen; den meisten gibt die freie Zeit und Muße gar nichts, außer sich selbst als Last zu empfinden und sich zu langweilen.

Vergleichen läßt sich dies mit einem Land, das wenig oder keine Einfuhr nötig hat, und dem Menschen, der an seinem inneren Reichtum genug hat und zu seiner Unterhaltung nur wenig oder nichts von außen benötigt. Die Zufuhr kostet vergleichsweise viel Geld, macht abhängig und unfrei, bringt Gefahr, verursacht Verdruß und bleibt am Ende doch nur ein schlechter Ersatz für die Erzeugnisse des eigenen Bodens. Was kann so schmerzlich sein wie Abhängigkeit von anderen Menschen, von bestimmten Dingen? Es ist die persönliche Unfreiheit! Das Versklavtsein. Denn von anderen, von außen überhaupt darf man in keiner Hinsicht viel erwarten. Die eigene Freiheit schafft sich jeder allein, ebenso natürlich die Unfreiheit.

Was einer dem anderen sein kann, hat sehr enge Grenzen. Am Ende bleibt doch jeder allein. Jetzt kommt es darauf an, wer allein ist. Das Beste und Meiste muß daher jeder sich selber sein und leisten. Je mehr dieses ist, und je mehr er die Quellen seiner Genüsse in sich selbst findet, desto glücklicher wird er sein.

Oliver Goldsmith sagt:
Nur auf uns selbst sind wir stets angewiesen,
in allen Orten und zu allen Zeiten,
darum, willst du Glückseligkeit genießen,
so kannst du sie nur selbst dir bereiten.
Mit großem Recht sagt Aristoteles deutlich: „Das Glück gehört denen, die sich selber genügen. Denn alle äußeren Quellen des Glücks und Genusses sind ihrer Natur nach höchst unsicher, mißlich, vergänglich und dem Zufall unterworfen, dürfen daher, selbst unter den günstigen Umständen, leicht stocken."

Im Alter ändert sich alles. Es verlassen uns Schmerz, Liebe, Reiselust, die Tauglichkeit für die Gesellschaft, sogar die Freunde und Verwandten entführt uns der Tod.

Also kommt es darauf an, was einer in sich selbst hat. Dies wird sich am längsten erhalten, es bleibt die Quelle des Glücks. In der Welt ist nicht viel zu holen, denn Not und Schmerz erfüllen sie. Auf jene, die dem Schmerz und der Not entronnen sind, wartet die Langeweile.

Das Schicksal ist grausam, und die Menschen sind erbärmlich, sagt Arthur.

In einer so geschaffenen Welt gleicht einer, der viel an sich selber hat, der hellen, warmen Wohnung mitten im Schnee und Eis einer Dezembernacht. Wer eine vorzügliche, reiche Individualität hat und noch dazu viel Geist, gleicht einem, der das glückliche Los auf Erden gewann – wenn auch andere Lose glänzender ausgefallen sein mögen.

Koheleth nennt einen Vergleich: „Weisheit ist gut mit einem Erbgut und hilft, daß einer sich der Sonne freuen kann." Wem nun durch die Gunst seines Geschickes dieses Los beschieden ist, der wird sorgfältig darüber wachen, daß ihm die innere Quelle seines Glückes zugänglich bleibt, wofür Unabhängigkeit eine Bedingung ist. Ist sie durch Müßiggang und Sparsamkeit zu erkaufen? Wird man nicht oft durch Geld, Beifall der Welt oder ein hohes Amt dazu verleitet, sich selbst aufzugeben, um sich dem Geschmack der Gesellschaft zu fügen? Oder ist es, wie Horaz in der Epistel an den Mäcenas schreibt: „Es ist eine große Torheit, um nach außen zu gewinnen, nach innen zu verlieren", das heißt für Glanz, Titel und Ehre seine Ruhe, Muße und Unabhängigkeit ganz oder großenteils hinzugeben? Die Wahrheit, daß die Hauptquelle des menschlichen Glücks im eigenen Inneren entspringt, findet ihre Bestätigung auch in der Feststellung des Aristoteles, daß jeglicher Genuß irgendeine Aktivität, also die Anwendung irgendeiner Kraft voraussetzt und nicht ohne sie bestehen kann. Er lehrt, daß das Glück eines Menschen in der ungehinderten Ausübung seiner hervorragendsten Fähigkeiten bestehe: „Glück ist die Betätigung der Anlage, welche die Taten nach Wunsch ausführt. Es ist aber die ursprüngliche Bestimmung der Kräfte, mit denen die Natur den Menschen ausgestattet hat, der Kampf gegen die Not, die uns von allen Seiten bedrängt. Wenn dieser Kampf bestanden ist, werden uns die unbeschäftigten Kräfte zur Last. Wir müssen mit diesen Kräften spielen, das bedeutet: sie zwecklos gebrauchen. Sonst kann es passieren, daß wir der anderen Quelle des menschlichen Leidens, der Langeweile, anheimfallen."

Jedes unbeschäftigte Individuum wird nach der Art seiner Beschaffenheit und Kraft ein Spiel zur Beschäftigung wählen: Schach, Musik, Sport, Malerei, Poesie oder Philosophie und so weiter. Arthur hat die Sache methodisch untersucht, indem er zu den Wurzeln aller menschlichen Kraftäußerungen zurückging, also zu den drei philosophischen Grundkräften, die wir in ihrem zweckmäßigen Spiel zu betrachten haben, in dem sie als die Quellen möglicher Genüsse auftreten, aus denen jeder von uns, nach eigener Beschaffenheit, die eine oder andere Kraft auswählen kann, die uns angemessen erscheint.

1. Genüsse der Reproduktionskraft: Sie bestehen im Essen, Trinken, Verdauen, in der Sexualität, im Ruhen und Schlafen. Manche davon werden ganzen Völkern als ihre Nationalvergnügungen nachgerühmt.
2. Genüsse der körperlichen Betätigung: Sie bestehen im Wandern, Sport, athletischen Spielen jeder Art, Tanzen, Fechten, Reiten, ja sogar Kampf und Krieg.
3. Genüsse der Sensibilität: Sie bestehen im Beschauen, Denken, Empfinden, Meditieren, Erfinden, Philosophieren etc.

Über den Wert, den Grad, die Dauer jeder Art dieser Genüsse lassen sich mancherlei Betrachtungen anstellen, die jedem selbst überlassen bleiben. Es hilft aber auch zu verstehen, daß unser durch den Gebrauch der eigenen Kräfte bedingter Genuß, in häufiger Wiederkehr des bestehenden Glücks, um so größer sein wird, je edler die ihn bedingende Kraft ist.

Der Vorrang gehört in dieser Hinsicht der Sensibilität, deren entschiedenes Überwiegen den Menschen vor dem Tiergeschlecht auszeichnet. Das wird niemand leugnen können. Zu ihr gehören unsere Erkenntniskräfte, und ihr Überwiegen befähigt zu den sogenannten geistigen Genüssen.

Die Natur steigert sich fortwährend. Zunächst vom mechanischen zum chemischen Wirken des unorganischen Reiches zum Pflanzenreich und seinem dumpfen Selbstgenuß, von da aus zum Tierreich, mit dem die Intelligenz und das Bewußtsein anbrechen, sie steigt nun von schwachen Anfängen stufenweise immer höher und gipfelt endlich in einem letzten großen Schritt im Menschen. In dessen Intelligenz erreicht die Natur ihren Höhepunkt. Selbst innerhalb der menschlichen Spezies weist der Intellekt noch viele merkliche Abstufungen auf und gelangt höchst selten zur obersten, der hohen Intelligenz. Diese ist im engeren Sinne betrachtet das schwierigste Produkt der Natur, mithin das

Wertvollste, das die Welt aufzuweisen hat. In dieser höchsten Intelligenz trifft das klarste Bewußtsein ein, und die Welt stellt sich deutlicher und vollständiger dar. Der so hochbegabte Mensch besitzt das Edelste und Köstlichste auf Erden, er hat in ihr eine Quelle von Genüssen, gegen die alle anderen gering sind. Er braucht von außen nichts anderes als die Muße, um sich dieses Besitzes ungestört zu freuen und seinen Diamanten zu schleifen.

Alle nicht intellektuellen Genüsse sind niederer Art, sie laufen sämtlich auf Willensbewegungen hinaus, also auf Wünschen, Hoffen, Fürchten und Erreichen; ganz gleich, worauf sie gerichtet sind, nichts geschieht ohne Schmerzen, und mit dem Erreichten können auch Enttäuschungen verbunden sein, während wir durch intellektuelle Genüsse der Wahrheit immer näher kommen.

Im Reich der Intelligenz waltet die Erkenntnis. Ein wirklicher Nachteil ist dabei aber, daß in der gesamten Natur mit dem Grad der Intelligenz sich auch die Fähigkeit zum Schmerz steigert, also auch hier erst die höchste Stufe erreicht.

Einigen Menschen kann eine Sache allein dadurch lebhafte Teilnahme abgewinnen, daß sie ihren Willen anregt, also ein persönliches Interesse weckt. Nun ist aber jede anhaltende Erregung des Willens oft gemischter Art, also mit Schmerz verbunden. Ein absichtliches Erregungsmittel – und zwar mittels kleiner Interessen, die nur momentane leichte Schmerzen verursachen können, also auch ein Kitzeln des Willens zu nennen sind – ist das Kartenspiel.

Dem gegenüber steht der Mensch mit hoher Geisteskraft, mit lebhafter Teilnahme auf dem Weg zur bloßen Erkenntnis, ohne Einmischung des Willens. Diese Teilnahme versetzt in einem Bereich, dem der Schmerz fremd ist, in ein gedankenreiches, belebtes und bedeutsames Leben. Interessante Dinge beschäftigen den Menschen. Anregungen von außen geben ihm die Werke der Natur und der Anblick des menschlichen Treibens, die sehr verschiedenen Leistungen der begabten Menschen aller Zeiten und Länder werden ihm verständlich. Für ihn haben jene wirklich gelebt, an ihn haben sie sich eigentlich gewandt, während die anderen nur zufällige Zuhörer sind und das eine oder andere auffassen oder nicht. Freilich hat er durch diese Bedürfnisse mehr als die anderen das Verlangen zu lernen, zu sehen, zu studieren, zu meditieren, zu üben, folglich auch den Wunsch nach Muße. Voltaire sagt in diesem Sinne: „Es gibt keine wahren Genüsse ohne wahre Bedürfnisse."

So ist das Bedürfnis die Bedingung dafür, daß wir Genüsse anstreben, die anderen versagt bleiben. Natur- und Kunstschönheiten und Geisteswerke jeder Art: Viele sehen das alles, Kunstwerke häufen sich vor ihnen an – und wirken wie Farben für einen Blinden.

Ein mit Geistesgaben ausgezeichneter Mensch führt sein persönliches Leben und noch ein anderes dazu: ein intellektuelles. Dies wird zum eigentlichen Zweck, zu dem das andere nur als Mittel betrachtet wird.

Das intellektuelle Leben beschäftigt den Menschen; es erhält durch den fortwährenden Zuwachs an Einsicht und Erkenntnis einen Zusammenhang, eine beständige Steigerung, eine sich mehr und mehr abrundende Ganzheit und Vollendung, wie ein werdendes Kunstwerk. Dagegen erfährt das bloß praktische Leben, das auf persönliche Bedürfnisse gerichtet ist, einen Zuwachs in der Länge, nicht in der Tiefe; es ist, wie gesagt, Zweck.

Unser praktisches Leben ist, wenn nicht die Leidenschaften es bewegen, langweilig und fade. Wenn sie es aber bewegen, wird es bald schmerzlich. Darum sind jene glücklich zu nennen, die genügend Intelligenz haben, um sich über den Willen zu erheben. Denn mit ihr ist es möglich, neben dem wirklichen noch ein intellektuelles Leben zu führen, das fortwährend auf schmerzlose Weise lebhaft beschäftigt und unterhält. Unbeschäftigte Intelligenz reicht dazu nicht aus. Nur dieser Überschuß befähigt zu einer – dem Willen nicht dienenden – rein geistigen Beschäftigung.

Daraus, ob dieser Überschuß klein oder groß ist, ergeben sich unzählige Abstufungen des real zu führenden intellektuellen Lebens, vom bloßen Insekten-, Mineralien-, Münzensammeln und -beschreiben bis zu den höchsten Leistungen der Poesie und Philosophie. Dieses Leben schützt nicht nur vor Langeweile, sondern auch vor deren verderblichen Folgen. Dazu sagt Arthur: „Meine Philosophie hat mir nichts eingebracht, aber sie hat mir sehr viel erspart."

Der einfache Mensch ist hinsichtlich des Genusses seines Lebens auf äußere Dinge angewiesen: auf Besitz, Titel, beruflichen Erfolg, Familie, Freunde, Gesellschaft und so weiter; darauf stützt sich sein Lebensglück. Es trifft ihn schwer, wenn er es verliert. Der Kampf um die Existenz ist für viele der wesentliche Inhalt des Daseins. Dazu kommen die Kämpfe, die der Geschlechtstrieb heraufbeschwört, und wenn Not und Leiden den Menschen einmal zur Ruhe kommen lassen, dann bedroht ihn sofort die Langeweile. Vielleicht wird nie ein Mensch am Ende seines Lebens, wenn er besonnen und zugleich aufrichtig ist, wünschen, es nochmals durchzumachen, sondern eher gänzliches Nichtsein wählen. Du hörst das Gegenteil, aber der Grund dafür ist das klägliche Bestreben der Menschen, den anderen ein Glück vorzuspiegeln, das sie in Wahrheit gar nicht haben, sie ärgern die anderen, weil sie selbst unbefriedigt sind.

Mancher Mensch, dessen Schwerpunkt außer ihm ist, hat stets wechselnde Wünsche und Grillen, er wird, wenn seine Mittel es erlauben, ein neues Auto kaufen, eine Wohnung oder ein Haus bauen oder großen Luxus treiben. Er sucht in Dingen aller Art ein Genügen von außen, wie der Entkräftete in einer Apotheke ein Mittel zur Kräftigung oder Drogen. Er hofft auf diese Art die Gesundheit und Stärke zu erlangen. Er vergißt, daß die wahre Quelle der Lebenskraft in ihm ist.

Stellen wir ihm nun den anderen Fall gegenüber, einen Menschen, der das gewöhnliche knappe Maß der geistigen Kraft übersteigt. Wir können ihn dabei beobachten, wie er zum Beispiel als Dilettant eine schöne Kunst übt oder eine Realwissenschaft studiert, Botanik oder Physik, Geschichte oder anderes; er findet also einen großen Teil seines Genusses darin und kann sich darin erholen, wenn äußere Quellen stocken oder ihn nicht befriedigen. Sein Schwerpunkt liegt wenigstens zum Teil schon in ihm selbst.

Weil jedoch bloßer Dilettantismus in der Kunst weit von hervorragender Fähigkeit entfernt ist, so kann der Mensch nicht bis auf den Grund seines Lebens davon erfüllt sein, kann nicht sein ganzes Dasein damit verweben, so daß er am übrigen Leben jedes Interesse verlieren könnte.

Dies bleibt der höchsten geistigen Besonderheit allein vorbehalten, die man als Genie bezeichnet. Nur sie macht das Dasein und Wesen der Dinge im ganzen und absolut zu ihrem Thema und stellt ihr tiefes Begreifen mittels Kunst, Poesie, Musik oder Philosophie dar. Daher ist allein einem Menschen dieser Art die ungestörte Beschäftigung mit sich, mit seinen Gedanken und Werken dringendes Bedürfnis, die Einsamkeit willkommen, die Muße das höchste Gut, alles übrige entbehrlich, ja, wenn vorhanden, oft nur eine Last. Nur von einem solchen Menschen können wir sagen, daß sein Schwerpunkt ganz in ihm ist. Es läßt sich auch erklären, daß diese höchst seltenen Menschen selbst beim besten Charakter doch nicht jene innige und grenzenlose Teilnahme an Freunden, Familie und Gemeinwesen zeigen, zu denen andere fähig sind; denn sie können sich zuletzt über alles trösten, wenn sie nur sich selbst haben. In ihnen wirkt ein isolierendes Element, das um so wirksamer ist, als die anderen ihnen eigentlich nie vollkommen genügen, weshalb sie in ihnen nicht ganz und gar ihresgleichen sehen können, ja, das Heterogene stets fühlbar wird. Sie gewöhnen sich allmählich daran, unter den Menschen als verschiedenartige Wesen umherzugehen, und sie bedienen sich in ihren Gedanken nicht der ersten, sondern der dritten Person.

Aus diesem Gesichtspunkt erscheint der, den die Natur in intellektueller Hinsicht sehr reich ausgestattet hat, als der Glücklichste, so gewiß uns das Subjektive näher liegt als das Objektive, dessen Wirkung, welcher Art auch immer, erst durch jenes vermittelt wird, also sekundär ist.

Davon spricht auch dieser Vers von Lucian: „Wahrer Reichtum ist nur der innere Reichtum der Seele, alles das Übrige bringt Ungemach mehr als Gewinn."

So ein innerlich reicher Mensch bedarf nichts weiter als der Zeit, um seine geistigen Fähigkeiten auszubilden und zu entwickeln, um seinen inneren Reichtum zu genießen, also eigentlich nur die Erlaubnis, sein ganzes Leben hindurch jeden Tag und jede Stunde ganz er selbst sein zu dürfen. Wenn einer dazu bestimmt ist, die Spur seines Geistes dem ganzen Menschengeschlecht aufzudrücken, so gibt es für ihn nur ein Glück oder Unglück, nämlich seine Anlagen vollkommen auszubilden und seine Werke zu vollenden, oder aber daran gehindert zu sein. Alles andere ist für ihn geringfügig. So sehen wir die großen Geister aller Zeiten auf ihre Muße den größten Wert legen, denn sie ist für jeden so viel wert, wie er selbst wert ist.

Aristoteles sagt in diesem Sinne: „Das Glück scheint in der Muße zu bestehen." Sokrates preist die Muße als den schönsten Besitz. Dem entspricht auch, daß er das philosophische Wesen für das glücklichste erklärt. Und es gehört hierher, was er zur Politik sagt: „Seine Trefflichkeit, welcher Art sie auch sei, ungehindert üben zu können, ist das eigentliche Glück." Dies deckt sich auch mit Goethes Ausspruch in „Wilhelm Meister": „Wer mit einem Talent zu einem Talent geboren ist, findet in demselben sein schönstes Dasein." Nun ist aber freie Zeit zu besitzen nicht nur dem gewöhnlichen Schicksal, sondern auch der gewöhnlichen Natur von uns Menschen fremd; denn seine natürliche Bestimmung ist, daß wir unsere Zeit mit dem Herbeischaffen dessen zubringen, was für uns und unsere Familie existenznotwendig ist. Wir sind Töchter und Söhne der Not, nicht der freien Intelligenz.

Aus diesem Grund wird die Muße uns Menschen bald zur Last, ja, eigentlich zur Qual, wenn wir sie nicht durch Spiel und Sport, Hobbys oder irgendeinen Zeitvertreib auszufüllen vermögen.

Andererseits ist ein über das normale Maß hinausgehender Intellekt abnorm, also unnatürlich. Ist er aber vorhanden, so bedarf es für das Glück des damit Begabten eben jener Muße, da er ohne sie unglücklich sein wird.

Treffen nun aber beide Unnatürlichkeiten, die äußere und die innere, zusammen, so ist dies ein großer Glücksfall. Denn damit wird der so Begünstigte ein Leben höherer Art führen, nämlich das eines von beiden Leiden des menschlichen Lebens – der Not und der Langeweile – Befreiten.

Auch sollte bedacht werden, daß die großen Geistesgaben infolge der überwiegenden Nerventätigkeit eine übersteigerte Empfindlichkeit für Schmerz in jeglicher Gestalt zur Folge haben, ferner daß das leidenschaftliche Temperament und die davon untrennbare Lebhaftigkeit und Vollkommenheit der Vorstellungen eine ungleich größere Heftigkeit herbeiführen, während es doch mehr peinliche als angenehme Affekte gibt; weiters, daß die großen Geistesgaben ihren Besitzer den übrigen Menschen und ihrem Treiben entfremden – je mehr er an sich selber hat, um so weniger kann er an ihnen finden. Hundert Dinge, an denen sie große Freude haben, sind ihm schal und ungenießbar. Hier tritt vielleicht das überall geltende Gesetz der Kompensation in Kraft. Es ist sogar oft genug und nicht ohne Scheinheiligkeit behauptet worden, der geistig beschränkte Mensch sei im Grunde der glücklichste, obwohl ihn keiner um dieses Glück beneiden mag.

Der vielfach geäußerte Satz: „Ich habe keine Zeit, mit jemandem ein ernsthaftes Gespräch zu führen" ist gleichbedeutend mit der Äußerung: „Ich habe zum Lesen keine Zeit." Denn Lesen bedeutet im eigentlichen Sinne, dem, der es schrieb, zuzuhören. Wir können nicht alles selbst erfahren, erforschen, erkennen, um es zu wissen. Wir müssen uns vieles von anderen sagen lassen, mündlich oder schriftlich. Wenn wir uns von niemandem etwas sagen und zeigen lassen wollen, kann es für uns keinen Bildungsfortschritt geben.

Wir müssen immer und überall auf dem Boden von selbsterworbenen oder von anderen erworbenen Kenntnissen stehen, ehe wir uns Unbekanntem zuwenden. So müssen wir zum Beispiel zuerst einmal erkannt haben, oder es muß uns jemand gesagt haben, daß ein Messer eine Schneide hat und wozu sie dient, ehe wir das Messer als ein Instrument begreifen, mit dessen Hilfe wir ein Stück Brot abschneiden können. Wenn wir die Existenz eines Messers und seine Verwendung nicht selbst erfahren und uns auch von niemandem sagen lassen wollen, wie sollen wir je auf die Idee kommen, damit Brot zu schneiden? Geschriebenes ist Erfahrenes, Erkanntes oder einfach nur Erdachtes, das uns mittels Schriftzeichen mitgeteilt wird. Der Inhalt des Geschriebenen kann praktischer oder theoretischer Natur, wertvoll oder wertlos sein. Es zu lesen, kann somit einem ernsthaften Gespräch oder einem inhaltsleeren Geschwätz gleichkommen. Nimmt sich der Leser selbst ernst, dann sind ihm seine Zeit und sein Leben kostbar und er meidet das oberflächliche, inhaltsleere Geschwätz (das nicht gleichzusetzen ist mit lustigem Geplauder). Demgemäß liest er Geschriebenes aufmerksam.

Wer wenig freie Zeit hat, wird sorgsam mit ihr umgehen. Wer aber keine Zeit hat, genauer gesagt, wer glaubt, keine Zeit zu haben, der überprüfe seinen Tagesablauf und suche herauszufinden, warum er keine Zeit hat. Er lasse sich sagen, daß zahlreiche vielbeschäftigte Menschen immer die Zeit haben, die sie brauchen! Das deshalb, weil sie sich die Zeit nehmen, die sie brauchen. Zeit gibt es immer.

Keine Zeit zu haben ist Ausdruck einer Flucht vor sich selbst oder vor Forderungen, die an einen gestellt werden. Zeit zu haben – und wenn es nur wenig sein sollte –, nicht zu verwechseln mit „Zeit vergeuden" oder „mit der Zeit nichts anzufangen wissen", ist ein Zeichen von Reife und Lebenskultur. Stets keine Zeit zu haben ist ein Zeichen von Unreife.

Es liegt in der Natur jeder Unzufriedenheit, daß sie gegen ihre Ursachen gerichtete Kräfte freisetzen kann, die zu Änderungen treiben oder zu Umwälzungen oder großen Umstürzen führen. Auf dieser Gesetzlichkeit beruhen viele Geschehnisse der Kultur- und Geistesgeschichte sowie der Geschichte überhaupt, und sie hat Bedeutung auch im Leben jedes Einzelnen.

GEHÖRST DU ZU DEN PHILISTERN?

Ein Mensch, der infolge seines durchschnittlichen Maßes an intellektuellen Kräften keine geistigen Bedürfnisse hat, ist ein Philister. Der Begriff stammt aus dem Studentenleben. Von einem höheren Standpunkt aus kann gesagt werden, daß es Menschen sind, die immerfort mit einer Realität beschäftigt sind, die keine ist, also angeben, immerfort beschäftigt zu sein, sich keine Pause erlauben zu können, von einer Arbeit zur nächsten gerufen zu werden, ja, unentbehrlich zu sein. Eine solche Definition ist umstritten. Sicher wird damit das Wesentliche ausgedrückt, die Wurzel aller Eigenschaften, die den Philister charakterisieren: Er ist ein Mensch ohne geistige Bedürfnisse.

Hieraus folgt mancherlei: zuerst in Hinsicht auf ihn selbst, daß er ohne geistige Genüsse bleibt. Er hat keinen Drang nach Erkenntnis oder Einsicht um ihrer selbst willen. Keine ästhetischen Genüsse beleben sein Dasein; Genüsse, die die Mode bietet, wird er als eine Art Zwang bald abtun. Wirkliche Genüsse sind für ihn allein die sinnlichen, da hält er sich schadlos. Sich alles, was zum leiblichen Wohlsein gehört, zu beschaffen, ist der Zweck seines Lebens. Glücklich genug, wenn dieser ihm viel zu schaffen macht. Denn sind jene Güter ihm schon im voraus oktroyiert, so fällt er unausbleiblich der Langeweile anheim, gegen die dann alles Erdenkliche versucht wird: Gesellschaft, Kartenspiel, Theater, amouröse Abenteuer und so weiter. Und doch reicht das alles gegen die Langeweile nicht aus, wo Mangel an geistigen Bedürfnissen die geistigen Genüsse unmöglich macht. Oft ist dem Philister ein dumpfer, trockener Ernst eigen und charakteristisch, der sich dem tierischen nähert. Nichts freut ihn, nichts erregt ihn, nichts gewinnt ihm Anteilnahme ab. Die sinnlichen Genüsse wechseln ständig, sind dennoch bald erschöpft; die Gesellschaft, aus ebensolchen Philistern bestehend, wird bald langweilig, das Kartenspiel ermüdet.

Allenfalls bleiben noch die Genüsse der Eitelkeit nach seiner Weise, die meist darin besteht, daß er an Reichtum oder Rang oder Einfluß und Macht andere übertrifft, von denen er deshalb geehrt wird; oder aber auch darin, daß er wenigstens mit solchen, die Einfluß und Macht haben oder berühmt sind, den Umgang pflegt und sich im Widerschein ihres Glanzes sonnt. Aus der Grundeigenschaft des Philisters ergibt sich auch, daß er hinsichtlich anderer Menschen keine geistigen, sondern nur physische Bedürfnisse hat. So wird er jene Menschen suchen und immer wieder finden, die seine physischen Bedürfnisse befriedigen können. Am allerwenigsten wird unter den Anforderungen, die er an andere Menschen stellt, die hervorragende geistige Fähigkeit sein. Vielmehr werden diese, wenn sie ihm begegnen, seinen Widerwillen, ja, seinen Haß erregen, weil er dabei nur ein lästiges Gefühl von Hilflosigkeit und dazu einen dumpfen, heimlichen Neid verspürt, den er aufs sorgfältigste versteckt, indem er ihn sogar sich selber zu verhehlen sucht, wodurch dieser aber gerade bisweilen zu stillem Ingrimm anwächst. Es wird ihm nicht einfallen, nach dergleichen Eigenschaften seine Wertschätzung zu bemessen; sie wird ausschließlich dem Titel, der Macht und dem Einfluß vorbehalten bleiben, denn das sind in seinen Augen die wahren Vorzüge, in denen zu glänzen sein Wunsch wäre. Das große Leiden aller Philister ist, daß Ideale ihnen keine Unterhaltung gewähren, sondern daß sie, um der Langeweile zu entgehen, stets der Realität bedürfen. Diese sind teils bald erschöpft, wo sie, statt zu unterhalten, ermüden; teils führen sie Unheil herbei; während die Ideale unerschöpflich sind, unschädlich und unschuldig.

Wenn wir das in Betracht ziehen, was so viele Menschen um uns herum tun müßten, aber aus Bequemlichkeit zu ihrem eigenen Schaden oder dem Schaden anderer nicht tun, und wenn man alles das überblickt, was so viele Menschen aus Geltungsstreben, Ehrgeiz, Empfindlichkeit, Gekränktsein, Neid, Habgier und Rücksichtslosigkeit tun oder nicht tun dürfen, Gewalttaten und Mord einbezogen, dann kann man sich nur das eine Urteil bilden, daß diese Menschen in irgendeiner Weise und in irgendeinem Grunde krank sind. Sie sind körperlich krank und sei es nur in Form einer andauernden Müdigkeit, Gehirnmüdigkeit einbezogen, oder seelisch krank, was auf hunderterlei Art in Erscheinung treten kann, Alkoholismus, Drogensucht und Selbstmord inbegriffen.

So kann der Einzelne mit seiner Art des Krankseins ein nicht störender Bürger sein oder aber zu einem Problem für seine Mitmenschen beziehungsweise die Gesellschaft werden. Politische und religiöse Eiferer, Volksverhetzer und Kinderschänder sind hier nur einige der besonders argen Beispiele. Hier erkennen wir wieder klar, daß das seelisch-geistig-körperliche Gesundsein das höchste der menschlichen Güter ist.

Man muß nie verzweifeln,
wenn einem etwas verloren geht,
ein Mensch oder eine Freude oder ein Glück;
es kommt alles noch herrlicher wieder.
Was abfallen muß, fällt ab,
was zu uns gehört, bleibt bei uns,
denn es geht alles nach Gesetzen vor sich,
die größer als unsere Einsicht sind
und mit denen wir nur
scheinbar im Widerspruch stehen.
Man muß in sich selbst leben,
und an das ganze Leben denken,
an alle seine Millionen Möglichkeiten,
Weiten und Zustände,
denen gegenüber es nichts Vergangenes
und Verlorenes gibt.
Rainer Maria Rilke

III. Kapitel
LIEBST DU DEINEN FEIND?

Was muß einer tun? Dieses? Oder das Gegenteil? Oder etwas anderes? Der Zufall ist nicht vorherbestimmt.

Was muß einer sein? Das ist die wesentliche Frage, denn der Geist allein befruchtet den Verstand.

Wichtig ist es, das geistige Erbe zu retten, ohne das ein Volk seiner Seele beraubt wäre. Ich bin besiegt worden, also ist der, der mich besiegte, mein Feind? Jeder ist für alle verantwortlich. Jeder ist allein verantwortlich. Wer ist mein Feind? Die geistige Gemeinschaft der Menschen unserer Welt hat sich nicht zu unseren Gunsten ausgewirkt.

Jeder ist allein für alle verantwortlich. Ist das ein Geheimnis der Religion, aus der die Kultur hervorging, die ich als meine betrachte?

„... die Sünden der Welt zu tragen ..." Und jeder trägt alle Sünden der ganzen Welt.

Ich denke an Situationen des Lebens und an die Einstellung der Menschen zueinander. Es genügt nicht, den Nächsten und den Bruder zu lieben, das tun auch die Heiden. In Antithese zum Alten Testament fordert Jesus: „Liebet eure Feinde und betet für die, die euch verfolgen ..." Die Sonne geht auf über Bösen und Guten. Es ist ein anspruchsvolles Gebot. Entspricht es nicht der menschlichen Natur, den Feind zu hassen? Aber wer ist mein Feind?

In der Verhaltensforschung wurden schon viele Beiträge zum besseren Verstehen des Hasses geleistet. Hier erscheint die Fähigkeit zum Haß als eine notwendige Kraft der Seele. Ein wirklich gesunder Mensch muß beides können, lieben und hassen. Wenn die Fähigkeit zu lieben oder zu hassen geschwächt ist, ist die Gesundheit in Gefahr.

M. Balint versucht den Haß auf seine Weise zu erklären. „Dies bedeutet, daß wir solche Menschen hassen, die für uns zwar außerordentlich wichtig sind, die uns aber nicht lieben und sich weigern, unsere Partner zu werden, obwohl wir unsere besten Kräfte darauf konzentrieren, ihre Zuneigung zu gewinnen."

Dies rührt alle bitteren Schmerzen, Leiden, Ängste der Vergangenheit in uns wieder auf, und wir verteidigen uns selbst gegen ihre Rückkehr durch eine Schranke von Haß, indem wir unser Bedürfnis nach diesen Menschen und unsere Abhängigkeit von ihnen verleugnen. In gewisser Hinsicht überzeugen wir uns selbst, daß diese Menschen wohl wichtig, aber schlecht seien, daß wir nicht mehr von der Liebe aller Beziehungspersonen abhängen und ohne die Liebe der schlechten unter ihnen auskommen können.

In dieser Sicht ergibt sich der Haß als Reaktion des Ich auf eine bestimmte soziale Situation. Diese Reaktion wird beim reifen Menschen nur etwas Zufälliges sein, das eher einem Zornausbruch gleicht und leicht und schnell verschwindet, sobald die Situation sich zum Besseren wendet. Ich bin davon überzeugt, daß dem Phänomen des Hasses zu wenig Aufmerksamkeit geschenkt wird. Der Haß steht in einem engen Zusammenhang mit dem Neid.

Der Haß gegen den Mitmenschen wird als unsittlicher Gegensatz zur Liebe gesehen. Dir wird gezeigt, in welchem Sinne es möglich ist, einen Menschen zu lieben, obwohl er dir feindlich begegnet. Dabei wird unterschieden zwischen der Person und ihren verfehlten Handlungen.

Die offensive Feindesliebe dagegen haßt die Unordnung im Feind und liebt ihn als Geschöpf Gottes, so daß der Feind durch diese Liebe der Unordnung in seiner Person gewahr wird. Durch das eingeleitete Selbstverständnis und durch die klarer werdende Selbstschau kann er zur Umkehr aus seiner ungeordneten Liebe geführt werden. Diese besondere Art von Haßliebe schaut primär auf den irrend Liebenden, versichert ihn seines Wertes und seiner Berufung, erneuert in ihm den Glauben an seinen Urgrund. Sie weckt in ihm die Hoffnung auf innere Erneuerung seiner Person in ihrer Beziehung zu den Mitmenschen. Die Feindesliebe in ihrer doppelten Tendenz des Widerstandes gegen das Böse und des Zeugnisses für die Ordnung sagt keinen Augenblick ja zu der Person in der ungeordneten Liebe zum Ich, sie sagt aber ja zu dem, was sie werden kann und soll. Sie liebt den Feind nicht, weil er etwa der Schöpfungs- und Liebesordnung entspräche, sondern damit er sich ihr zuwende. Haß ist primär eine Reaktion der Seele auf eine Bedrohung des eigenen Ich und daher ein Aspekt der Selbstliebe. Allerdings ist dieser Haß eher mit einer Flucht zu vergleichen, durch die man sich einer Gefahr zu entziehen versucht.

Haß ist nicht konstruktiv. Er kann im Gegenteil sowohl für den anderen wie auch für einen selbst zerstörerisch werden, wenn er über längere Zeit festgehalten und nicht konstruktiv aufgearbeitet wird. Deine Zielvorstellung muß deshalb sein, dich mit der Gefahr auseinanderzusetzen und sie durch Verstehen und eigene positive Initiative zu überwinden. Wenn zum Beispiel der Haß darin gründet, daß du dich von jemandem mißachtet und zurückgestellt fühlst, dann kannst du diesen Haß überwinden, indem du die Ursache des Verhaltens des anderen zu durchschauen und durch eine Änderung deines eigenen Verhaltens auch den anderen zu einem Wandel seiner Einstellung zu veranlassen suchst. Sittlich böse ist nicht die spontane innere Empfindung des Hasses, sondern das bewußte und freiwillige Festhalten daran und die Weigerung, Möglichkeiten positiver Aufarbeitung aufzugreifen.

Die Unterscheidung zwischen der Liebe zu einer Person und der Ablehnung ihres Verhaltens ist etwas einzuschränken. Denn die Person stellt sich ja immer im Verhalten dar, und deshalb muß auch die Ablehnung bestimmter Handlungen letztlich auf die Person selbst bezogen werden. Denn es besteht eine Spannung zwischen dem zukünftigen anzustrebenden Ziel und der gegenwärtigen Unordnung der Person. Du kannst jemanden lieben, weil er zum Guten berufen ist, auch wenn er gegenwärtig noch weit davon entfernt ist.

Im konkreten Fall ist Feindesliebe nicht so einfach zu verwirklichen. Sie will sich auch nicht mit einer bloßen inneren Gesinnung begnügen, sondern die Aussöhnung mit dem Feind anstreben. Damit ist sie selbstverständlich auch auf die Reaktion des anderen angewiesen.

Für eine Versöhnung mußt du oft erst den richtigen Zeitpunkt abwarten. Du mußt respektieren, wenn der andere zunächst nicht bereit ist, seine Gesinnung zu ändern. Dann bleibt nichts übrig, als Distanz zu halten und den anderen nicht durch gutgemeinte Aufdringlichkeit noch weiter zu verärgern. Du wirst bestrebt sein, jede Gelegenheit zu nutzen, um dem anderen Zeichen der Bereitschaft zur Versöhnung zu geben und die entsprechenden Schritte zu erleichtern. Die Form der Feindesliebe hängt insofern weitgehend eben auch von anderen ab.

Jeder Mensch braucht Liebe und Anerkennung. Wenn du mit anderen Menschen in einer Gemeinschaft lebst, dann kann es dir nicht gleichgültig sein, ob die anderen dich ablehnen, dein Verhalten verurteilen oder es anerkennend zur Kenntnis nehmen.

DER NÄCHSTE IST NICHT EINFACH JEDER MENSCH!

Der Nächste ist nicht jeder Mensch in gleicher Weise, sondern der konkrete Nächste, dem du begegnest, der Hilfe braucht oder sonstigen Anspruch auf Zuwendung stellt. Sicher wird im Gleichnis vom Samariter betont, daß der Christ jeden Menschen, der ihm begegnet und Hilfe braucht, als Nächsten annehmen muß. Aber gerade die Worte „... dann gehe und handele ebenso" zeigen, daß zum konkreten Handeln am Nächsten aufgerufen wird. Und nicht zu einer rein abstrakten Liebe zu allen Menschen.

Ich erinnere mich sehr deutlich an eine kurze Lebenszeit nach meinem Autounfall, als ich so weit war, wieder gehen lernen zu können. Es war allerdings eine Zeit, in der mir Wörter, Begriffe und der Unterschied zwischen bewegten und unbewegten Dingen ebenso fremd waren wie der zwischen körperlichen und geistigen Angelegenheiten. Als ich es nicht schaffen konnte, die Schuhe richtig (also links und rechts passend) anzuziehen, hörte ich immer wieder und immer öfter den Satz. „Der liebe Gott wird dir helfen", und ich nahm an, daß der Gott, der hier gemeint war, durch die Tür hereinkommen und mir beim Anziehen helfen würde. Ich wartete. Die Sätze wiederholten sich, doch niemand kam außer der Schwester, die mir half zu stehen und zu gehen. Viele Jahre später, als ich schon Kontakt zur orthodoxen Religion gefunden hatte, kam mir durch einen Zufall wieder dieser Satz in Erinnerung, ich sah die ausgestreckten Hände einer Bettlerin. Wie kann dieser Gott anders helfen, dachte ich, als durch die Menschen? Menschen sind nach seinem Bild geschaffen, heißt es. Also tragen wir alle das göttliche Bild in uns. Das bedeutet auch: Gott ist in jedem Menschen gegenwärtig! Es ist für mich heute mehr denn je klar, daß in dem Moment, als mir Schwestern und Ärzte geholfen haben, Gott mir geholfen hat. Gott ist im Wortpaar Ich-Du und im Sprechen des Wortpaares Ich-Es. Oder ist er das Es in mir? Er, Gott, bewegt etwas. Er bewegt die Gedanken, Impulse, Instinkte, die Idee zur Gestaltung und von der Gestalt zum Ursprung zurück, zum Geistigen, zu Gott in dir und in mir. Er ist der Kreislauf, der keinen Anfang und kein Ende kennt. Es bewegt dich und mich. Es ist das Göttliche in uns. Es führt dich, es zwingt dich zu helfen. Jemand ist in seelischer Not. Das heißt, er weiß noch nicht, daß Gott in ihm ist, er muß ihn (an)rufen, damit er mit ihm Zwiesprache (man nennt es Gebet) halten kann, um auf den eigenen Weg der Erkenntnis zu gelangen. Der etwas fragliche Spruch: „Hilf dir selbst, dann hilft dir Gott", ist gar nicht so falsch, wenn er auch umgekehrt richtiger wäre. Du erkennst Gott in dir, es ist nicht immer nur das ausschließlich Gute, sondern die eigene Auseinandersetzung, das Gewissen, der Kampf, der Sieg. Wenn du Gott in dir erkannt hast, ist diese Not nicht mehr da!

Ich möchte den Gedanken noch weiterführen: Gott braucht dich und mich, braucht die Menschen. Wer sonst könnte von ihm reden, ihn preisen, ihm opfern, ihn ehren, an ihm zweifeln, ihn fürchten (und sich vor sich selber fürchten können!)? Wir Menschen brauchen Gott, um uns zu erkennen, Gott braucht die Menschen, um sein Werk zu vollenden. Er ist alles in allem. Das ist mehr als ein Wort. Wie verhältst du dich mit dem Wissen, daß Gott in dir lebt – und in deinem Nächsten? Fürchtest du dein Selbst? Was ist das Selbst? Die Individualität? Das Selbst in dir ist Gott. Es ist nicht geboren, es wird nicht sterben. Es war, es ist und wird sein. Das Element Selbst = Seele ist die individuelle Eigenschaft.

Es ist in allem Zwischenmenschlichen gleich stark: Du gehst zu einem Arzt, weil du Hilfe brauchst. Aber du hilfst damit auch dem Arzt, er braucht dich, um sein Wissen zu erweitern. Er lernt von dir aus deinem Verhalten, aus deinem Heilprozeß. Vertraust du ihm? Bist du heiter, bist du leidensfähig? Bist du ein Selbst? Bist du ein Beispiel? Welche Eigenschaften stellst du vor?

Grämst du dich, bist du ängstlich, verkriechst du dich, meidest du Menschen, fällst du in Depressionen, gibst du dich auf oder denkst du an Selbsttötung? Wie weit bist du dir der Kraft in dir selbst bewußt? Hilf dir selbst, dann hilft dir Gott. Ist menschliche Größe entscheidend? Ein Arzt kann dir nur den Weg weisen. Er braucht dich. Warum wählte er diesen Beruf? Um sich zu genügen? Nein. Er braucht dich – den Nächsten. Jeder braucht den Nächsten! Jeder in dem seiner Persönlichkeit entsprechenden Maß.

Ein Umweg? Nur Gedanken zu der erweiterten Frage, die Gott an dich stellen könnte: „Erkennst du mich – in dir?" Menschen suchen etwas, was mehr Kraft und Größe hat als sie selbst, und nennen es Gott. Und Gott braucht die Menschen. Nichts ist einseitig, es ist der Kreis. Behindert ist nur, wer von der Gesellschaft behindert wird, wer sich behindern läßt, den Weg zu seinem Selbst zu gehen.

Gott regt dich zu dieser Arbeit an. Er zeigt dir den Weg zum Selbst, zur Liebe zu dir, und weiterführend zum Nächsten. Wenn wir Gott als das Ganze denken, das Ganze, das sich ausgliedert, sich aber nicht aus Gliedern zusammensetzt, um ein Ganzes zu sein, dann ist alles Leben Ausgliederung, sind alle Menschen seine Glieder. Wenn also ein Glied das andere braucht, so wie eine Hand die andere wäscht und ein Bein das andere für den ersten Schritt braucht, um an ein Ziel zu gelangen, dann sind es die Menschen, die zu Hilfe kommen, wenn du Gott anrufst. Wenn eines der Glieder verletzt ist und Schmerzen leidet, spüren das die anderen Glieder des Körpers und verhalten sich hilfsbereit. Wenn nur ein Finger an einer Hand verletzt wurde, ist die ganze Hand in Mit-leiden-schaft gezogen. So wie es sich im Kleinen darstellt, ist es im großen Kreis der Welt. Du hilfst dir so gut du es vermagst, aber manchmal bittest du andere um Hilfe, und ebenso ist es umgekehrt. Grundsätzlich ist es unsere Bestimmung, voneinander zu lernen.

Was ist der Glaube anderes, denke ich, als der zur Bewußtheit gereifte Gedanke, daß Gott in jedem Menschen lebt und ihn kennt! Es ist leichter zu verstehen, wenn man sich an Seneca erinnert, der sagt, daß es gut sei, immer so zu denken und zu handeln, als würde man von einer höhergestellten Person beobachtet werden.

Du bist also in dem Gedanken, daß Gott in dir ist, niemals wirklich allein! Ich weiß heute noch, wie zufrieden, wie glücklich mich diese Erkenntnis machte. Ich lebe seit dieser Zeit anders.

Natürlich hat jeder Mensch seinen eigenen Charakter, sein individuelles Leben. Keiner gleicht dem anderen. Das ist der Reiz. Das ist der Sinn der Schleifsteine für jeden wertvollen Diamanten! Du kannst also schon deshalb nicht jeden Menschen gleich lieben. Du bist auch fähig zu hassen, wie schon erläutert wurde, was darin wurzeln kann, daß jemand gar nicht von dir geliebt werden will.

Liebe kann nicht immer im Sinne einer persönlichen tiefen Beziehung aufgefaßt werden. Liebe zu anderen Menschen besteht darin, daß man ihnen in Achtung, Höflichkeit und Freundlichkeit begegnet. Ja, die Beachtung der rechten Distanz ist eine Forderung der Nächstenliebe. Du darfst nicht versuchen, einen anderen Menschen enger an dich zu binden, als es ihm recht ist. Jeder ist ein Selbst. Das Maß der Distanz oder der Annäherung ist, abgesehen von äußeren Faktoren, durch den Willen beider Partner zu bestimmen. Es wäre nicht im Sinne des Liebesideales, jemandem eine Freundschaft aufdrängen zu wollen, der sie offensichtlich nicht wünscht.

Liebe muß auch die Achtung vor der Haltung des anderen einschließen und darf sich nicht über die Distanz hinwegsetzen, die der andere wünscht, sondern muß bereit sein zur Bejahung des Andersseins und zur Achtung vor seinem anders ausgerichteten Wollen. Wo du versuchst, den anderen nur nach deinem eigenen Bild zu sehen, nach den eigenen Wünschen zu behandeln, nimmst du das Du in seiner Würde nicht ernst.

Anders ist die Beziehung zu einem Mitmenschen, dem du zufällig begegnest, den du kaum kennst, der aber Hilfe braucht. Charakteristisch ist für eine solche Beziehung vor allem, daß sich diese Bruder-Liebe nicht auf sachliche Leistungen für den anderen beschränkt, sondern daß hier eine tiefere personale Beziehung aufgebaut wird, die dann auch ihre eigenen Anforderungen stellt. Ich denke an die Situation von Flüchtlingen, die, nachdem sie Lebensgefahr und unmenschliche Strapazen hinter sich gebracht haben, zunächst in einem Gastland Aufnahme finden, in ihre neue Umgebung aber nicht so integriert werden, daß sie persönliche Beziehungen aufbauen können. Nächstenliebe muß sich immer an der Art der Bedürfnisse orientieren, die der andere hat, und an den Möglichkeiten, sie zu befriedigen.

Bei einer genaueren Betrachtung der Nächstenliebe und Bruderliebe fällt auf, daß als Unterscheidungskriterium die Zeit eine besondere Rolle spielt. Wenn du einen Menschen über längere Zeit kennt, dann erkennst du ihn auch tiefer. Du weißt, wie weit du ihm vertrauen und was du von ihm erwarten kannst. Die Zeit schafft eine gewisse Gemeinschaftlichkeit, wenigstens in dem Sinne, daß du dich besser auf jemanden einstellen kannst. Es ist für eine tiefere, personale Beziehung und damit auch für Nächstenliebe von besonderer Bedeutung, daß Zeit füreinander da ist und man über einen längeren Zeitraum Gemeinschaft lebt. Wenn du über diese Zeit nicht verfügst, ist eine größere menschliche

Annäherung nicht möglich. Du mußt auch bedenken, daß diese Aspekte der Nähe und Distanz, der Unterordnung unter die Leitung anderer und des Konfliktes nicht nur in die Sozialethik gehören, sondern auch für das Grundverständnis der Ich-Du-Beziehung und der Liebe Geltung haben.

In den zwischenmenschlichen Beziehungen kannst du erfahren, daß du zu einer letzten Selbstverwirklichung die Gemeinschaft mit anderen Menschen brauchst. Du bleibst auf der Suche nach etwas, was du bisher noch nicht erreichen konntest, ich möchte behaupten, so lange du Gott in dir noch nicht erkannt hast. Dann suchst du das Alleinsein, die stille, beschauliche Muße.

IST DAS GEWISSEN EINE NATURORDNUNG?

Eine Situation, in der wir zu handeln haben, ist nicht nur durch die innere Einstellung zum Mitmenschen bestimmt, sondern auch durch objektive Begebenheiten. Diese müssen im Gewissensurteil erfaßt werden.

Ich will es an einem Beispiel erläutern. Wenn ein Bekannter zu dir kommt, um dich um finanzielle Hilfe zu bitten, weil er sowohl private als auch wirtschaftliche Sorgen hat oder seinen Betrieb vergrößern möchte, um mehr Geld zu verdienen, um seiner Familie mehr Bequemlichkeit zu schaffen, dann wirst du die Frage, ob und wie du helfen kannst, sowohl von sachlichen als auch von persönlichen Gegebenheiten her betrachten. Sachlich wird die Frage wichtig sein: Kann ich selbst diese Summe aufbringen und habe ich eine Chance, das Geld wieder zurückzuerhalten? Der Bekannte fragt sich: Lohnt sich die Investition in mein Geschäft und – werde ich das geborgte Geld zurückgeben können? Wenn diese Fragen verneint werden müssen, ist dem anderen wahrscheinlich gar nicht geholfen, wenn du seiner Bitte entsprichst!

Es ist in diesem Fall auch von Bedeutung, in welchem persönlichen Verhältnis du zu dem Bekannten stehst. Wenn dich mit ihm eine engere Freundschaft verbindet, dann wirst du dich verpflichtet fühlen, auch ein gewisses Risiko in Kauf zu nehmen, und trotz möglicher Zweifel dem anderen helfen. Wenn die Beziehung weniger eng ist, wirst du im Zweifelsfall eher an die Verpflichtung denken, die du dir selbst gegenüber hast, und dem Bekannten nur mit einer geringeren Summe helfen, auf die du, ohne Schmerzen zu erleiden, verzichten kannst, sollte er nicht in der Lage zur Rückzahlung sein. Die Nähe des zwischenmenschlichen Verhältnisses ist nicht bloß für die Frage bedeutsam, ob du dem anderen hilfst oder nicht, sondern auch für die Frage, wie weit und in welcher Form du auf den anderen eingehen kannst.

Du kannst gegenüber dem anderen nicht Stellung nehmen, ohne diese Stellungnahme in irgend einer Weise auch im materiellen Bereich auszudrücken. Die materiellen Aspekte haben eine vermittelnde Funktion, sie sind das Symbolmaterial, in dem sich dein Ja oder Nein zum anderen ausdrückt. Allerdings bleibt dieser Ausdruck, eben weil er ein Symbol ist, immer mehrdeutig, er kann nicht eindeutig zur Darstellung bringen, was du mit einer Handlung eigentlich intendierst. Deshalb kann dein Bekannter aufgrund einzelner Handlungen keine volle Gewißheit über deine Stellungnahme zu ihm erlangen. Es bedarf des Vertrauens, wenn diese Handlungen wirklich zu einer Annäherung und einem inneren Einverständnis führen sollen. Das Gewissen kann dir zwar eindeutig sagen, daß du den Mitmenschen bejahen und lieben sollst, es kann aber nicht eindeutig und mit der gleichen Gewißheit sagen, in welcher Weise sich die Stellungnahme zum Bekannten konkret ausdrücken soll.

In diesem objektiven Bereich kann sich das Gewissen irren. Es kann nicht mit Unfehlbarkeit voraussehen, welche äußeren Wirkungen eine bestimmte Handlung haben wird, denn diese äußeren Wirkungen sind oft mitbedingt durch Faktoren, die sich der Erkenntnis entziehen. Ebenso kannst du nicht mit Sicherheit voraussehen, wie andere Menschen eine bestimmte Handlung deuten werden und in welcher Weise sie dann davon berührt sind. Eine gutgemeinte Handlung kann Ärgernis hervorbringen und dadurch anderen schaden.

Es zeigt sich, daß das Gewissensurteil eine Struktur aufweist, deren verschiedene Dimensionen auch unterschiedliche Qualitäten besitzen. Das Gewissensurteil kann dir nicht mit Sicherheit oder gar mit Unfehlbarkeit sagen, daß du den Mitmenschen bejahen und lieben sollst. Es kann aber gleichzeitig sehr in der Frage irren, wie diese personale Intention in einer bestimmten Handlung angemessen zu konkretisieren ist.

Wenn du dich nur dadurch verwirklichst, daß du dich auf ein Du, zunächst auf das Du des Mitmenschen, beziehst, dann wird auch die transzendentale Dimension des Gewissens nicht ohne diese interpersonale Beziehung möglich sein, sondern in ihr gründen. Sinnerfahrung und Transzendenzerfahrung haben ihren Ort im „Zwischenmenschlichen".

In dieser Beziehung vermittelt sich auch der Anspruch der absoluten und transzendenten Wirklichkeit Gottes.

In den zwischenmenschlichen Beziehungen wirst du erfahren, daß du zu einer letzten Selbstverwirklichung die Gemeinschaft mit anderen Menschen brauchst. Es handelt sich also in der Gewissenserkenntnis ganz entscheidend um die letzte Sinngebung und Zielgebung für alle Menschen. Es geht also nicht bloß um eine gegenständliche Erkenntnis oder um die Frage nach der Nützlichkeit einer Handlung im Blick auf einzelne innerweltliche Ziele, sondern grundlegend darum, daß du erkennst, daß Sinn und Ziel deines Daseins in einer liebenden Gemeinschaft mit dem Du liegen. Weil aber diese Gemeinschaft mit einzelnen Mitmenschen nicht völlig zu verwirklichen ist und hier immer auf Unvermögen und Begrenztheit stößt, weil du aber dennoch eine Gemeinschaft über die Begrenztheit hinaus suchst, eine Gemeinschaft, in der du Erfüllung findest, geht es in der Gewissenserkenntnis nicht nur um Gemeinschaft mit einzelnen Mitmenschen, sondern um die Gemeinschaft mit dem Du Gottes im Menschen. Alles andere ist zu wenig, alles andere kann dich nicht unbedingt erfüllen.

Daraus folgt, daß es im Gewissen darum geht, nach einer letzten Sinngebung des Lebens zu fragen und die Handlungen daraufhin auszurichten.

SAGST DU MIR, WAS DU HAST?

Gracian sagt dazu: „Nichts setzt den Menschen mehr herab, als wenn er sehn läßt, daß er ein Mensch sei."

An dem Tage hören wir auf, ihn für göttlich zu halten, an welchem wir ihn recht menschlich erblicken. Der Leichtsinn ist das größte Hindernis unseres Ansehens. Der zurückhaltende Mann wird mehr als Mensch betrachtet, der leichtsinnige weniger. Es gibt keinen Fehler, der mehr herabwürdigt, denn der Leichtsinn ist das genaue Gegenteil des überlegten, gewichtigen Ernstes. Ein leichtsinniger Mensch kann nicht von Gehalt sein, zumal wenn er alt ist, wo die Jahre ihn zur Überlegung verpflichten. Und obwohl dieser Makel an so vielen haftet, ist er nichtsdestoweniger besonders herabwürdigend.

Epikuros hat die menschlichen Bedürfnisse in seiner „menschlichen Glücklichkeitslehre" in drei Arten eingeteilt.

Es gibt die natürlichen und notwendigen Bedürfnisse; wenn sie nicht befriedigt werden, verursachen sie Schmerz. Hierzu gehören Nahrung und Kleidung. Sie sind leicht zu befriedigen.

Es gibt zweitens die natürlichen, jedoch nicht notwendigen Bedürfnisse. Zu ihnen zählt das Bedürfnis nach Befriedigung des Geschlechtstriebes. Dieses Bedürfnis zu befriedigen fällt schwerer.

Dann gibt es die weder notwendigen noch natürlichen Bedürfnisse, dazu gehören Luxus, Üppigkeit und Prunk. Sie sind endlos und am schwersten zu befriedigen. Die Grenzen hinsichtlich unseres vernünftigen Wünschens zu bestimmen ist schwer oder unmöglich. Denn die Zufriedenheit jedes Menschen beruht auf einer relativen Größe, nämlich auf dem Verhältnis zwischen seinen Ansprüchen und seinem Besitz. Daher ist dieser, für sich allein betrachtet, bedeutungsleer.

Die Güter, mit denen menschlicher Sinn sich nie beschäftigt hat, entbehrt er durchaus nicht, sondern ist auch ohne sie völlig zufrieden. Ein anderer Mensch, der hundertmal mehr besitzt, fühlt sich unglücklich, weil ihm eines abgeht, worauf er Anspruch erhebt. Jeder hat auch in dieser Hinsicht einen eigenen Horizont; so weit wie dieser gehen seine Ansprüche. Was außerhalb dieses Gesichtskreises liegt, zeigt keine Wirkung. Daher wird ein armer Mensch nicht durch die großen Besitztümer der Reichen beunruhigt. Der Reichtum gleicht dem Seewasser: Je mehr man davon trinkt, um so durstiger wird man. Dasselbe gilt vom Ruhm.

Es bedeutet für einen reichen Menschen einen großen Schmerz, wenn sein Vermögen verloren geht. Wenn der erste Schmerz überwunden ist und die Stimmung sich langsam der früheren angleicht, kommt es, daß die Ansprüche sich verringern. Dieser Schritt ist das eigentlich Schmerzhafte bei einem Unglücksfall. Nachdem er getan ist, wird der Schmerz immer weniger, wird zuletzt gar nicht mehr gefühlt, die Wunde vernarbt.

Umgekehrt wird bei einem Glücksfall die Anzahl unserer Ansprüche größer, und sie dehnen sich aus. Hierin liegt die Freude. Aber auch sie dauert nicht länger als bis diese Operation gänzlich vollzogen ist. Wir gewöhnen uns an die vermehrten Ansprüche und werden gegen deren Besitz gleichgültig. Die Quelle unserer Unzufriedenheit liegt in unseren stets erneuerten Versuchen, unsere Ansprüche in die Höhe zu treiben. Das sagt uns auch Homer in seiner „Odyssee": „Denn wie die Tage sich ändern, die Gott vom Himmel uns sendet, ändert sich auch das Herz der erdenbewohnenden Menschen."

Bei einem so bedürftigen und nur aus Bedürfnissen bestehenden Geschlecht wie dem menschlichen ist es nicht zu verwundern, daß Reichtum mehr als alles andere geachtet und selbst die Macht nur ein Mittel zum Reichtum ist.

Unsere Wünsche sind hauptsächlich auf Geld gerichtet, es wird über alles geliebt. Das wird oft zum Vorwurf gemacht. Aber ist es nicht natürlich, etwas zu lieben, was ein unermüdlicher Proteus ist, der jeden Augenblick bereit ist, sich in den jeweiligen Gegenstand unserer so wandelbaren Wünsche und Bedürfnisse zu verändern? Jedes andere Gut kennt nur einen Wunsch, nämlich einem Bedürfnis zu genügen: Speisen nehmen wir gegen den Hunger ein, der Wein ist für den Gesunden ein Genuß, die Arznei dient dem Kranken zur Genesung, der Pelz wärmt uns im Winter, ein Schlüssel schließt uns die Tür auf und so weiter; sie sind folglich alle nur Güter, die einem bestimmten Zweck dienen, das heißt sie sind nur relativ gut. Geld allein ist das absolut Gute, weil es nicht nur einem Bedürfnis in concreto begegnet, sondern dem Bedürfnis überhaupt, in abstracto.

Vorhandenes Vermögen solltest du als Schutzwall gegen viele mögliche Übel und Unfälle betrachten, nicht jedoch als eine Erlaubnis oder Möglichkeit, sich alles Erfreuliche dieser Welt heranzuschaffen. Leute, die von Haus aus kein Vermögen haben, aber endlich in die Lage kommen, durch ihre Talente viel zu verdienen, bilden sich oft ein, ihr Talent sei das bleibende Kapital, und der Gewinn daraus die Zinsen.

Darum legen sie dann nicht das Erworbene zurück, um ein bleibendes Kapital zusammenzubringen, sondern geben es in dem Maße aus, wie sie es verdienen. Die meisten Künstler geraten wieder in Armut, weil ihr Erwerb stockt oder aufhört, nachdem entweder das Talent selbst erschöpft ist oder das allgemeine Interesse erlahmt ist.

Wie sagt man doch: Das Handwerk hat goldenen Boden. Es verliert die Fähigkeit zur Leistung nicht, ein Meister kann die Hilfe des Gesellen beanspruchen, weil seine Erzeugnisse Gegenstände der Bedürfnisse der Menschen sind, also Absatz finden. Hier ist die Armut ein seltener Gast.

Die Arbeiten der Künstler werden oft teuer bezahlt, daher soll, was sie erwerben, ihr Kapital werden; wenn sie es aber für die Zinsen halten, gehen sie ihrem Verderben entgegen.

Menschen, die ihr Vermögen erben, wissen wenigstens, was das Kapital und was die Zinsen sind. Die Vernünftigen werden versuchen, es sicherzustellen, sie können im Wohlstand bleiben.

Auf Kaufleute ist dies nicht anwendbar. Denn ihnen ist das Geld selbst Mittel zum Erwerb, gleichsam Handwerksgerät. Auch das Geld, das sie selbst verdienen, versuchen sie durch Benützen zu erhalten und zu vermehren. Deshalb ist in keinem Beruf oder Stand der Reichtum so zu Hause wie hier, erläutert Arthur.

Überhaupt wird man bemerken können, daß die Menschen, die Not und Mangel kennen lernten, diese weniger fürchten und daher zur Großzügigkeit geneigter sind als jene, die diese nur aus Erzählungen kennen. Künstler gehören zu jenen, die durch ihr besonderes Talent sehr schnell aus der Armut in den Wohlstand gelangen. Durch ein Buch zum Beispiel, an dem lange und intensiv gearbeitet wurde, in das alle Gedanken, alle Lebensinhalte eingeflossen sind, so daß während des Schreibens der Alltag keine Gültigkeit mehr hatte. Es findet Anklang und wird besonders gern und viel gelesen, durch den sehr schnellen hohen Verdienst werden vergangene Not und Entbehrung rasch vergessen, der Eifer, die Forderung der Gedanken und Ideen, sich zu gestalten, werden in einem anderen Buch, einem neuen Werk verarbeitet. Der Erfolg ist beglückend. Aber der daraus resultierende Wohlstand ist leicht aufgezehrt.

Ein Maler hat ein besonderes Werk geschaffen, hat lange und unter Entbehrungen daran gearbeitet, schloß dabei alle anderen Tätigkeiten rundherum aus, gab sich seinem Werk hin – bald kann er es verkaufen. Es sind die Zinsen, möchte man ihm sagen, bewahre sie, denn dein Kapital ist die Kunst der Gestaltung. Aber großzügig wird mit Freunden der Erfolg gefeiert, wird alles wieder ausgegeben. In den Zeiten der Not, während der Arbeit an dem Kunstwerk häuften sich die Rechnungen für Papier, Farben, das tägliche Brot, die Kleidung. Wenn diese Schulden bezahlt sind, bleibt nichts mehr. Wieder streckt die Armut ihre Hände aus, die Not, die Verzweiflung, oft bleibt kein Geld für die Miete.

Anders ist es für jene, die im Wohlstand geboren und geblieben sind. Sie denken mehr an die Zukunft und sind daher ökonomischer als die Künstler. Man könnte schließen, daß die Not keine so schlimme Sache ist, wie sie von weitem gesehen wird. Ein Grund dafür könnte sein, daß dem, der im angestammten Reichtum geboren ist, dieser als etwas Unentbehrliches erscheint, so gut wie die Luft; er bewacht ihn wie sein Leben. Daraus wächst Ordnungsliebe, Vorsicht und Sparsamkeit. Dem in Armut geborenen Menschen hingegen erscheint diese als der natürliche Zustand; sollte ihm später Reichtum zufallen, wird er ihn nur zum Genießen, zum Verprassen tauglich finden. Wenn er wieder fort ist, weiß er sich so gut wie vorher ohne ihn zu behelfen und ist noch dazu eine Sorge los.

Da gilt dann das Shakespeare-Wort: „Das Sprichwort muß bewahrt werden, daß der zu Pferde gesetzte Bettler sein Tier zu Tode jagt."

Besonders solche Menschen haben manchmal ein festes und übergroßes Zutrauen zum Schicksal und häufig auch zu den eigenen Mitteln, die ihnen schon aus Not und Armut herausgeholfen haben. Sie tragen das Wissen nicht im Kopf, sondern im Herzen. Sie halten die Untiefen nicht für bodenlos, wie sie wohl den Reichgeborenen begegnen, sie denken, daß sie dann, wenn sie auf den Boden gestoßen sind, wieder in die Höhe gehoben werden. Aus dieser Eigentümlichkeit wird erklärlich, daß Frauen, die aus armen Verhältnissen kommen, sehr oft anspruchsvoller und verschwenderischer sind als jene, die aus einem vermögenden Elternhaus stammen. Außerdem sind reiche Mädchen oft nicht nur durch das Vermögen begünstigt, sondern sie haben auch den Eifer, es zu erhalten. Ja, es gibt auch hier die Ausnahme, aber hören wir doch, was Ariosto in seiner ersten Satire sagt: „A woman of fortune being used to the handling of money, spends it judiciously: but a woman who gets the command of money, throws it away with great profusion." (Eine von Haus aus vermögende Frau, die es gewöhnt ist, mit Geld umzugehen, gibt es mit Verstand aus; aber eine Frau, die zum erstenmal in die Lage kommt, über Geld zu verfügen, wirft es verschwenderisch zum Fenster hinaus).

Es gibt in unserer Zeit auch den anderen Fall, wenn auch noch weniger häufig, daß nämlich reiche Frauen arme Männer heiraten. Mit dem Ausgeben des Vermögens verabschiedet sich die Liebe. Das Verhalten ist bei beiden Geschlechtern gleich, es gibt aber überall Ausnahmen. Wir müssen uns gar nicht an jene Zeit zurückerinnern, als reiche Eltern sich sorgten, wenn die Töchter Adelige heirateten, die meist arm waren und später das Vermögen verschleuderten. Heute sind Frauen zur eigenen Karriere fähig, sie bauen eine eigene Existenz auf, verdienen viel Geld, haben teilweise ererbtes Vermögen, gehen sparsam damit um – bis sie arme Männer heiraten. Damit endet nicht nur mancher Traum vom Glück, von Ehre und Ruhm. Männer sind vielfach nicht mehr die Garanten, die Erhalter. Oft sind Frauen wesentlich sicherer.

Ehen sind auch Wirtschaftsgemeinschaften. Arthur rät jenen, die eine arme Frau heiraten, besonders dafür zu sorgen, daß das Vermögen der Kinder nicht in ihre Hände fällt. Er glaubt sich hier nicht im Unrecht, wenn er die Sorge zur Erhaltung des Vermögens empfiehlt. Wer von Haus aus so viel besitzt, ob Mann oder Frau, also eine Person ohne Familie, könnte dann in wahrer Unabhängigkeit, ohne zu arbeiten, bequem leben. Es ist die Ausnahme von der dem menschlichen Leben anhängenden Bedürftigkeit und Plage, ist wie die Emanzipation vom Alltag, von alltäglicher Arbeit. Unter dieser Begünstigung des Schicksals ist man als wahrhaft freier Mensch geboren, denn nur dann ist man wirklich Herr seiner Zeit und darf jeden Morgen sagen: „Der Tag gehört mir."

Deshalb ist, so erklärt Arthur, zwischen dem, der tausend, und dem, der einhunderttausend Taler Einkommen hat, der Unterschied unendlich viel kleiner als zwischen dem, der im Vermögen geboren, und dem, der nichts hat. Seinen höchsten Wert erlangt das angeborene Vermögen, wenn es dem zufällt, der mit geistigen Kräften ausgestattet ist und bestrebt ist, diese zu nutzen, er wird dem Schicksal danken, denn er kann seinem Genius leben, weil er nicht auf Gelderwerb angewiesen ist. Das Genie zeigt seine Dankbarkeit, indem es leistet, was kein anderer konnte, also etwas hervorbringt, das der gesamten Menschheit zugutekommt. Ein anderer so bevorzugter Mensch kann viel als Philanthrop tun, sei es im eigenen Land, sei es in den Entwicklungsländern, sei es im SOS-Kinderdorf oder dort, wo Mitmenschen in Not sind.

Wer aber nichts von alldem wenigstens versuchsweise unternimmt, ja, nicht einmal durch das Nutzen der Talente ein Studium absolviert oder aber Möglichkeiten eröffnet,

Studien zu fördern, der bleibt trotz geerbten Vermögens ein Tagedieb. Er stiehlt Gott den Tag. Wahrscheinlich wird er dabei nicht einmal glücklich sein. Er wird die Langeweile spüren. Er wäre glücklicher, wenn er einer Beschäftigung nachgehen könnte.

Langeweile verleitet zu Extravaganzen. Unzählige Menschen befinden sich nur deshalb in Not, weil sie Geld hatten und es ausgaben, um sich bloß augenblickliche Linderung der drückenden Langeweile zu verschaffen. Für manche von ihnen, die mit Talent ausgezeichnet sind, kann es sogar vorteilhaft sein, wenn sie arm sind.

Was so mancher in der Unterhaltung am meisten sucht und liebt, ist die Inferiorität des anderen Menschen. Nun ist aber der arme Kerl meist von seiner eigenen völligen Bedeutungslosigkeit überzeugt. Er läßt alles über sich ergehen, verbeugt sich oft und anhaltend, er erkennt die Wertlosigkeit der Verdienste und lobt doch öffentlich und mit lauter Stimme die literarischen Stümpereien des über ihn Gestellten oder sonst Einflußreichen als Meisterwerk. Er versteht zu betteln, macht deutlich, was Goethe mit den Worten beschreibt:

Übers Niederträchtige
niemand sich beklage,
denn es ist das Mächtige,
was man dir auch sage.
(Westöstlicher Diwan)

Dagegen wird der Mensch, der ein Vermögen hat, sich anders verhalten. Er ist gewohnt, mit erhobenem Kopf zu gehen, und hat alle diese Künste nicht gelernt, hat vielleicht einige Talente. Er ist auch imstande, die Inferiorität der über ihn Gestellten zu erkennen, und wenn er nun vollends empfindlich wird und Erniedrigungen spürt, die ein Emporkommen verhindern, wird er kopfscheu. Mit den Worten Voltaires könnte man ihn treffen: „Wir haben nur zwei Tage zu leben, es verlohnt nicht der Mühe, sie damit hinzubringen, daß man vor verächtlichen Schuften kriecht."

Es gibt viele davon in dieser Welt, bemerkt Arthur und meint, die Tüchtigen haben es schwer aufzusteigen, wenn sie dazu von häuslicher Dürftigkeit gehindert werden. Er spricht von den einzelnen Menschen, von jenen, die allein leben, ohne für Familien sorgen zu müssen. Das wäre Thema eines anderen Kapitels.

IV. Kapitel
WAS BEDEUTEST DU ANDEREN MENSCHEN?

Wieder kommt mir der Satz in den Sinn: „Gleiches wird durch Gleiches erkannt."

Es ist niemandem angenehm, in einer wie immer gearteten Weise darauf aufmerksam gemacht zu werden, daß eine oder mehrere seiner Eigenschaften, Fähigkeiten und Leistungen, auf die er mit dem Gefühl der Befriedigung stolz ist, in Wahrheit nichts an Größe haben. Viele von denen, die in einem geistigen oder politischen Wirkungsfeld Stimme haben, sprechen im Brustton der Überzeugung von Aufgabenerfüllung, Menschlichkeit, geistiger Entwicklung, sozialem Fortschritt und Kultur. Aber ihnen hat offenbar keine innere Stimme zu Selbstkritik und Selbsterkenntnis geraten und in die Ohren geschrien, wie sehr sie von Selbstlügen genährt und geschoben werden und dabei andere – vielleicht ungewollt – täuschen oder enttäuschen.

Bei so manchem täuschen Titel, Stellung, Würden über seine Nichtigkeit hinweg. Wir neigen doch alle dazu, Menschen nach diesen Kriterien zu bewerten. Wir nehmen an, daß ein jeder das ist, was sein Titel und Rang erwarten lassen, und in seinem Amte das kann und auch tut, was dieses von ihm verlangt. Nur stetes Bemühen und Wahrhaftigsein können einen Menschen erhöhen, nicht Geburtsrang, Titel oder Amtsfunktion. Wer die Schminke der Selbstlüge beläßt, sich selbst nicht im Lichte der Wahrheit sehen will, anderen stets nur eine schöne Maske zeigt, die er schließlich selbst für sein wahres Gesicht hält, der ist im eigentlichen Wortsinn arm. Und wird eines Tages schließlich, wenn Selbstlüge und Täuschung keine Wirkung mehr haben – das ist gewiß –, in der Masse der Nichtigkeit untergehen.

Hast du schon darüber nachgedacht, was andere Menschen von dir halten? Wie sieht es mit deinem Geltungstrieb aus? Kennst du ihn? Wie wir in den Augen anderer dastehen, wird von uns viel zu hoch bewertet. Es ist eine Schwäche unserer Natur. Dabei könnte uns schon kurzes Nachdenken lehren, daß dies für unser Glück unwesentlich ist. Es ist daher kaum erklärlich, wie sehr sich jeder von uns freut, wenn er Zeichen der günstigen Meinung anderer hört und sich in seiner Eitelkeit geschmeichelt fühlt. „So unausbleiblich wie die Katze schnurrt, wenn man sie streichelt", sagt Arthur, „malt süße Wonne sich auf das Gesicht des Menschen, den man lobt, und sei das Lob auch lügenhaft."

Ein Künstler fühlt sich oft über reales Unglück oder die Kargheit, aus der für ihn bisher die Quellen seines Glücks flossen, durch die Zeichen fremden Beifalls getröstet; umgekehrt ist es erstaunlich, wie sehr ihn jede Verletzung seines Ehrgeizes in irgendeinem Sinne, Grad oder Verhältnis, jede Geringschätzung, Zurückweisung, Nichtachtung unfehlbar kränkt und oft tief schmerzt. Wenn auf dieser Eigenschaft, der Empfindsamkeit, das Gefühl der Ehre ruht, mag sie für das Verhalten vieler ersprießliche Folgen haben; aber auf das eigene Glück des Menschen, zunächst auf Gemütsruhe und Unabhängigkeit, wirkt sie mehr störend als förderlich ein!

„Daher ist es von unserem Gesichtspunkt aus ratsam", sagt Arthur, „mittels gehöriger Überlegung und richtiger Abschätzung des Wertes der Güter die große Empfindlichkeit gegen die fremde Meinung möglichst zu mäßigen, sowohl da, wo ihr geschmeichelt wird, als auch da, wo ihr weh getan wird. Beides hängt am selben Faden."

Außerdem wirst du leicht Sklave der Meinung anderer. So ist winzig und ohne Gewicht, was deinen Geist, der nach

Lob giert, niederwirft oder erhebt. Umso mehr ist die richtige Abschätzung des eigenen Wertes notwendig: Was du für dich selbst bist gegen das, was du bloß in den Augen anderer bist, kann zum eigenen Glück beitragen.

Zu unserem Wert gehören die Überlegungen des eigenen Daseins, des inneren Gehaltes: Was bist du? Was hast du? Der Ort, an dem diese Eigenschaften wirken, ist unser Bewußtsein, dagegen ist der Ort dafür, was wir für andere sind, das fremde Bewußtsein, es ist die Vorstellung, in der wir darin erscheinen, die Begriffe, die darauf angewendet werden. Das ist nun etwas, was unmittelbar gar nicht für uns vorhanden ist, sondern bloß mittelbar, insoweit das Betragen der anderen gegen uns dadurch bestimmt wird.

Und auch dies hat nur dann Gewicht, wenn es auf irgend etwas Einfluß hat, wodurch das, was wir in uns selbst sind, modifiziert werden kann. Außerdem ist das, was in einem anderen Bewußtsein vorgeht, für uns gleichgültig. Wir werden allmählich gleichgültig dagegen, wenn wir von der Oberflächlichkeit der Gedanken, von der Beschränktheit der Begriffe, von dem Kleinmut, von der Verkehrtheit der Meinungen und von der Anzahl der Irrtümer in den allermeisten Köpfen eine hinlängliche Erkenntnis erlangen und dazu aus eigener Erfahrung lernen, mit welcher Geringschätzung gelegentlich von jedem geredet wird, sobald man ihn nicht zu fürchten hat oder glaubt, er könne uns nicht hören. Wir lernen dann einsehen, daß wir jenen zu viel Ehre erweisen, auf deren Meinung wir so großen Wert legen.

Jedenfalls ist ein Mensch, der sich nicht in dem, was er ist, und dem, was er hat, glücklich schätzt, zu bedauern, denn er wird seine Zufriedenheit darin suchen müssen, was er in der fremden Vorstellung ist.

Für unser Wohlergehen ist ein sorgenfreies Auskommen wesentlich. Ehre und Ruhm, soviel Wert wir auch darauf legen, können mit diesem wesentlichen Gut nicht konkurrieren, noch die Gesundheit ersetzen. Aber es gibt Menschen, die sowohl Gesundheit und Wohlbefinden unbedenklich für Ruhm und Ehre hingeben.

Deswegen trägt es zu unserem Glück bei, wenn wir beizeiten zu der Einsicht gelangen, daß jeder zunächst und wirklich in seiner eigenen Haut lebt und nicht in der Meinung anderer. Daß unser persönlicher Zustand, wie er durch Gesundheit, Temperament, Einkommen, Familie, Freunde, Wohnort bestimmt wird, für unser Glück hundertmal wichtiger ist, als was anderen beliebt, aus uns zu machen.

Wenn jemand euphorisch ausruft: „Über mein Leben geht noch die Ehre", so sagt er eigentlich: „Dasein und Wohlbefinden sind nichts. Es gilt, was die anderen von uns denken."

Wenn wir uns vor Augen führen, welchen letzten Zweck fast alles hat, wonach Menschen ihr Leben lang in rastloser Anstrengung und unter vielen Gefahren unermüdlich streben, bleibt Traurigkeit. Denn wenn sie sich dadurch in der Meinung anderer erhöhen, daß sie nicht nur Ämter, Titel und Orden, sondern auch Reichtum hauptsächlich deshalb anstreben, weil der Respekt der anderen das höchste Ziel ist, beweist sich damit leider nur die Größe der menschlichen Torheit.

Arthur sagt, zu viel Wert auf die Meinung anderer zu legen ist ein allgemein herrschender Irrwahn, mag er nun in unserer Natur selbst wurzeln oder auf dem Weg zur Zivilisation entstanden sein; jedenfalls übt er bei unserem gesamten Tun und Lassen einen übermäßigen feindlichen Einfluß auf unser Glück aus.

Verfolgen wir den Weg zurück, von der Entwicklung in ängstlicher, sklavischer Rücksicht auf das „Was wird man dazu sagen?" bis dahin, wo der Dolch des Virginius in das Herz seiner Tochter stößt. Es wird erkennbar, wofür der Mensch bereit ist, Ruhe, Reichtum, Gesundheit, ja, das ganze Leben zu opfern: für den Nachruhm, Dieser Wahn bietet dem, der die Meinung zu beherrschen oder sonst zu lenken hat, eine bequeme Handhabe, denn es gibt in jeder Art von Menschenerziehung, besonders beim Militär, die Weisung, das Ehrgefühl rege zu halten und zu schärfen. In Hinsicht auf das eigene Glück des Menschen, von dem wir hier reden, verhält es sich ganz anders.

Erziehung zu einem vorurteilsfreien Denken ist wichtiger als die meisten politischen Programme. Die Masse, die sogenannte „dumme Masse" weiß gar nicht, was das Wort „vorurteilsfrei" wirklich bedeutet. Sie ist unkritisch und schwimmt gleichsam in einem Meer von Vorurteilen, übernommenen Meinungen und irrigen Ansichten. Deshalb wurde sie allezeit und wird sie auch heute noch vielfach für dumm gehalten. Richtig ist, daß die Masse als Kollektiv nicht denkt, sondern Triebmechanismen gehorcht. Das wissen Politiker und Dogmatiker zu nützen und manipulieren die Massen, doch gewiß nicht immer aus edlen, altruistischen Motiven und zum Nutzen derer, für die sie „das Beste" anzustreben vorgeben.

Freies, kritisches Denken wird nicht immer, nicht überall und nicht von allen Kreisen geschätzt und geduldet. Das lehrt uns die Geschichte hinlänglich. Wer aus der Masse durch sein den Machthabern nicht genehmes Denken heraustrat, war stets gefährdet. Es drohten ihm Kerker, Folter, Scheiterhaufen. Auch in unserer modernen Zeit drohen vielerorts den unbequemen Andersdenkenden, die sich gegen Machtstrukturen stellen, Diskriminierung, Verfolgung, Gefängnis, oftmals Folter und moralische, soziale oder physische Vernichtung.

Wenn dich Tadel und Haß jener, denen Denkende unliebsam und vielleicht sogar im Wege sind, nicht wie ein heftiger Windstoß treffen sollen, dann mußt du in der Masse untertauchen und unauffällig sein. Sieht man deinen Kopf nicht, fällst du nicht auf und bist am ehesten wohlgefällig.

Sieht man ihn aber, dann weiß man, daß du einen hast. Das macht dich verdächtig oder gar gefährlich. Denn es könnte doch sein, daß in diesem Kopf ein freidenkendes, kritisches Gehirn ist und somit eine Quelle von Störungen oder Plänen und Maßnahmen gegen die Machthaber.

Wenn es um die Freiheit des Geistes geht, muß sie genauso erkämpft werden wie jede andere Freiheit auch. Geschenkt wird sie einem von niemandem. Es sind viele und in verschiedenem Gewande, die einem das freie Denken übelnehmen, verbieten, unmöglich machen, oder unmöglich zu machen versuchen und einem damit vielerlei Ungemach verursachen. Es ist wichtig, daß einem das klar wird, ehe man sich in einen geistigen Freiheitskampf begibt.

Bitte lege nicht zu viel Wert auf die Meinung anderer!

Nichts gibt es in der Geschichte, was von selbst entstanden wäre oder entsteht, und nichts, was ohne Ursache sich gewandelt hätte oder wandelt, untergegangen wäre oder untergeht.

Es geschieht dennoch, das lehrt uns der Alltag, daß Menschen auf die Meinung anderer den höchsten Wert legen, daß sie ihnen wichtiger ist als das, was in ihrem eigenen Bewußtsein vorgeht. Wenn aber mittels Umkehrung der natürlichen Ordnung die Meinung anderer als real, die eigene Meinung bloß der ideale Teil ihres Daseins zu sein scheint, wenn sie also das Sekundäre zur Hauptsache machen, wenn ihnen mehr das Bild ihres Wesens im Kopf anderer als dieses Wesen selbst im Herzen liegt, so ist die Wertschätzung dessen, was für uns unmittelbar nicht vorhanden ist, jene Torheit, die Eitelkeit genannt wird.

Den Wert, den wir auf die Meinung anderer legen, überschreitet das vernünftige Maß. Bei allem, was wir tun und lassen, wird vor allem anderen die fremde Meinung berücksichtigt. Und aus der Sorge darum werden wir bei genauer Untersuchung feststellen, daß die Hälfte der Ängste und

Kümmernisse, die wir empfunden haben, daraus hervorgegangen sind. Unserem oft krankhaft empfindenden Selbstgefühl, allen unseren Eitelkeiten und Prätentionen liegt die Sorge ebenso zugrunde wie der Prunksucht und dem Großtun. Ohne diese Sorge und Sucht wäre der Luxus kaum ein Zehntel dessen, was er ist.

Ein Vers von Anne Heitmann fällt mir ein:
Wer schwach ist oder behütet leben will,
vertraut einem Stärkeren,
dieser verdingt sich einem Mächtigeren,
jener gerät an einen Machthungrigen,
und der ist verklammert mit einem Machtbesessenen,
und dieser vielleicht ist wahnsinnig.
So kann es kommen, wenn man nicht wachsam ist.

Der Wert, den wir auf andere Meinungen legen, jeder Stolz, der Ehrenstandpunkt und die Ehrsucht beruhen darauf. Welche Opfer werden oft verlangt! Das zeigt sich im Kindes- und in jedem Lebensalter, besonders in den reiferen Jahren. Beim Versiegen der Fähigkeit zu sinnlichen Genüssen haben sich Eitelkeit und Hochmut nur noch mit dem Geiz die Herrschaft zu teilen.

Verlange von einem Menschen nicht mehr, als er gemäß seiner Persönlichkeitsstruktur und seiner körperlichen und geistigen Reife geben oder leisten kann. Der Ärger über andere, weil sie nicht so sind, wie du meinst, daß sie zu sein hätten, und weil sie sich nicht so geben, wie du selbst es für einzig richtig hält, und weil sie nicht erbringen, was du von ihnen erwartest, bleibt dann aus.

So wie du nicht enttäuscht bist, wenn dir ein Ochse oder eine Kuh nicht „Guten Tag" wünscht, erwartest du nicht von jedem, daß er sich als das erweist, was er zu sein vorgibt, oder was du von ihm aufgrund seines Geschlechtes, Alters, Herkommens, religiösen und politischen Bekenntnisses und seiner beruflichen Stellung erwarten zu können meinst. Die

Heuchler, die Wölfe im Schafpelz, die Möchtegerne unter den sich zur Bedeutungslosigkeit verurteilt Empfindenden, die in ihrer Kindheit seelisch Geschädigten, weil Mißhandelten, sexuell Mißbrauchten und lieblos Aufgewachsenen, in denen nur der Rachewunsch wuchs, desgleichen die Schwach- und Dummköpfe, die es auch unter den Trägern eines akademischen Titels und auf Direktionssesseln gibt, ferner die um Geltung bemühten, politisch und sonstig unbegabten, wenig gebildeten Funktionäre und Amtsträger aller Art und schließlich die Wichtigtuer aller Art enttäuschen dann nicht.

Sie allesamt gehören zu den, grob gesagt, kläglichen Elementen der Gesellschaft, von denen der kritische und tiefsinnige französische Schriftsteller Henri Beyle Stendhal lapidar sagt: „Es gibt Menschen, von denen man nur sagen kann, daß es sie gibt."

BIST DU EITEL ODER STOLZ?

Tacitus sagt: „Selbst von den Weisen wird Ruhmbegierde zuletzt abgelegt."

Von unserem Glück könnte man sagen, daß es auf Gemütsruhe und Zufriedenheit beruht. Dazu gehört, daß wir fähig werden, unsere eigene Triebfeder auf das vernünftige Maß herabzusetzen. Dies ist aber sehr schwer, denn wir haben es mit einer natürlichen, angeborenen Verkehrtheit zu tun.

Um diese Torheit loszuwerden, wäre das erste Mittel, sie zu erkennen und sich klar zu machen, wie falsch und absurd die meisten Meinungen in den Köpfen der Menschen sind, daher keiner Beachtung wert sind; sodann, wie negativ sie meistens sind, so daß fast jeder sich krank ärgern würde, wenn er hören könnte, was alles von ihm gesagt und in welchem Ton von ihm geredet wird.

Könnte uns die Bekehrung von dieser Torheit gelingen, so wäre die Folge ein Zuwachs an Gemütsruhe und Heiterkeit, und auch ein festeres, sicheres Auftreten, ein unbefangenes und natürliches Betragen. Dieser gute Einfluß, den eine zurückgezogene Lebensweise auf unsere Gemütsruhe hat, beruht größtenteils darauf, daß sie uns dem Leben vor den Augen anderer entzieht und ebenso der Berücksichtigung ihrer Meinung, und daß wir uns in uns selbst wiederfinden. Zugleich würden wir dem realen Unglück entgehen, in das uns das ideale Streben zieht, wir würden mehr Sorgfalt auf solide Güter üben, und dann auch diese ungestörter genießen.

Aber wie Arthur sagt: „Herrliche Taten sind schwer."

Diese Torheit unserer Natur hat drei Schwerpunkte: Ehrgeiz, Stolz und Eitelkeit.

Der Unterschied zwischen Eitelkeit und Stolz beruht darauf, daß der Stolz die feststehende Überzeugung vom eigenen Wert in irgendeiner Hinsicht ist; Eitelkeit hingegen ist der Wunsch, in anderen Menschen eine solche Überzeugung zu wecken. Stolz ist die von innen ausgehende, direkte Hochschätzung des Selbst. Eitelkeit ist das Streben, diese indirekt zu erlangen. Daraus folgt: Eitelkeit macht gesprächig, Stolz schweigsam.

Ob jeder eitle Mensch weiß, daß die hohe Meinung anderer, nach der er trachtet, sehr viel leichter und sicherer durch anhaltendes Schweigen zu erlangen ist als durch Reden – auch wenn er die schönsten Dinge zu sagen hätte? Stolz kann nicht sein, wer stolz sein will, denn nur die feste, innere, unerschütterliche Überzeugung von überwiegenden eigenen Vorzügen und besonderem Wert macht wirklich stolz.

Die Überzeugung mag falsch sein oder auf äußerlichen Vorzügen beruhen, das schadet dem Stolze nicht, wenn sie nur ernsthaft vorhanden ist. Weil also der Stolz seine Wurzel in der Überzeugung hat, untersteht er, wie alle Erkenntnis, nicht unserer Willkür. Sein größtes Hindernis ist die Eitelkeit, die um den Beifall anderer buhlt, um die eigene hohe Meinung von sich selbst darauf zu gründen, die bereits – ist sie ganz fest – die Voraussetzung des Stolzes ist.

So sehr der Stolz getadelt wird, vermutet Arthur, daß dieser hauptsächlich von denen ausgeht, die nichts haben, worauf sie stolz sein können. Der Dummheit der meisten Menschen gegenüber tut jeder, der irgendeinen Vorzug hat, gut daran, ihn selbst im Auge zu behalten. Wer seine Vorzüge gutmütig ignoriert, sich mit Dummen einläßt, als wäre er ihresgleichen, den werden sie treuherzig gleich dafür halten!

Ich empfehle vor allem denen, deren Vorzüge von der höchsten Art sind, sie nicht wie Titel oder Orden durch sinnliche Einwirkung in Erinnerung zu bringen, denn sonst werden sie oft genug erfahren: „Das Schwein belehrt die Minerva, die Göttin der Weisheit." Auch: „Scherze mit dem Sklaven, und er wird dir bald den Hintern zeigen" ist ein zutreffendes arabisches Sprichwort. Horaz dagegen sagt: „Hege den Stolz, den du durch Verdienste gewannst."

Staunend und bewundernd betrachten wir die Natur und die großen Werke des Geistes und der Hände. Und wir hören aufmerksam, was uns die Geschichte über sie und ihre Schöpfer erzählt. Aufmerksames Sehen und Zuhören ist uns Menschen gegeben, weil wir Augen haben, um zu sehen, weil wir Ohren haben, um zu hören, weil wir ein Gehirn haben, das wahrhaftig dazu da ist, um zu denken und Erlebtes zu verarbeiten. Sind wir stolz darauf, dieses Leben als Mensch bewußt zu leben?

Die bekannteste Art des Stolzes ist der Nationalstolz, sagt Arthur.

Diese Art des Stolzes verrät den damit Behafteten, der einen Mangel an individuellen Eigenschaften hat, auf die er stolz sein könnte. Wer sonst würde zu dem greifen, was er mit vielen Millionen teilen muß?

Wer bedeutende persönliche Vorzüge besitzt, wird vielmehr die Fehler seiner eigenen Nation, weil er sie beständig vor Augen hat, am deutlichsten erkennen. Aber jeder armselige Mensch, der nichts in der Welt hat, worauf er stolz sein könnte, greift zu diesem letzten Mittel: Er ist stolz auf die Nation, der er angehört. Hier fühlt er sich wohl und ist dankbar bereit, alle Fehler und Torheiten, die ihr eigen sind, mit Händen und Füßen zu verteidigen.

Sicher ist jedoch, daß die Individualität bei weitem die Nationalität überwiegt, und in einem natürlichen Menschen verdient sie tausendmal mehr Berücksichtigung als diese. Dem Nationalcharakter wird, da er von der Menge spricht, nie viel Gutes nachgerühmt. Vielmehr haben menschliche Beschränktheit, Verkehrtheit und Schlechtigkeit in jedem Land andere Erscheinungsformen – und diese nennt man dann Nationalcharakter.

Die Stärke einer Brücke wird nicht von ihrer Länge oder Breite, sondern einzig und allein von ihrer Tragfähigkeit bestimmt. Für die Stärke einer Persönlichkeit gilt sinngemäß gleiches. Zu dem, was wir gemeinhin Haltung und Charakterfestigkeit nennen, gehört die Stärke, sich unangenehmen Tatsachen nicht zu verschließen und sich dem Unangenehmen zu stellen.

Daß du von Kindern bestimmte Fakten des Lebens fernhältst, weil du sie unreif, das heißt nicht genug gefestigt weißt und du sie nicht durch ihnen Unverständliches verwirren oder verderben willst, ist korrekt. Dem reifen Menschen hingegen muß zugemutet werden können, Wahrheiten des Lebens und ebenso auch geschichtliche Tatsachen sowie Illusionen raubende Erkenntnisse zu ertragen.

Wer von unangenehmen Tatsachen und erschütternden Folgen und Irrtümern, von Wahnvorstellungen und von irgendwelchen Ideologien berichtet, ist nicht anzuklagen. Am Üblen, Dummen, Bösen, das einmal geschehen ist und geschieht, ist nicht der schuld, der davon erzählt, sondern sehr oft „der Mensch in seinem Wahn", wie es Friedrich Schiller ausdrückt.

Es zu leugnen oder nichts davon wissen zu wollen, beseitigt es nicht, hilft niemandem, heilt es nicht und bessert nichts.

Jede Nation spottet über die andere, und alle haben recht.

Die Augen vor peinlichen, beschämenden und erschütternden Wahrheiten zu schließen, ist ein Zeichen von Schwäche und Unreife. Wahrheiten auszuweichen oder sie zu leugnen gehört zum Wesen der Bequemlinge und Feiglinge. Der reife Bildungsbeflissene nimmt auch Unangenehmes der Lebenswirklichkeit zur Kenntnis, ohne Sorge, sich dadurch seelisch-geistig zu schädigen oder seinen Überzeugungen untreu zu werden. In seiner Reife liegt auch die Stärke, die ihn der Sorge enthebt, vom Schmutz, dem er nahe kommt, beschmutzt zu werden.

Geschichte ist immer Geschichte von Menschen, die aus verschiedenen Motiven Taten setzten, die Gutes wollten und Großes vollbrachten, doch sie ist ebenso oft auch die Geschichte von Menschen, die von Ehrsucht, Stolz und Leidenschaften gelenkt, von Geiz, Rachsucht, Geltungseifer getrieben, Großes schufen oder aber Großes zerstörten. So ist die Geschichte immer gleichzeitig die Geschichte von Ehre, Ruhm, Heldentum wie auch von Schurkerei, Grausamkeit, Heuchelei, der Drangsale und der Erzlügen. Ein Volk wird erst durch die Kenntnis seiner Geschichte sich seiner selbst ganz bewußt, doch das setzt voraus, daß jeder einzelne sich als Teil eines Volkes fühlt.

HAST DU IN DIESER WELT EINE BEDEUTUNG?

Dein Rang ist dir wichtig? In den Augen der Philister ist er wichtig, und so groß sein Nutzen im Getriebe der Staatsmaschine auch sein mag, lassen sich nur wenige Worte dazu sagen. Er ist im eigentlichen Sinne ein simulierter Wert, seine Wirkung ist eine simulierte Beachtung und das ganze eine Komödie für die Masse. Orden sind Wechselbriefe, sagt Arthur, bezogen auf die öffentliche Meinung. Ihr Wert beruht auf dem Kredit des Ausstellers. Inzwischen sind sie, ganz abgesehen von dem vielen Geld, das sie, die Substitute finanzieller Belohnungen, dem Staat ersparen, eine ganz zweckmäßige Einrichtung, vorausgesetzt, daß ihre Verteilung mit Einsicht und Gerechtigkeit geschieht. Wie schon gesagt, der große Haufen hat Augen und Ohren, aber nicht viel mehr, sehr wenig Urteilskraft und selbst wenig Gedächtnis. Manche Verdienste liegen ganz außerhalb der Sphäre seines Verständnisses, andere versteht und bejubelt er bei ihrem Eintritt, hat sie aber nachher bald vergessen. Da finde ich es ganz passend, sagt Arthur, durch Kreuz und Stern der Menge zu signalisieren: „Dieser Mann ist nicht euresgleichen, er hat Verdienste." Durch unrechte oder urteilslose oder übermäßige Verteilung verlieren die Orden aber diesen Wert. Daher sollten wir mit ihrer Verteilung vorsichtig sein, wie ein Kaufmann mit dem Unterschreiben der Wechsel. Die Inschrift „Für das Verdienst" auf dem Kreuz ist ein Pleonasmus, jeder Orden sollte ein Verdienst kennzeichnen, ohne daß wir dies besonders hervorheben müssen.

Viel schwerer und weitläufiger als die des Ranges ist die Erörterung der Ehre. Wie ist sie zu definieren?

Arthur sagte einmal. „Die Ehre ist das äußere Gewissen, und das Gewissen die innere Ehre." Diese Auslegung könnte manchem gefallen, sie ist jedoch eine mehr glänzende als deutliche und gründliche Erklärung. Daher sagt Arthur an anderer Stelle: „Die Ehre ist, objektiv, die Meinung anderer von unserem Wert, und subjektiv, unsere Furcht vor dieser Meinung. In letzterer Eigenschaft hat sie oft eine sehr heilsame, wenn auch keineswegs rein moralische Wirkung – im Mann von Ehre."

Machst du dir Gedanken über den Menschen als Gruppenwesen, im Zusammenhang mit gesellschaftlichen Einrichtungen, oder meinst du dich und mich, jeden einzelnen Menschen?
Denke mal darüber nach, wem Ehre gebührt.
Leitende Politiker, Staatsmänner von hohem und höchstem Rang brauchen keine Prüfungen abzulegen und ihre Berufstüchtigkeit zu beweisen. Kein König hat je eine „Königsschule", kein moderner Staatschef je eine „Staatslenkerschule" besucht. Noch nie wurde ein Staatsoberhaupt in einer solchen für sein hohes Amt geschult oder gebildet, und dennoch hatte es hohe und höchste Funktionsgewalt.
Jeder Koch, Lehrer, Handwerker, Schiffskapitän, Pilot muß durch Prüfungen beweisen, daß er seinen Beruf auszuüben in der Lage ist.
Staatschefs lenken einen ganzen Staat. Sie treffen Entscheidungen, die für das Staatsvolk schicksalhaft sind, ja, lebensentscheidend sein können. Sie können verhandeln, ohne den Verhandlungsgegenstand wirklich in allen Dimensionen beherrschen zu müssen. Sie können – je nach dem Grad ihrer Herrschergewalt – das Volk auch in einen Krieg führen, ohne selbst auch nur ein einziges Mal ihre Füße in Marschstiefel zu stecken und eine Waffe in die Hand zu nehmen.
Die Geschichte der Herrscher ist nicht ohne Komik. In ihr erscheinen ihre Untertanen oft geradezu lächerlich. Auch wenn der, dessen Sessel höher stand als der aller anderen, weder seine Muttersprache richtig zu gebrauchen wußte, noch mit seinen Geistesgaben an das Niveau des einfachsten seiner Untertanen heranreichte, so konnte er doch über sie alle in der einen oder anderen Weise verfügen. Vor ihm krümmten alle ihren Rücken, beugten alle ihr Knie. Viele gaben sogar ihr Leben hin, wenn er das Volk für eine „gerechte Sache" zu kämpfen aufrief.
Erklärte ein solcher Herrscher sein Herrschertum auch noch als von Gottes Gnaden verliehen, dann ist die Frage zu

stellen, wann und wo und wie Gott ihm einen „Meisterbrief für Herrscher" ausgestellt hat. Jeder Lenker eines Kraftfahrzeugs hat auf Verlangen eines Polizisten seine Lenkbefähigung und -befugnis durch seinen Führerschein zu bekunden. Welches Dokument können die Lenker eines Staates vorweisen?

Betrachten wir die Menschheit, dann sehen wir viel Komisches, Widersinniges, Verbrecherisches und Verrücktes, so daß wir annehmen müssen, daß viele der Menschen geistig blind, taub, fehlentwickelt oder noch unterentwickelt sind. Aber übersehen wir bei dieser Betrachtung nicht, daß wir alle ihr angehören.

Einen Vers von Dorothee Haeseling las ich kürzlich:
Könige muß man erfahren;
während wir ihnen die Kronen hinterhertragen,
lustwandeln sie in narzißtischen Gärten.
Könige weinen;
wenn wir sie nicht in unseren Armen wiegen,
greifen sie zum Messer.
Sie weiden unsere Herzen aus und werfen sie weg.
Könige sind einsam.
Sie urteilen, verurteilen,
von oben herab.
Und doch leiden wir lieber,
als nicht von ihnen beachtet zu werden.

„Es ist ein großer Ruhm", sagt Gracian, „der erste in der Art zu sein, und zweifach, wenn Vortrefflichkeit dazu kommt." Großen Vorteil hat der Bankier, der mit den Karten in der Hand spielt: er gewinnt, wenn die Partie gleich ist. Mancher wäre ein Phönix in diesem Beruf gewesen, hätte er keine Vorgänger gehabt. Die ersten jeder Art gehen mit dem Majorat des Ruhmes davon: den übrigen bleiben eingeklagte Alimente: was sie auch immer tun mögen, so können sie den gemeinsamen Flecken, Nachahmer zu sein, nicht abwaschen. Nur der Scharfsinn außerordentlicher Geister bricht neue Bahnen zur Auszeichnung, und zwar so, daß für die dabei zu laufende Gefahr die Klugheit gutsagt. Durch die Neuheit ihres Unternehmens haben Weise einen Platz in der Matrikel der großen Männer erworben. Manche mögen lieber die ersten in der zweiten Klasse, als die zweiten in der ersten Klasse sein."

Wir sprechen hier über Ruhm und Ehre. Eine einzige Revolution hat begriffen, daß es nicht genügte, den König aus dem Staatsbau hinauszujagen und dessen Aufschrift zu ändern, um eine Republik aus ihm zu machen. Das war die große Revolution Frankreichs. Sie zerstörte mit dem Königtum zugleich alle Einrichtungen der alten Monarchie. Wie nach dem Tode eines Pestkranken begnügte sie sich nicht damit, den Leichnam aus der Wohnstätte der Lebendigen fortzuschaffen, sondern sie verbrannte auch die Kleider und Geräte. Die Wurzeln wurden ausgegraben und die Scholle des geschichtlichen Grundes beerdigt. Es wurde versucht, das ganze Gedankengut des Volkes zu erneuern. Wo blieben Ruhm und Ehre? Der Totenkult begann. Man sprach von übersinnlicher Vorsehung. Nur eine politische Umwälzung?

Ein Mensch für sich allein vermag gar wenig und ist oft ein verlassener Robinson. Nur in der Gemeinschaft mit den anderen ist und vermag er viel. Dies wird ihm dann klar, sobald sein Bewußtsein sich zu entwickeln beginnt; und bald entsteht in ihm das Bestreben, als ein taugliches Mitglied der Gesellschaft zu gelten, als eines, das fähig ist zu tun, soviel ein Mann tun kann, und dadurch berechtigt, der Vorteile der menschlichen Gemeinschaft teilhaftig zu werden.

Mitglied der Gesellschaft wird er dadurch, daß er zuerst einmal das leistet, was man von jedem überall verlangt, sodann das, was man von ihm an besonderer Stelle, die er eingenommen hat, fordert und erwartet.

Er lernt erkennen, daß es hier nicht darauf ankommt, daß er das darstellt, was er ist, sondern darauf, was er in den Augen anderer ist. Hieraus erklärt sich sein eifriges Streben nach der günstigen Meinung der anderen, und der hohe Wert, den er ihm beimißt. Beides zeigt sich mit der Ursprünglichkeit des angeborenen Gefühls, das wir Ehrgefühl und je nach den Umständen auch Schamgefühl nennen. Das geschieht dann, wenn seine Wangen sich röten und er glaubt, plötzlich in der Meinung anderer zu verlieren, selbst wo er sich unschuldig weiß. Es passiert ihm auch da, wo der sich zeigende Mangel eine nur relative, nämlich willkürlich übernommene Verpflichtung betrifft. Andererseits stärkt nichts seinen Lebensmut so sehr wie die erlangte oder erneuerte Gewißheit von den günstigen Meinungen anderer, denn sie verspricht ihm den Schutz und die Hilfe der vereinten Kräfte aller, von denen er glaubt, daß sie ein starker Wall gegen die Übel des Lebens sind, mehr als dies eigene Kräfte vermögen.

Aus den verschiedenen Beziehungen, in denen ein Mensch zum anderen stehen kann, und im Hinblick darauf, wie Vertrauen und eine gute Meinung sich bilden, ergeben sich mehrere Arten der Ehre. Die Beziehungen betreffen hauptsächlich das Mein und Dein, sodann die Leistungen der in Beziehung Stehenden, und endlich das Sexualverhältnis. Ihnen entsprechen die bürgerliche Ehre, die Amtsehre, die Sexualehre, wobei es bei allen auch Unterarten gibt.

Eine weite Sphäre hat die bürgerliche Ehre. Sie setzt voraus, daß wir die Rechte jedes Menschen achten und uns daher nie ungerechter oder gesetzlich nicht erlaubter Mittel zu unserem Vorteile bedienen werden. Sie ist die Bedingung zur Teilnahme an allem friedlichen Verkehr. Sie geht dann verloren, wenn sie durch eine einzige offenbar und stark zuwiderlaufende Handlung mit einer Kriminalstrafe als Folge verletzt wird. Immer beruht die Ehre in ihrem letzten

Grad auf der Überzeugung von der Unveränderlichkeit des moralischen Charakters.

So bedeutet das englische Wort „character": Ruf, Reputation, Ehre. Die verlorene Ehre ist nicht wiederherzustellen, es sei denn, daß deren Verlust auf Täuschung, Verleumdung oder falschem Schein beruht hätte.

Daher gibt es Gesetze gegen Verleumdung. Die bürgerliche Ehre hat zwar ihren Namen vom Bürgerstand, ihre Geltung erstreckt sich jedoch über alle Stände ohne Unterschied, niemand ist ausgenommen, und es ist mit ihr eine gar ernsthafte Sache, die leicht zu nehmen jeder sich hüten soll. Wer Treu und Glauben bricht, hat Treu und Glauben verloren, auf immer, was er auch tun und wer er auch sein mag. Die bitteren Früchte, die dieser Verlust mit sich bringt, werden nicht ausbleiben.

In gewissem Sinne hat die Ehre im Gegensatz zum Ruhm einen selbstverständlichen Charakter. Die Ehre ist nicht der anerkannte Besitz von besonderen, diesem Subjekt allein zukommenden Eigenschaften, sondern von allgemein vorausgesetzten. Sie besagt daher nur, daß dieses Subjekt keine Ausnahme darstelle, während der Ruhm sehr wohl besagt, daß es eine sei. Ruhm muß daher erst erworben, Ehre hingegen nur erhalten werden. Danach ist die Ermangelung des Ruhmes etwas Negatives, die Ermangelung der Ehre ist eine Schande. Diese Negativität darf nicht mit Passivität verwechselt werden, sagt Arthur, vielmehr hat die Ehre einen äußerst aktiven Charakter. Sie geht nämlich allein von dem Subjekt aus, beruht auf seinem Tun und Lassen, nicht aber darauf, was ihm widerfährt und was andere tun. Sie steht also in unserer Macht. Das unterscheidet die wahre Ehre von der ritterlichen Ehre. Ein Angriff auf die Ehre ist schon durch Verleumdung möglich; wozu das einzige Gegenmittel die Widerlegung ist und die Entlarvung des Verleumders in der Öffentlichkeit.

HAST DU EHRFURCHT VOR DEM ALTER?

Die Achtung vor dem Alter scheint darauf zu beruhen, daß die Ehre junger Menschen zwar als Voraussetzung angenommen, aber noch nicht erprobt ist, daher eigentlich auf Kredit besteht. Bei den älteren Menschen mußte sie sich im Laufe des Lebens beweisen. Weder die Jahre an sich, die auch Tiere in viel höherer Zahl erreichen, noch die Erfahrung und nähere Kenntnis vom Lauf der Welt sind hinreichender Grund für die Jüngeren, die Älteren zu ehren. Die Schwäche des höheren Alters würde mehr Schonung erwarten als Achtung beanspruchen. Merkwürdig aber ist, daß dem Menschen ein gewisser Respekt vor weißen Haaren angeboren und instinktiv ist. Runzeln, ein ungleich verläßlicheres Kennzeichen des Alters, erregen diesen Respekt nicht; nie wird von ehrwürdigen Runzeln gesprochen, wohl aber von ehrwürdigem weißen Haar.

„Der Wert der Ehre ist nur ein mittelbarer", sagt Arthur. Die Meinung anderer von uns kann nur insofern Wert für uns haben, als sie ihr Handeln gegen uns bestimmt oder gelegentlich bestimmen kann. Dies trifft nur zu, solange wir mit oder unter den Menschen leben. Weil wir in der Zivilisation unsere Sicherheit und unseren Besitz nur der Gesellschaft verdanken, wir andere Menschen bei allen Unternehmungen brauchen und wir Vertrauen entwickeln müssen, um uns aufeinander einzulassen, so ist die Meinung von uns zwar von hohem, aber nur mittelbarem Wert für uns. „Einen unmittelbaren Wert kann ich ihr nicht zuerkennen", sagt Arthur in Übereinstimmung mit Cicero: „Vom guten Ruf aber sagen Chrysippus und Diogenes, wenn man vom Nutzen absehe, verlohne es sich nicht, einen Finger danach auszustrecken." Ich pflichte ihnen entschieden bei.

Ebenso sagt Helvetius in seinem Meisterwerk „Über den Geist" (er leitet seine Handlungen aus dem Egoismus ab): „Wir lieben nicht die Achtung um der Achtung willen, sondern nur um der Vorteile willen, die sie verschafft."

Da nun das Mittel nicht mehr wert sein kann als der Zweck, so ist der Paradespruch „Die Ehre geht über das Leben" eine Übertreibung.

WAS DENKST DU ÜBER DIE SEXUALEHRE?

Dieser Aspekt der Ehre beruht auf Nützlichkeit und Rücksicht Wir können diesen Ehrbegriff unterteilen und ihn für Männer und Frauen getrennt beschreiben.

Die Ehre ist für das weibliche Leben sehr wichtig, sagt Arthur, sie ist die allgemeine Meinung von einem Mädchen, das sich keinem Mann, und von einer Frau, die sich nur ihrem angetrauten Ehemann hingibt.

Das weibliche Geschlecht verlangt vom männlichen alles, was es wünscht und braucht. Das männliche verlangt vom weiblichen zunächst und unmittelbar nur eines – Sex. Daher müßte eine Institution eingerichtet werden, die sicherstellt, daß das männliche Geschlecht Sex vom weiblichen nur erlangen kann, wenn es die Sorge für die Frau und für die aus der Verbindung entspringenden Kinder übernimmt. Auf dieser Institution sollte das Wohlergehen aller Frauen beruhen. Um sie durchzusetzen, sagt Arthur, muß das weibliche Geschlecht zusammenhalten. Dann steht es als ein Ganzes in geschlossener Reihe dem gesamten männlichen Geschlecht gegenüber. Die männlichen Körperkräfte überwiegen, Männer sind von Natur im Besitz anderer Güter, die von Frauen erobert werden müssen. Daher ist die Ehrenmaxime des weiblichen Geschlechts, daß dem männlichen jeder uneheliche Beischlaf versagt bleibe, notwendig. Damit wird jeder Mann zur Ehe gezwungen, eine Art Kapitulation, damit das weibliche Geschlecht entsprechend versorgt werde.

Dieser Zweck kann nur mittels strenger Beachtung der Maxime vollkommen erreicht werden, daher wache das ganze weibliche Geschlecht mit wahrem esprit de corps über ihre Einhaltung. Demgemäß wird jedes Mädchen, das durch unehelichen Beischlaf einen Verrat gegen das ganze weibliche Geschlecht begangen hat, davon ausgestoßen und mit Schande belegt. Es hat seine Ehre verloren.

Das gleiche Schicksal trifft die Ehebrecherin, weil diese die vom Ehemann eingegangene Kapitulation nicht geachtet hat. Durch solches Verhalten werden die Männer davon abgehalten, sich auf solche Versprechungen einzulassen. Überdies verliert die Ehebrecherin wegen der Wortbrüchigkeit und des Betruges mit der Sexuelehre auch die bürgerliche. Wohl aus diesem Grund spricht man im Volksmund vom „gefallenen Mädchen" oder der „gefallenen Frau".

Wir leben, lieber Arthur, am Beginn des dritten Jahrtausends, also 2001, und nicht 1850. Alles ist anders, alles wird anders gelebt, die Menschen sind frei von alten Zöpfen, wurde mir erklärt, als ich von dir sprach.

Nichts hat sich geändert, sagt Arthur, alles ist gleich geblieben, nur will es niemand wahrhaben. Gibt es eine Frau, die nicht betrübt ist, wenn sie betrogen wird, gibt es einen Mann, der Ehebruch einfach hinnimmt?

Welcher Mann bevorzugt für ein Zusammenleben oder eine Ehe eine Frau, die wahllos mit jedem sexuell verkehrt?

Es gibt das Prinzip der weiblichen Ehre noch. Es ist für das weibliche Dasein wichtig, hat einen großen relativen, aber keinen absoluten Wert, der über das Leben und seinen Zweck hinausgeht.

Viele Dramen und Komödien spielt das Leben, und viele Dichter und Denker beschäftigten sich mit diesem Thema. Wer von uns sympathisiert nicht der Sexualehre zum Trotz mit dem Klärchen des Egmont, wo das weibliche Ehrenprinzip auf die Spitze getrieben wird? Der Sexualehre wird durch solche Überspannung ein absoluter Wert angedichtet, während sie, noch mehr als jede andere Ehre, einen bloß relativen hat, ja ich möchte sagen einen bloß konventionellen, wie wir aus des Thomasius' „De cocubinatu" ersehen. In fast allen Ländern und Zeiten bis zur Lutherschen Reformation gab es das Konkubinat, bei dem die Konkubine ehrlich blieb.

Es gibt auch legale Verhältnisse, die die äußere Form der Ehe unmöglich machen, besonders in katholischen Ländern, wo man sich gegen eine Scheidung ausspricht.

Die Geschlechtsehre der Männer, sagt Arthur, wird durch die der Frauen hervorgerufen, als der entgegengesetzte esprit de corps. Sie verlangt, daß jeder, der die Ehe eingegangen ist, jetzt darüber zu wachen habe, daß sie dem Manne erhalten werde; damit ihm nicht durch Laxheit das verloren gehen kann, was er erhandelt hat: den Alleinbesitz der Frau. Danach fordert die Ehre des Mannes, daß er den Ehebruch seiner Frau wenigstens durch Trennung von ihr strafe. Große dramatische Dichter haben die Männerehre zu ihrem Thema gemacht: Shakespeare in „Othello" und im „Wintermärchen", Calderon in „El medico de su honra" (Der Arzt seiner Ehre) und „A secreto agravio secreta venganza" (Für geheime Schmach geheime Rache). Übrigens fordert diese Ehre nur die Bestrafung der Frau, nicht die ihres Geliebten, er ist ein Schandfleck geringeren Grades. Hier bestätigt sich der Ursprung des esprit de corps der Männer.

Die Auffassung von Ehre, wie Arthur sie beschreibt, steht neuen Einsichten gegenüber. Die Formen des menschlichen Zusammenlebens rücken in ein neues Licht. Monogamie ist offenbar kein feststehendes Ideal, dem Individuen schon deshalb folgen müssen, weil sie einer bestimmten Art oder Kultur angehören. Partnerschaften oder Paarungen mit mehreren „Gatten" sind vermutlich eher alternative Auswege aus sozialen oder ökologischen Zwängen. Sie sind flexible Anpassungs-Strategien, gewählt von Frauen der Vorzeit und der Gegenwart, um sich und dem Nachwuchs bessere Chancen zu sichern, meint Uta Henschel (GEO Nr. 8/2000). Offiziell sind polyandrische Beziehungen zwar rar, nicht aber inoffiziell.

Bei einer Anzahl südamerikanischer Völker nehmen Mütter einen Liebhaber als „sekundären" Vater in die Familie auf, damit ihre Kinder besser versorgt und davor geschützt sind, Waisen zu werden. Verläßliche Daten zur Vaterschaft in modernen westlichen Gesellschaften existieren praktisch nicht. Aber es gibt Anhaltspunkte dafür, daß Frauen die Vorzüge nicht praktizierter Monogamie zu schätzen wissen – und zwar nicht nur, wenn sie sich den Vater ihres Kindes bei der Samenbank aussuchen. In der Oregon Health Science University in Portland, wo Laborergebnisse für Erbkrankheiten ausgewertet werden, geht man davon aus, daß zehn Prozent aller Kinder mit ihren sozialen Vätern nicht verwandt sind. Robert Baker zitiert Studien aus Liverpool und dem Südosten Englands, wonach dort fast ein Drittel aller Babys „illegitim" sind.

Wie sehr sich das Partnerschaftsverhalten in unserer heutigen Kultur in nur drei Jahrzehnten geändert hat, belegt ein Vergleich der Umfrageergebnisse Kinseys von 1948 mit denen der Zeitschrift Cosmopolitan von 1980: Bei Kinsey räumten 8 Prozent der 24jährigen und 20 Prozent der 35jährigen Ehefrauen ein Verhältnis ein. In den achtziger Jahren hatten bereits 50 Prozent der 18- bis 34jährigen, und fast 70 Prozent der Über-35jährigen ihren Ehemann betrogen, und das nicht nur einmal.

Manche Menschen beklagen solche Zeichen der Zeit und erkennen darin den Verfall von Familienwerten und den Verlust der Ehre. Immer mehr Biologen dagegen sehen eine Theorie bestätigt, wonach Frauen von ihren Primaten-Vorfahrinnen eine starke Sexualität geerbt haben. Sie sei nur jahrhundertelang in patriarchalisch organisierten Gesellschaften unterdrückt worden: durch moralische Regeln, Beschneidungspraktiken, Strafen, Diskriminierung und nicht zuletzt durch das Ideal der keuschen, passiven Frau, deren Bestimmung es war, geduldig auf den Richtigen zu warten.

Auch der Blick in die Weltliteratur läßt erahnen, wie oft Frauen in der Vergangenheit schon aus der gesellschaftlichen Zwangsjacke ausgebrochen sind und gegen Konventionen und den Willen der Familie ihren Liebhaber gewählt haben: Julia ihren Romeo, Effi Briest den Major von Crampas, Anna Karenina den Grafen Wronski, Gretchen den Doktor Faust, Helena hat sogar um des schönen Prinzen Paris willen ihrem königlichen Gemahl Menelaos den Laufpaß gegeben und dadurch den Trojanischen Krieg heraufbeschworen.

Berufstätige Frauen, die sich heute vom Unterhalt durch einen Ehemann und von dessen gesellschaftlichem Status unabhängig gemacht haben, werden auch in der Wahl und Zahl ihrer Partner freier. Womöglich wird die „wahre Natur" der Frau erst in Zukunft sichtbar werden – wenn sie sich tatsächlich selbst bestimmen kann.

Daß Männer durch ihr evolutionäres Erbe nicht auf monogame Lebensgemeinschaften fixiert sind, gilt als Binsenweisheit, als konform mit dem Bild vom typisch männlichen Verhalten, das in unserer Gesellschaft bei Alex Jolig aus dem Versuchslabor „Big Brother" bis zu US-Präsident Bill Clinton amüsiert verfolgt wird.

Jetzt haben Primatologen ausgerechnet in der männlichen Anatomie Anhaltspunkte dafür gefunden, daß Frauen gleiche Rechte in Anspruch nehmen können, wenn sie sich dabei auf das Zeugnis der Biologie berufen.

„Nun, die Ehre des Mannes", sagt Arthur, „beruht nicht auf dem, was er tut, sondern auf dem, was er leidet!"

Seine Ehre hängt also grundsätzlich davon ab, was er selbst sagt oder tut, die ritterliche Ehre dagegen von dem, was andere sagen oder tun. Es liegt auf der Hand, daß die Ehre in jedem Augenblick verlorengehen kann. Der Betroffene kann versuchen, sie wiederherzustellen, auch wenn dies oft mit der Gefahr, die Gesundheit zu verlieren, die Freiheit und sein Eigentum aufzugeben, verbunden ist.

Ehre kann verlorengehen, sobald du einen Tagedieb, Spieler, Schuldenmacher, kurz, einen Menschen triffst, der dich beschimpft. Meistens wird es ein solches Subjekt sein, wie Seneca richtig bemerkt: „Gerade die verächtlichsten und lächerlichsten Menschen haben die loseste Zunge."

Wir können auch davon ausgehen, daß Gegensätze einander hassen, weil der Anblick überwiegender Vorzüge die stille Wut des Nichtswürdigen erzeugen kann. Goethe sagt in diesem Sinne:

Was klagst du über Feinde?
Sollten solche je werden Freunde,
denen das Wesen, wie du bist,
im stillen ein ewiger Vorwurf ist?

Wir sehen, was die Menschen dem Ehrenprinzip zu verdanken haben; es nivelliert sie mit jenen, die ihnen sonst in jeder Beziehung unerreichbar wären. Wenn nun einer dem anderen schlechte Eigenschaften zugesprochen hat, so gilt dies als ein wahres Urteil, ein rechtskräftiges Dekret, ja, es bleibt wahr und gültig, wenn es nicht schnellstens ausgelöscht wird. Der Betroffene sollte es nicht „auf sich sitzen lassen", sonst werden ihn auch andere Menschen meiden.

In frühen Jahrhunderten gab es einen Reinigungseid, zu dem Eideshelfer nötig waren. Sie mußten sich überzeugen, daß kein Meineid geleistet wurde. Ließ der Ankläger den Eidhelfer nicht gelten, so wurde das Gottesurteil vollzogen, dieses bestand gewöhnlich im Zweikampf. Der Angeklagte war ein Bescholtener und hatte sich zu reinigen.

So erklärt sich auch die obligate hohe Indignation, mit der Leute von Ehre den Vorwurf der Lüge empfangen und blutige Rache dafür fordern, was bei der Alltäglichkeit der Lügen sehr seltsam erscheint, aber besonders in England zu einem tiefwurzelnden Aberglauben gewachsen ist. In den Kriminalprozessen des Mittelalters war die kurze Form, daß der Angeklagte dem Ankläger erwiderte: „Das lügst du", worauf dann sofort das Gottesurteil erkannt wurde. Daher muß nach dem ritterlichen Ehrenkodex auf den Vorwurf der Lüge sogleich die Appellation zu den Waffen erfolgen.

Die Ehre hat mit dem, was der Mensch an und für sich sein mag, oder mit der Frage, ob seine moralische Beschaffenheit sich jemals ändern könnte, gar nichts zu tun. Wenn die Ehre verletzt oder verloren ist, kann sie, wie bereits gesagt, wiederhergestellt werden, wenn wir uns rasch bemühen. Früher brauchte man dazu das Duell, heute ist das jeweilige Gericht zuständig.

Die Grobheit ist eine Eigenschaft, die im Punkte der Ehre jede andere überwiegt. Der Gröbste hat allemal recht: quid multa? (was will man mehr?) Welche Dummheit, Ungezogenheit, Schlechtigkeit einer auch begangen haben mag, durch eine Grobheit wird sie als solche ausgelöscht und sofort legitimiert. Zeigt etwa in einer Diskussion oder im Gespräch ein anderer größere Fachkenntnis, strengere Wahrheitsliebe, gesünderes Urteil, mehr Verstand als wir, demonstriert er geistige Vorzüge, die uns in den Schatten stellen, so können wir alle diese Überlegenheiten sogleich aufheben und nun umgekehrt selbst überlegen sein, indem wir beleidigend und grob werden.

Denn eine Grobheit besiegt jedes Argument und vernichtet allen Geist. Aber wenn der Gegner sich nicht geschlagen gibt und diese Grobheit mit einer größeren erwidert, so bleiben wir Sieger und die Ehre ist auf unserer Seite. Wahrheit, Kenntnis, Verstand, Geist und Witz müssen einpacken.

Daher werden Leute von Ehre, sobald jemand eine Meinung äußert, die von der eigenen abweicht oder auch nur von mehr Verstand zeugt, sogleich Miene machen, jenes Kampfroß zu besteigen, und wenn es ihnen in einer Kontroverse an einem Gegenargument fehlt, suchen sie nach einer Grobheit, die ja denselben Dienst leistet und leichter zu finden ist; danach gehen sie siegreich von dannen.

Keinen Makel zu haben, ist eine unerläßliche Bedingung der Vollkommenheit. Es gibt wenige, die ohne irgendein Gebrechen sind, im Physischen wie im Moralischen.

Mitmenschen lieben es, einen Makel zu entdecken. Mit „Bedauern" sieht die fremde Klugheit, wie in einem ganzen Verein erhabener Fähigkeiten ein kleiner Fehler sich keck angehängt hat; eine Wolke reicht hin, die ganze Sonne zu verdunkeln. Auch die Flecken unseres Ansehens findet das Mißwollen sogleich heraus und kommt immer wieder darauf zurück. Die größte Geschicklichkeit wäre, sie in Zierden zu verwandeln, so wie Cäsar seinen physischen Makel, seinen kahlen Kopf, mit dem Lorbeer zu bekränzen wußte.

Gracian schreibt in seinem Handorakel: „Der oberste Richterstuhl des Rechts, an den man in allen Differenzen, so weit es die Ehre betrifft, appellieren kann, ist der der physischen Gewalt, das heißt, der Tierheit. Denn jede Grobheit ist eigentlich eine Appellation an die Tierheit, indem sie den Kampf der geistigen Kräfte oder des moralischen Rechts für inkompetent erklärt und an deren Stelle den Kampf der physischen Kräfte setzt, die bei der Spezies Mensch, die von Franklin als ein „toolmaking animal" (Werkzeuge machendes Tier) definiert wird, mit den eigentümlichen Waffen des Duells vollzogen wird und eine unwiderrufliche Entscheidung herbeiführt."

Diese Grundmaxime wird durch das Wort Faustrecht definiert, das dem Ausdruck Aberwitz analog und daher wie dieser ironisch ist: Demnach sollte die ritterliche Ehre die Faustehre heißen.

Es gibt nur eine Schuld, die unbedingt bezahlt werden muß: die Spielschuld. Sie trägt den Namen Ehrenschuld. Um alle übrigen Schulden kann man Menschen prellen, ohne der ritterlichen Ehre zu schaden.

Dieser seltsame Codex der Ehre geht nicht aus dem Wesen der menschlichen Natur hervor, das erkennt der Unbefangene auf den ersten Blick. Zudem wird er durch den räumlich äußerst begrenzten Begriff seiner Geltung bestätigt: Er ist ausschließlich in Europa und zwar seit dem Mittelalter bekannt, und auch hier zuerst beim Adel und Militär. Weder Griechen noch Römer, noch die hochgebildeten asiatischen Völker alter und neuer Zeit wissen irgend etwas von dieser Ehre und ihren Grundsätzen. Sie alle kennen keine andere Ehre als die bereits analysierte.

Bei ihnen allen gilt der Mensch als das, wofür sein Tun und Lassen ihn ausweist, nicht aber als das, was irgendeiner losen Zunge beliebt, von ihm zu sagen. Bei allem, was einer sagt oder tut, kann er wohl seine eigene Ehre vernichten, aber nie die eines anderen. Ein Schlag ist bei ihnen allen eben nur ein Schlag, wie jedes Pferd und jeder Esel ihn gefährlicher versetzen kann. Unter Umständen kann er zum Zorn reizen, kann auf der Stelle gerächt werden, aber mit der Ehre hat er nichts zu tun. Es wird nicht Gericht gehalten oder Buch geführt über Schläge oder Schimpfwörter. An Tapferkeit und Lebensverachtung stehen sie den Völkern des christlichen Europas nicht nach. Griechen und Römer waren doch wohl ganze Helden, aber sie wußten nichts vom point d'honneur. Der Zweikampf war bei ihnen nicht Sache der Edlen im Volk, sondern der Gladiatoren, die gegeneinander (oder gegen die wilde Tiere) gehetzt wurden zur Belustigung des Volkes. Nach der Einführung des Christentums wurden die Gladiatorenspiele aufgehoben, an ihre Stelle traten in der christlichen Zeit mit der Einführung des Gottesurteils die Duelle. Es waren grausame Opfer, die der allgemeinen Schaulust geboten wurden, zu denen Verbrecher, Sklaven, Gefangene und Christen genötigt wurden, aber auch Freie und Edle.

Daß den Alten das Vorurteil fremd war, geht aus überlieferten Dokumenten hervor. Als zum Beispiel ein teutonischer Häuptling den Marius zum Zweikampf herausforderte, ließ dieser Held ihm antworten: „Wenn er seines Lebens überdrüssig ist, möge er sich aufhängen", bot ihm jedoch einen ausgedienten Gladiator an, mit dem er sich duellieren könne. Bei Plutarch lesen wir, daß der Flottenbefehlshaber Eurypides im Streit mit Themistokles den Stock aufgehoben habe, um ihn zu schlagen; dieser habe jedoch darauf nicht den Degen gezogen, sondern gesagt: „Schlage mich oder höre mich."

Vermißt du jetzt, als Mensch der Ehre, die Nachricht, daß das athenensische Offizierskorps sofort erklärt habe, unter Themistokles künftig nicht mehr dienen zu wollen?

Ein französischer Schriftsteller sagt dazu: „Wenn jemandem einfiele zu sagen, Themistokles sei ein Ehrenmann gewesen, man würde nur mitleidig lächeln; Cicero war ebensowenig ein Ehrenmann." In Platons „Über die Gesetze" lesen wir von Mißhandlungen – und daß die Alten vom ritterlichen Ehrenstandpunkt in solchen Dingen keine Ahnung hatten.

Sokrates ist infolge seiner häufigen Disputationen oft tätlich mißhandelt worden, was er gelassen ertrug. Als er einst einen Fußtritt erhielt, nahm er es geduldig hin und sagte dann zu dem, der sich darüber wunderte: „Würde ich denn, wenn mich ein Esel gestoßen hätte, ihn verklagen?" Als ein andermal jemand ihn fragte: „Schimpft und schmäht dich denn jener nicht?", war seine Antwort: „Nein, denn was er sagt, paßt nicht auf mich."

Stobäos hat eine lange Stelle des Musinius aufbewahrt, woraus zu ersehen ist, wie die Alten die Injurien betrachteten. Sie kannten keine andere Genugtuung als die gerichtliche, und weise Männer verschmähten auch diese.

Krates, der berühmte Kyniker, der im 4. Jh. v. Chr. lebte, hatte vom Musiker Nikodromos eine so starke Ohrfeige bekommen, daß ihm das Gesicht anschwoll und blutunterlaufen aussah. Er befestigte an seiner Stirn ein Brettchen mit der Inschrift: „Nikodromos hat's getan!" Dadurch fiel große Schande auf den Flötenspieler, der gegen einen Mann, den ganz Athen wie einen Hausgott verehrte, solche Brutalität geübt hatte.

Vom Diogenes aus Sinope haben wir darüber, daß die betrunkenen Söhne der Athener ihn geprügelt hatten, einen Brief an den Melesippus, dem er bedeutete, das habe nichts auf sich.

Seneca untersucht in seinem Buch „De constantia sapientis" die Beleidigung ausführlich, um darzulegen, daß der Weise sie nicht beachte. Doch was soll der Weise tun, wenn er geschlagen wird? Was Cato tat, als man ihn ins Gesicht geschlagen hatte: Er eiferte sich nicht, rächte sich nicht für das Unrecht, verzieh es auch nicht, sondern sagte, es sei nichts geschehen.

„Ja", rufst du, „das waren Weise! Zum Verzeihen gehört Größe. Wir leben in einer Zeit der Narren."

Wir erkennen, daß den Alten das ritterliche Ehrenprinzip unbekannt war, weil sie eben der unbefangenen, natürlichen Ansicht der Dinge anhingen. Deshalb konnten sie auch einen Schlag ins Gesicht für nichts anderes halten als das, was er war: eine kleine physische Beeinträchtigung; während er für die Folgegenerationen zur Katastrophe und zum Stoff für Trauerspiele geworden ist.

Das ritterliche Ehrenprinzip ist ein künstliches, es ist nicht ursprünglich in der menschlichen Natur begründet. Ist es nur ein Merkmal jener vergangenen Zeit, in der die Fäuste geübter waren als die Köpfe? Wo die Pfarrer die Vernunft in Ketten hielten? Also das gelobte Mittelalter?

Damals nämlich ließ man den lieben Gott nicht nur sorgen, sondern auch urteilen. Schwierige Rechtsfälle wurden durch Gottesurteile entschieden. Sie bestanden mit wenigen Ausnahmen im Zweikampf, keineswegs nur unter Rittern, sondern auch unter Bürgerlichen. Ein Beispiel dafür gibt Shakespeare in seinem Werk „Heinrich IV".

Die physische Kraft und Gewandtheit, also die tierische Natur, wurde so anstelle der Vernunft auf den Richterstuhl gesetzt. Über Recht und Unrecht entschied nicht, was einer getan hatte, sondern was ihm widerfuhr. Das ist ungefähr so, als erwärmte jemand die Kugel des Thermometers mit der Hand und wollte am Steigen des Quecksilbers erkennen lassen, daß sein Zimmer wohlgeheizt ist.

Was ist der Kern der Sache?

Wie wir die bürgerliche Ehre kennen, nach der wir vollkommenes Vertrauen verdienen, weil wir die Rechte jedes Menschen achten, so war die ritterliche Ehre in der Meinung von uns, daß wir zu fürchten seien, weil wir unsere eigenen Rechte unbedingt zu verteidigen gesonnen sind. Der Grundsatz, daß es wesentlicher ist, gefürchtet zu werden, als Zutrauen zu genießen, wäre gar nicht so falsch, wenn wir im Naturzustand lebten, wo jeder sich selbst zu schützen und seine Rechte unmittelbar zu verteidigen hätte. Aber in der Zivilisation, wo der Staat den Schutz unserer Person und unseres Eigentums übernommen hat, findet dieser Grundsatz keine Anwendung mehr. Er steht da wie die Burgen und Schlösser aus den Zeiten des Faustrechts, unnütz und verlassen, zwischen wohlbebauten Feldern und belebten Landstraßen oder Eisenbahnen und Hochhäusern, die von Flugzeugen überflogen werden.

Von zwei unerschrockenen Leuten, heißt es, gebe keiner nach, daher sei vom leisesten Anstoß zu Schimpfreden, dann zu Prügeln und endlich zum Totschlag nur ein gerader Weg; demnach sei es besser, anstandshalber die Mittelstufen zu überspringen und gleich zur Waffe zu greifen.

Wir sagen: Es geschieht ein Verbrechen. Einsicht und Verstand kommen zum Wort. Erteilt die Gesellschaft der geistigen Überlegenheit das ihr gebührende Primat, das jetzt die physische Gewalt und die Grobheit haben?

Eine Veränderung würde den guten Ton herbeiführen und der wirklich guten Gesellschaft den Weg bahnen, wie sie ohne Zweifel in Athen, Korinth und Rom bestanden hat. Wer davon eine Probe haben möchte, braucht nur das „Gastmahl" des Xenophon zu lesen.

In diesen Tagen, sage ich zu Arthur, denn die Zeit ist fortgeschritten, stellen sich die Fragen zum Leben, zur Ehre anders, und auch die Betrachtung des Menschen als Sozialwesen, die Frage nach seiner persönlichen Haltung und seiner Einstellung zur Gesellschaft änderte sich. Dazu kommen seine Phantasiebegabung, Beeindruckbarkeit, Kontaktfähigkeit, weiters die Fähigkeit, Erlebtes seelisch-geistig zu verarbeiten.

Grundsätzlich kann jeder Mensch zum Verbrecher werden. Es hängt vom Wechselwirkungs-Zusammenhang der verschiedenen psychischen, charakterlichen, Umwelt- und Erlebnisfaktoren und von den Umständen ab, ob er es auch tatsächlich wird. So wird zum Beispiel ein freundlicher, durchaus wohlwollender Mensch, wenn er Frontsoldat ist, gezwungen sein, andere Menschen totzuschießen und damit ein Mörder, also ein Gewaltverbrecher zu werden. Auch was ein Mensch aus banger Not tut, kann ein Gesetzesbruch sein und er damit zum Verbrecher werden. Wenn wir von steuernden Denkprozessen und der steuernden Wirkung von Leitbildern, Moralvorstellungen und der Prägung durch die Erziehung absehen, sind es nur die Umstände, die bewirken oder verhindern, daß ein Mensch zum Verbrecher wird. Die Begriffe Verbrecher und Verbrechen sind relativ.

Die Beschneidung von Buben oder Mädchen, die in dem einen Kulturkreis ein ernstgenommenes religiöses Ritual ist, gilt in einem anderen Kulturkreis als eine scheußliche Verstümmelung und erfüllt den Tatbestand des Verbrechens der vorsätzlichen schweren Körperverletzung. Mannbarkeitsproben, die es bei Naturvölkern gibt, sind ein anderes Beispiel. Tötet ein Mann aus dem Volk einen verhaßten Herrscher, wird ihm als Helden Lob zuteil und vielleicht ein Denkmal errichtet. Man spricht von einer ruhmreichen Tat. Tötet derselbe Mann einen persönlichen Widersacher, der zum Beispiel seine kleine Tochter sexuell mißbraucht und anschließend erwürgt hat, würde er als Mörder der Justiz überantwortet. Wo also liegt zwischen beiden Morden die Grenze, und welche Instanz wertet die eine Handlung als gut und ehrenwert, die andere aber als Verbrechen? Mord, so sollten wir meinen, bleibt immer Mord, gleichgültig aus welchen Motiven er begangen wird. Alles ist relativ, sagt Arthur.

Wir sprechen heute auch von Sexualverbrechen, die zu unterscheiden sind von jenen Verbrechen, die Gewaltcharakter haben, und den im Strafgesetzbuch behandelten Straftaten. Es sind dies die Blutschande, die Unzucht mit Abhängigen und Pflegebefohlenen, die homosexuelle Unzucht zwischen Männern, die heute nur noch bei Mißbrauch von Jugendlichen oder Abhängigen und bei gewerbsmäßiger Tat unter Strafe steht. Weiters sind zu nennen die gewaltsame Unzucht sowie die unzüchtigen Handlungen mit Personen unter 14 Jahren, die Notzucht, die Verführung eines minderjährigen Mädchens (unter 16 Jahren) zum Beischlaf, die Verbreitung unzüchtiger Schriften und Abbildungen und schließlich die Erregung öffentlichen Ärgernisses durch eine unzüchtige Handlung. Eine solche ist zum Beispiel Exhibitionismus, das ist das Anstreben sexueller Erregung durch Entblößen und Zurschaustellung des eigenen Körpers (vor allem der Geschlechtsorgane) vor Personen des eigenen oder auch des anderen Geschlechts. Exhibitionismus ist entweder eine sexuelle Abartigkeit, die nur aus eingehenden Studien der Lebensgeschichte verstanden werden kann, oder hat, was seltener vorkommt, eine Geisteskrankheit als Ursache.

Die meisten Exhibitionisten sind schüchterne Menschen, mit wenig Selbstvertrauen, sagt Dr. Dietfried Schönemann. Oft sind sie durch Kindheitserlebnisse in ihre geschlechtliche Abartigkeit gedrängt worden. Die heutige gültige wissenschaftliche Ansicht ist, daß Sexualverbrecher genetisch belastet sind.

Die heutige Rechtsauffassung von Ehre und Gewissen hat sich den Gegebenheiten der modernen Gesellschaft angepaßt, und in der Rechtsprechung sind auch die Beurteilungsmaßstäbe für einige einstmals beinahe „todeswürdige" Sexualstraftaten milde geworden. Am Grundsätzlichen hingegen kann nichts geändert werden, weil Gesellschaftsordnung und der gesetzliche Schutz der Gesellschaft wie des Einzelnen dies nicht zulassen.

Ein Beispiel aus unseren Tagen, im August 2000, aus Amerika: Im Abstand von einer halben Stunde wurden in der Nacht zwei verurteilte Mörder hingerichtet. Der 36jährige Brian und der 33jährige Oliver wurden in der staatlichen Strafanstalt von Huntsville (Texas) mit Giftspritzen getötet. Texas, wo Präsidentschaftskandidat George W. Bush Gouverneur war, ist der Bundesstaat mit den meisten Hinrichtungen – in diesem Jahr waren es bereits 28! – in den USA. Brian war für den Mord an einem älteren Ehepaar im Jahre 1986 zum Tode verurteilt worden. Während er vor der tödlichen Injektion auf der Liege festgeschnallt wurde, sagte er noch: „An alle weißen Rassisten in Amerika (...) und an alle Schwarzen in Afrika, die sich selbst hassen, leckt mich an meinem schwarzen Arsch."

Über Oliver wurde die Todesstrafe für die Vergewaltigung und Ermordung einer Luftwaffenpilotin im Jahr 1988 verhängt. Er weinte vor seiner Hinrichtung und bat die Angehörigen seines Opfers um Verzeihung.

Gegen die Hinrichtung des geistig behinderten Oliver, der den Intelligenzquotienten eines Zwölfjährigen hatte, protestierten EU und Europarat, aber auch amerikanische Juristen und Behindertenorganisationen. In ihrem Schreiben an George Bush hieß es, die Hinrichtung geistig behinderter Menschen verstoße gegen international anerkannte Menschenrechte. In 38 US-Bundesstaaten ist die Exekution geistig behinderter Menschen verboten, nicht so in Texas. George Bush übte sich in Demut: Die Beurteilung einer zum Tode verurteilten Person solle einer höheren Autorität vorbehalten sein. Er machte von seinem Aufschubrecht keinen Gebrauch. Diesmal bekamen zwei Männer die tödliche Spritze, das machte Schlagzeilen. Die Straffähigkeit wurde in Zweifel gezogen, schreibt die Zeitung „Der Standard", Wien.

Aber da geht es eben nicht nur um Gerechtigkeit, nicht nur um die Befriedigung der Ansprüche von Angehörigen. In der fundamentalistischen Denkweise, die die amerikanische Justiz in weiten Teilen dominiert, verliert der Einzelne alle Rechte, wenn Gott eine Rechnung offen hat – und das ist bei Mord der Fall. Wenn die Bilanz auf Null gebracht werden muß, macht es eben nichts aus, wenn jemand die Tat als Minderjähriger verübt hat oder, wie im aktuellen Fall, den Verstand und die Kontrolle eines Zwölfjährigen hat. Es ist auch das Wissen irrelevant, daß Fehlurteile immer im Bereich des Möglichen sind und tatsächlich vorkommen, oder auch nur, daß schwarze Angeklagte aus schlechten Verhältnissen viel weniger Chancen haben als Weiße oder Gutsituierte, um so mehr, wenn aus der Geschworenenjury systematisch alle Schwarzen entfernt werden.

Als Europäer stehen wir dieser Auffassung von Gerechtigkeit, die von solch mittelmäßigen Figuren verwaltet wird, fassungslos entsetzt gegenüber. Der Präsident des Iran, Khatami, sprach einmal von der Ähnlichkeit zwischen der amerikanischen und der iranischen Gesellschaft. Seine Worte sorgten für Kopfschütteln; und doch glauben goldene 44 Prozent der Amerikaner, daß die Schöpfungsgeschichte so abgelaufen ist, wie es die Bibel erzählt. Eine derart buchgläubige Gesellschaft schaut natürlich auch beim Todesurteil in ihre Schrift. Diese sagt aber unter anderen, daß Homosexuelle getötet werden müssen, und da sind die Amerikaner – Gott sei Dank – schon weniger konsequent, genau so wie fundamentalistische Muslime, die laut Koran Sklaven halten können. Ein bißchen Realismus darf also schon sein.

Was war dagegen die ritterliche Ehre? Sie war nicht so weit entfernt von diesem Denken.

Es ist nicht gestattet, daß Hunde und Hähne methodisch aufeinander gehetzt werden (jedenfalls werden in England derartige Hetzen bestraft), aber Menschen wurden gegen ihren Willen zum tödlichen Kampf aufeinander gehetzt, aufgrund des lächerlichen Aberglaubens vom absurden Prinzip der ritterlichen Ehre.

Wie weit haben es Polizei und Justiz in unserer Zeit gebracht, frage ich Arthur und nicht nur ihn, sondern auch dich, daß auf den Landstraßen und Straßen der Städte jeder Schurke uns zurufen kann: „Die Börse oder das Leben", daß Taxifahrer für die geringsten Summen überfallen und getötet werden? Es heißt nicht mehr „Die Ehre oder das Leben". Ist das der einzige Unterschied? Was ist denn für den Alltagskopf die Ehre?

Es veränderte sich nur die Ausdrucksweise.

Die Beklemmung sollte uns von der Brust genommen werden, daß jeder in jedem Augenblick mit Leib und Leben für die Roheit, Grobheit, Dummheit und Bosheit irgendeines anderen bezahlen muß, dem es gefällt, sie gegen uns auszulassen. Daß in den Schulen und in den Familien unbeherrschte Hitzköpfe aneinander geraten und sie dies mit ihrem Blut, ihrer Gesundheit oder ihrem Leben büßen müssen, ist schändlich, und ebenso, daß sich später irgend einer dieser Hitzköpfe aus Verzweiflung darüber selbst das Leben nimmt. Das Falsche und Absurde entschleiert sich oft dadurch, daß es den Widerstand als seine Blüte auf den Gipfel treibt.

Ein anderes Beispiel aus unseren Tagen zeigt deutlich, wie Menschen miteinander umgehen: Rasende Eifersucht war das Motiv für eine Familientragödie, die sich in Wien abspielte. Der 54jährige Kraftfahrer Dusan R. geriet während einer Aussprache mit seiner 42jährigen Frau Stamenja R. in Streit, er schickte drei seiner Kinder in ein Nebenzimmer und schoß dann mit einer Kleinkaliberpistole auf seine Frau. Sie wurde lebensgefährlich verletzt. Einen Selbstmordversuch überlebte der Mann mit schweren Verletzungen. In der Ehe dürfte es gekriselt haben, der Mann vermutete einen Nebenbuhler. Als die Kinder in das Zimmer zurückkamen, sahen sie die am Boden liegende lebensgefährlich verletzte Mutter und mußten mit ansehen, wie der Vater versuchte, sich umzubringen. Eines der drei Mädchen alarmierte die Polizei. (Der Standard, 4. 9. 2000).

Wo ist die Vernunft, die uns Menschen von den Tieren unterscheidet, oder der Unterschied zwischen den Jahrhunderten?

Die Rechtfertigung, die wir in der Durchführung eines Kampfes suchen, setzt also voraus, daß das Recht des Stärkeren wirklich ein Recht sei. In Wahrheit aber gibt der Umstand, daß der andere sich schlecht zu wehren versteht, uns zwar die Möglichkeit, jedoch keineswegs das Recht, ihn umzubringen. Unsere moralische Rechtfertigung kann allein auf den Motiven, ihn bestrafen zu lassen, beruhen. Moralisch hat das Recht des Stärkeren nicht mehr Gewicht als das Recht des Klügeren.

Wir wollen die Nationalehre nicht vergessen, sagt Arthur. Sie ist die Ehre eines ganzen Volkes, als Teil der Völkergemeinschaft. Die Ehre einer Nation besteht nicht allein in der erworbenen Meinung, daß ihr zu trauen ist, sondern auch darin, daß sie zu fürchten ist. Daher darf sie Eingriffe in ihre Rechte niemals ungeahndet lassen. Sie vereinigt also in sich alle Ehrenstandpunkte.

„Sich zu verpflanzen wissen", sagt Gracian. „Es gibt Nationen, die, um zu gelten, versetzt werden müssen, zumal in Hinsicht auf hohe Stellen. Das Vaterland ist allemal stiefmütterlich gegen ausgezeichnete Talente: denn in ihm, als dem Boden, dem sie entsprossen, herrscht der Neid, und man erinnert sich mehr der Unvollkommenheit, mit der jemand anfing, als der Größe, zu der er gelangt ist. Eine Nadel konnte Wertschätzung erhalten, nachdem sie von einer Welt zur anderen gereist war, und ein Glas, weil es in ein anderes Land gebracht worden, machte den Diamanten geringgeschätzt. Alles Fremde wird geachtet, teils weil es von ferne kommt, teils weil man es ganz fertig und in seiner Vollkommenheit erhält. Leute hat man gesehen, die einst die Verachtung ihres Winkels waren und jetzt die Ehre der Welt sind, hochgeschätzt von ihren Landsleuten und von den Fremden; von jenen, weil sie sie von weitem, von diesen, weil sie sie als entfernt sehn. Nie wird der die Statue auf dem Altar gehörig verehren, der sie als einen Stamm im Garten gekannt hat."

WAS BEDEUTEN DIR RUHM UND EHRE?

Was bist du in der Meinung der anderen? frage ich dich noch einmal, und erinnere an Gracians Worte:

„Es ist viel Glück, zur Hochachtung auch die Liebe zu besitzen. Gemeiniglich darf man, um sich die Achtung zu erhalten, nicht sehr geliebt sein. Die Liebe ist verwegener als der Haß. Zuneigung und Verehrung lassen sich nicht wohl vereinen. Zwar soll man nicht sehr gefürchtet sein, aber auch nicht sehr geliebt. Die Liebe führt die Vertraulichkeit ein, und bei jedem Schritt, den diese vorwärts macht, macht die Hochachtung einen zurück. Man sei eher im Besitz einer verehrenden als einer hingebenden Liebe: so ist sie ganzen Leuten angemessen."

„Ruhm und Ehre sind nicht nur Begriffe einer vergangenen Zeit. Ruhm und Ehre sind Zwillingsgeschwister", sagt Arthur. Ein Beispiel sind die Dioskuren, von denen Pollux unsterblich und Kastor sterblich war. Der Ruhm ist der unsterbliche Bruder der sterblichen Ehre.

Freilich sagen wir dies nur vom Ruhm höchster Gattung, dem eigentlichen und echten Ruhm. Denn es gibt auch den anderen, den vorübergehenden. Während unsere Ehre so weit reicht wie die Kunde von uns, so eilt, umgekehrt, der Ruhm der Kunde von uns voraus und bringt diese so weit er selbst gelangt. Auf Ehre hat jeder Anspruch, auf Ruhm nur die Ausnahme. Nur durch außerordentliche Leistung wird Ruhm erlangt. Unter Leistung verstehen wir Taten oder Werke, demnach stehen dem Ruhm zwei Wege offen. Zum Wege der Taten befähigt vorzüglich das große Herz, zu dem der Werke der große Kopf. Jeder der beiden Wege hat seine eigenen Vorteile und Nachteile. Der Hauptunterschied ist, daß die Taten vorübergehen, die Werke aber bleiben. Die edelste Tat hat nur einen zeitweiligen Einfluß. Das geniale Werk dagegen lebt und wirkt durch alle Zeiten.

Von den Taten bleibt das Andenken, das immer schwächer, entstellter und gleichgültiger wird, allmählich sogar erlöschen muß, wenn nicht die Geschichte es aufnimmt und es der Nachwelt überliefert. Die Werke sind unsterblich, vor allem die schriftlichen, und können alle Zeiten überdauern. Von Alexander dem Großen leben Name und Gedächtnis; aber Platon und Aristoteles, Homer und Horaz sind noch selbst da, leben und wirken unmittelbar. Die Veden mit ihren Upanischaden sind da, aber von all den Taten, die zu ihrer Zeit geschahen, ist keine Kunde zu uns gekommen. (Demnach ist es ein schlechtes Kompliment, wenn man, wie es heutzutage Mode ist, Werke dadurch zu ehren vermeint, daß man die Taten hervorhebt). Denn Werke sind wesentlich höherer Art. Eine Tat ist immer nur eine Handlung auf Motiv, mithin etwas Einzelnes, Vorübergehendes, und ist ein dem allgemeinen und ursprünglichen Element der Welt, dem Willen Angehöriges.

Ein großes oder schönes Werk hingegen ist etwas Bleibendes, weil von allgemeiner Bedeutung, und ist der Intelligenz entsprossen, der schuldlosen, reinen, dieser Willenswelt wie ein Duft entstiegen.

Ein Vorteil des Ruhmes der Taten ist, daß er in der Regel sogleich lautstark eintritt; während der Ruhm der Werke langsam und allmählich eintritt, erst leise, dann immer lauter, und oft erst nach hundert Jahren seine ganze Stärke erreicht; dann aber bleibt er, weil die Werke bleiben, bisweilen Jahrtausende hindurch bestehen. Der anfänglich leuchtende Ruhm der Taten hingegen wird allmählich schwächer und immer wenigeren bekannt, bis er zuletzt nur noch in der Historie ein gespenstisches Dasein führt.

Ein anderer Nachteil der Tat ist ihre Abhängigkeit von der Gelegenheit. Es muß erst die Möglichkeit geben, woran geknüpft ist, daß ihr Ruhm sich nicht allein nach ihrem inneren Wert richtet, sondern auch nach den Umständen, die ihnen Wichtigkeit und Glanz erteilen. Zudem ist er, wenn die Taten rein persönliche sind, von der Aussage weniger Augenzeugen abhängig; diese sind nicht immer vorhanden und nicht immer gerecht und unbefangen. Dagegen haben die Taten einen Vorteil, daß sie als etwas Praktisches im Bereich der allgemeinen menschlichen Urteilsfähigkeit liegen und ihnen daher, wenn die Daten richtig überliefert sind, sofort Gerechtigkeit widerfährt; es sei denn, daß ihre Motive erst später richtig erkannt werden, weil zum Verständnis einer jeden Handlung die Kenntnis des Motivs gehört.

Umgekehrt steht es mit den Werken. Ihre Entstehung hängt nicht von der Gelegenheit, sondern allein von ihrem Urheber ab. Was sie an und für sich sind, bleiben sie, so lange sie bestehen. Bei ihnen liegt die Schwierigkeit im Urteil, weil es oft an kompetenten, unbefangenen und redlichen Richtern fehlt.

Der Ruhm dagegen wird nicht von einer Instanz entschieden. Denn während, wie schon gesagt, von den Taten bloß das Andenken auf die Nachwelt kommt, und zwar so, wie die Mitwelt es überliefert, so gelangen die Werke selbst dahin, und zwar (fehlende Bruchstücke abgerechnet) so, wie sie sind. Hier gibt es also keine Entstellung der Inhalte. Vielmehr bringt oft erst die Zeit nach und nach die wenigen wirklich kompetenten Begutachter heran, die, selbst schon Ausnahmen, über noch größere Ausnahmen zu Gericht sitzen: Sie geben sukzessiv ihre gewichtigen Stimmen ab, und so steht, bisweilen erst nach Jahrhunderten, ein vollkommen gerechtes Urteil da, das keine Folgezeit mehr umstößt.

So sicher, ja unausbleiblich ist der Ruhm der Werke. Daß hingegen ihr Urheber ihn erlebt, hängt von äußeren Umständen und dem Zufall ab. Seneca schreibt unvergleichlich schön, daß dem Verdienste sein Ruhm so unfehlbar folge wie dem Körper sein Schatten, aber freilich, wie auch dieser, bisweilen vor, bisweilen hinter ihm her schreite Er fügt noch hinzu: „Wenn auch allen, die mit dir leben, der Neid Schweigen auferlegt, es werden die kommen, die ohne Mißgunst, ohne Gunst urteilen."

„Daraus können wir ersehen", sagt Arthur, „daß die Kunst des Unterdrückens durch hämisches Schweigen und Ignorieren, um zugunsten des Schlechten das Gute dem Publikum zu verbergen, schon bei den Lumpen des Senecaschen Zeitalters üblich war, so gut wie bei denen des unsrigen, und daß jenen wie diesen der Neid die Lippen zudrückte."

Alles Vorzügliche reift langsam heran. Der Ruhm, der zum Nachruhm werden will, ist einer Eiche vergleichbar, die sehr langsam aus ihrem Samen emporwächst; der leichte, vergängliche Ruhm gleicht den einjährigen, schnellebigen Pflanzen und der falsche Ruhm gar dem schnell hervorschießenden Unkraut, das schleunigst ausgerissen werden sollte. Immer wieder bieten sich Vergleiche mit der Natur, mit der Pflanzenwelt an. Kunst- und Literaturgeschichte lehren uns, daß die höchsten Leistungen des menschlichen Geistes in der Regel mit Ungunst aufgenommen wurden und darin so lange verblieben sind, bis Geister höherer Art kamen und sie zu ihrem heutigen Ansehen brachten. Das beruht im letzten Grunde darauf, daß jeder eigentlich nur das ihm Homogene verstehen und schätzen kann. Nun aber ist dem Platten das Platte, dem Gemeinen das Gemeine, dem Unklaren das Verworrene, dem Hirnlosen das Unsinnige homogen, und am allerbesten gefallen jedem seine eigenen Werke – weil sie ihm homogen sind.

Arthur erklärt:
Kein Wunder ist es, daß ich red' in meinem Sinn,
und jene, selbst sich selbst gefallend, stehn im Wahn,
sie wären lobenswert: so scheint dem Hund der Hund
das schönste Wesen, so dem Ochsen auch der Ochs,
dem Esel auch der Esel, und dem Schwein das Schwein.

Selbst der kräftigste Arm kann einem leichten Körper nicht die gewünschte Bewegung erteilen, wenn er ihn in der Absicht fortschleudert, daß er weit fliege. Er fällt schon matt in der Nähe nieder, weil es ihm an eigenem materiellen Gehalte fehlt und er die fremde Kraft nicht aufnehmen kann. Ebenso geht es schönen und großen Gedanken, ja, den Meisterwerken des Genies, wenn keine anderen als kleine schwache Köpfe da sind, um sie aufzunehmen.

Dies haben alle Weisen zu allen Zeiten beklagt. Da sagt zum Beispiel Jesus Sirach: „Wer mit einem Narren redet, der redet mit einem Schlafenden; wenn er es dennoch hören sollte, so spricht er ‚Was ist's'?" Und Hamlet: „Eine schalkhafte Rede schläft im Ohr eines Narren."

Und Goethe wollen wir nicht auslassen, der da sagt: „Das glücklichste Wort, es wird verhöhnt, wenn der Hörer ein Schiefohr ist." Und:

Du wirktest nicht,
alles bleibt so stumpf,
sei guter Dinge,
der Stein im Sumpf
macht keine Ringe.

Lichtenberg, den ich ganz besonders schätze, meint: „Wenn ein Kopf und ein Buch zusammenstoßen, und es klingt hohl, ist das denn allemal im Buche?" und wieder: „Solche Werke sind Spiegel, und wenn ein Affe hineinguckt, kann kein Apostel heraussehen." Ja, auch Vater Gellerts schöne und rührende Klage verdient wohl in Erinnerung gebracht zu werden:

Daß oft die allerbesten Gaben
die wenigsten Bewunderer haben
und daß der größte Teil der Welt
das Schlechte für das Gute hält;
dies Übel sieht man alle Tage.
Jedoch wie wehrt man dieser Pest?

*Ich zweifle, daß sich diese Plage aus unserer Welt
    verdrängen läßt.*
*Ein einzig Mittel ist auf Erden,
allein es ist unendlich schwer:
die Narren müssen weise werden;
und seht! Sie werden's nimmermehr.
Nie kennen sie den Wert der Dinge,
ihr Auge schließt, nicht ihr Verstand,
sie loben ewig das Geringe,
weil sie das Gute nie gekannt.*

Mit der intellektuellen Unfähigkeit der Menschen wird das Vortreffliche, wie Goethe sagt, noch seltener erkannt und geschätzt, als es gefunden wird. Oft gesellt sich noch hier wie dort die moralische Schlechtigkeit dazu, die den Namen Neid trägt. Durch den Ruhm, den jemand erwirbt, wird er aus dem Alltag herausgehoben. Die keinen Ruhm erreichen, bleiben herabgesetzt, so wird jedes ausgezeichnete Verdienst auf Kosten anderer erlangt, nämlich solcher, die keines haben. Goethe beschreibt das so: „Wenn wir anderen Ehre geben, müssen wir uns selbst entadeln."

Hieraus erklärt es sich, daß, in welcher Gattung auch immer das Vortreffliche auftreten mag, sogleich die zahlreiche Mittelmäßigkeit sich verbündet und verschwört, es nicht gelten zu lassen, ja wenn möglich es zu ersticken.

Ihre heimliche Parole ist: „À bas le mérite" (Nieder mit dem Verdienst). Aber auch jene, die selbst Verdienste haben und bereits Ruhm erlangten, werden nicht gern das Auftreten eines neuen Ruhmes sehen, durch dessen Glanz der eigene viel weniger hell leuchtet. Daher sagt selbst Goethe:

*Hätt' ich gezaudert zu werden,
Bis man mir's Leben gegönnt,
Ich wäre noch nicht auf Erden,
Wie ihr begreifen könnt.*

Wenn ihr seht, wie sie sich gebärden,
Die, um etwas zu scheinen,
Mich gern möchten verneinen.

Während also die Ehre meistens gerechte Richter findet und sie von keinem Neid angefressen wird, muß der Ruhm dem Neid zum Trotz erkämpft werden. Wir können und wollen die Ehre mit jedem teilen, der Ruhm wird geschmälert oder erschwert durch jeden, der ihn erlangt. Dann ist zu bedenken, daß die Anzahl der Menschen gering ist, die durch Werke Ruhm erwirbt. Die Menschenzahl, die das Publikum ausmacht, ist größer.

Sicher ist: Viele Schwierigkeiten liegen auf dem Weg zum Ruhm und sind zu bewältigen. Wäre ein Werk nur im Hinblick auf den Ruhm geschrieben worden und nicht aus Freude daran oder aus Liebe dazu, dann wären den Menschen keine großen Werke hinterlassen worden. Wir wären sehr arm.

Wer das Gute und Schöne hervorbringen und das Schlechte vermeiden will, muß dem Urteil der Menge und ihrer Wortführer Trotz bieten. Hier trifft wieder Arthurs Aussage zu: „Der Ruhm flieht vor denen, die ihn suchen, und folgt denen, die ihn vernachlässigen: denn jene treffen den Geschmack der Zeitgenossen, diese trotzen ihm."

So schwer es auch ist, Ruhm zu erlangen, so leicht ist es, ihn zu behalten. Auch hier steht er im Gegensatz zur Ehre. Mit ihr ist eine Aufgabe verbunden: Durch eine einzige nichtswürdige Handlung geht die Ehre unwiederbringlich verloren. Der Ruhm kann eigentlich nie verloren gehen: denn die Tat oder das Werk, durch die er erlangt wurde, stehen für immer fest, der Ruhm bleibt dem Urheber, auch wenn er keinen neuen hinzufügt. Wenn jedoch der Ruhm wirklich verklingen sollte, wenn er überlebt wird, dann war er unecht, das heißt unverdient, vielleicht durch augenblickliche Überschätzung entstanden.

Der Ruhm beruht eigentlich auf dem, was einer im Vergleich mit den übrigen ist, sagt Arthur. Er ist etwas Relatives und hat daher relativen Wert. Er fiele ganz weg, wenn die übrigen werden, was der Gerühmte ist.

Absoluten Wert kann nur das haben, was ihn unter allen Umständen behält. Also hier, was einer unmittelbar für sich selbst ist. Hier muß der Wert des großen Herzens und des großen Kopfes liegen. Also ist nicht der Ruhm, sondern das, wodurch man ihn verdient, das Wertvolle. Lessing sagt: „Einige Leute sind berühmt, und andere verdienen es zu sein."

Und wäre es eine elende Existenz, deren Wert oder Unwert darauf beruhte, wie sie in den Augen anderer erschiene? Eine solche aber wäre der Lebensraum des Helden und des Genies, dem dieser Raum genügt, auch wenn dessen Wert nicht den Beifall anderer fände. Denn es ist so, daß jedes Wesen seiner selbst wegen lebt und existiert, daher auch zunächst in sich und für sich! Was du bist, in welcher Art und Weise es auch sei, das bist du zuerst und hauptsächlich für dich selbst. Und wenn es hier nicht viel wert ist, so ist es überhaupt nicht viel. Hingegen ist dein Bild in den Köpfen anderer ein sekundäres, abgeleitet und dem Zufall unterworfen, das sich nur sehr mittelbar auf das eigentliche Bild bezieht. Zudem sind die Köpfe der Menschen ein zu elender Schauplatz, als daß dort das wahre Glück seinen Ort haben könnte. Welche gemischte Gesellschaft tritt doch im Tempel des allgemeinen Ruhmes zusammen! „Und eigentlich", sagt Arthur, „ist der Ruhm nichts weiter als ein seltener köstlicher Bissen für unseren Stolz und unsere Eitelkeit. Das Beste, was jeder ist, muß er notwendig für sich selbst sein. Was sich davon in den Köpfen anderer abspielt, was du in deren Meinung bist, ist Nebensache und kann nicht von Interesse für dich sein."

Wer den Ruhm verdient, ohne ihn zu erhalten, besitzt bei weitem die Hauptsache, und was er entbehrt, ist etwas, worüber er sich mit dieser Hauptsache trösten kann. Denn nicht der, der von der urteilslosen Menge für einen großen Mann gehalten wurde, ist ein großer Mann, sondern jener, der es ist.

Wäre hingegen die Bewunderung selbst die Hauptsache, so wäre das Bewunderte ihrer nicht wert. Das passiert bei falschem, unverdienten Ruhm. In der vergangenen Epoche veröffentlichten viele Männer ruhmreiche Werke – die von ihren Frauen oder Geliebten geschrieben worden waren. Da Frauen noch im vorigen Jahrhundert keine Rechte hatten, nutzten ihre Ehemänner deren Genie für sich. Viele Beispiele gibt es in der Geschichte, in der Wissenschaft, in der Literatur bis zu Bert Brecht.

Den Nachruhm vernimmt ein berühmter Mensch nicht, und doch schätzt man ihn glücklich. Also denke ich, daß sein Glück in seinen großen Eigenschaften bestand, die ihm den Ruhm brachten, und darin, daß er Gelegenheit fand, sie zu vermitteln, also daß es ihm vergönnt war, so zu handeln, was er mit Lust und Liebe tat. Sein Glück bestand in seinem großen Herzen und auch im Reichtum seines Geistes. Es bestand in den Gedanken selbst, über welche nachzudenken der Zukunft übergeben wurde.

Wenn nun doch einer den Ruhm erleben kann, der zum Nachruhm werden soll, so wird es wahrscheinlich im hohen Alter geschehen; bei Künstlern und Dichtern gibt es Ausnahmen, bei Philosophen in der Regel nicht.

Eine Bestätigung liefern die Bildnisse berühmter Männer, die meist erst nach dem Tod angefertigt wurden. Meist sind die Philosophen im hohen Alter dargestellt. Ruhm *und* Jugend sind für einen Sterblichen zuviel.

Die Güter unseres Lebens sind haushälterisch verteilt. Die Jugend hat vollauf mit ihrem eigenen Reichtum zu tun und kann sich darin genügen. Aber im Alter, wenn alle Genüsse und Freuden, wie die Bäume im Winter, abgestorben sind, dann schlägt der Baum des Ruhmes aus. Man kann ihn auch mit Winterbirnen vergleichen, sagt Arthur, sie wachsen im Sommer und werden im Winter genossen. Im Alter gibt es keinen schöneren Trost, als daß man die ganze Kraft seiner Jugend den Werken einverleibt hat, die nicht mit altern.

So wie du es getan hast, lieber Arthur, muß ich ihm zugestehen.

„Sich Platz zu machen wissen als ein Kluger, nicht als ein Zudringlicher. Der wahre Weg zu hohem Ansehen ist das Verdienst, und liegt dem Fleiße echter Wert zum Grunde, so gelangt man am kürzesten dahin. Bloße Makellosigkeit reicht nicht aus, bloßes Mühen und Treiben ist unwürdig; denn dadurch langen die Sachen so mit Kot besprizt an, daß der Ekel ihrem Ansehen schadet. Die Sache ist ein Mittelweg zwischen Verdienen und sich einzuführen verstehn", sagt Gracian.

Wollen wir auf dem Weg zum Ruhm den Weg der Wissenschaften betrachtend einschließen, so läßt sich hier eine Regel aufstellen: Die intellektuelle Überlegenheit, die mit Ruhm ausgezeichnet wird, ersinnt neue Kombinationen irgendwelcher Daten. Diese können verschiedener Art sein. Der durch die Kombination der Daten zu erlangende Ruhm wird um so größer sein, je mehr diese allgemein bekannt und daher jedem zugänglich sind. Der Ruhm wird nur überwundenen Schwierigkeiten entsprechen. Je allbekannter die Daten sind, um so schwerer ist es, sie auf eine neue und doch richtige Weise zu kombinieren, da schon eine große Anzahl von Köpfen sich an ihnen versucht und ihre möglichen Kombinationen erschöpft hat. Dagegen sind Daten, die dem großen Publikum unzugänglich sind, nur auf mühsamen und schwierigen Wegen erreichbar. Wenn man mit großem Verstand, gesunder Urteilskraft und einer mäßigen geistigen Überlegenheit arbeitet, kann es sein, daß man das Glück hat, eine neue, richtige Kombination zu finden. Allein der hierdurch erworbene Ruhm wird ungefähr dieselben Grenzen haben wie die Bekanntheit der Daten.

Die Lösung von Problemen erfordert Studium und Arbeit, nur um die Kenntnis der Inhalte zu erlangen. Für jede andere Art, in der der größte Ruhm zu erwerben ist, sind die Daten unentgeltlich gegeben. Um die Fragen der Welt zu beantworten, braucht es allein die Muße – und zu dieser gehört größeres Talent, ja Genie. Hinsichtlich des Wertes und der Wertschätzung hält keine Arbeit oder Studium den Vergleich aus.

„Hieraus ergibt sich", sagt Arthur, „daß jene, die einen guten Verstand und eine richtige Urteilskraft in sich spüren, ohne sich höchste Geistesgaben zuzutrauen, viel Studium und ermüdende Arbeit nicht scheuen, um sich aus dem großen Haufen der Menschen, denen die allbekannten Angaben vorliegen, herauszuarbeiten, um zu den entlegenen Orten zu gelangen, die nur dem gelehrten Fleiße zugänglich sind. Hier, wo die Zahl der Mitbewerber unendlich verringert ist, wird der auch nur einigermaßen überlegene Kopf bald zu einer neuen richtigen Kombination der Daten Gelegenheit finden; er wird sogar das Verdienst seiner Entdeckung, daß er zu den Daten gelangt ist, zu schützen wissen. Der Applaus seiner Wissensgenossen, die Kenner seines Faches sind, wird von der großen Menge der Menschen kaum vernommen werden."

Etwas zu wünschen übrig haben, um nicht vor lauter Glück unglücklich zu sein. Der Leib will atmen, und der Geist will streben. Wer alles besäße, wäre über alles enttäuscht und mißvergnügt. Sogar dem Verstande muß etwas zu wissen übrig bleiben, was die Neugier lockt und die Hoffnung belebt. Übersättigung an Glück ist tödlich. Beim Belohnen bedarf es einer Geschicklichkeit, nie gänzlich zufriedenzustellen. Ist nichts mehr zu wünschen, so ist alles zu fürchten: unglückliches Glück. Wo der Wunsch aufhört, beginnt die Furcht, schreibt Gracian.

Was nun aber deinen Kopf betrifft, der mit hohen Fähigkeiten ausgestattet ist, der sich an die Lösung der großen, das allgemeine Ganze betreffenden, daher schwierigen Probleme wagt, so wirst du wohl daran tun, deinen Horizont möglichst auszudehnen, gleichmäßig nach allen Seiten. Er sollte sich nicht in irgendeine oder nur wenig bekannte Region verlieren, ohne auf die Spezialitäten einer einzelnen Wissenschaft einzugehen. Alles Vorliegende wird dir Stoff zu neuen, wichtigen und wahren Kombinationen geben. Dadurch wird dein Verdienst von jenen geschätzt werden, denen die Daten bekannt sind, also von einem großen Teil des menschlichen Geschlechts. Hier gründet der Unterschied zwischen dem Ruhm der Dichter und Philosophen und jenem, den Physiker, Chemiker, Mineralogen, Philologen, Historiker, Zoologen etc. erreichen können.

V. Kapitel
KANNST DU EINE PREDIGT NÜTZLICH ANWENDEN?

Sind Predigten ähnlich zu beurteilen wie Lebensweisheiten, die angenommen werden, wenn wir sie für sinnvoll oder verwertbar befinden? Es gab zu allen Zeiten Menschen, die meinten, ihre eigenen Lebenserfahrungen weitergeben zu müssen, damit anderen Menschen schlechte Erfahrungen erspart bleiben. Sie gaben die Erfahrung weiter: Es ist besser, einen Brunnen zu graben, bevor man Durst hat. Aber es ist immer gleich: Die Menschen müssen erst wirklich starken Durst spüren, damit sie beginnen, einen Brunnen zu graben. Dabei wird ihnen sogar die Langeweile vergehen.

Ansichten und Weisheiten von Arthur hörte ich und höre ich mir an, nehme sie in mein Leben auf. Er macht mich reich. Er lehrte mich mein eigenes Verhalten erkennen. Ich begann mein Verhalten anderen Menschen gegenüber zu beobachten, zu ändern. Dabei veränderte ich mich. Schuf meine Identität.

Aristoteles sagt: „Nicht dem Vergnügen, der Schmerzlosigkeit geht der Vernünftige nach." Die Wahrheit beruht darauf, daß aller Genuß und alles Glück negativer, der Schmerz dagegen positiver Natur ist. Ein Widerspruch?

Arthur erläutert das: „Wenn der ganze Leib gesund und heil ist, bis auf eine kleine wunde und oft schmerzende Stelle, so tritt die Gesundheit des Ganzen weiter nicht ins Bewußtsein, sondern die Aufmerksamkeit ist beständig mit dem Schmerz an der verletzten Stelle beschäftigt; dein Behagen, dein Lebensempfinden sind gestört. Ebenso ist es, wenn alle unsere Angelegenheiten nach unseren Wünschen ablaufen, nur eine kleine Angelegenheit geht nicht nach unserem Sinne. Auch wenn sie nur von geringer Bedeutung ist, kommt sie uns immer wieder in den Kopf, wir denken häufiger daran, und weniger an alle wichtigeren Dinge, die nach unserem Sinn gehen. In beiden Fällen ist der Wille beeinträchtigt; einmal, wie er sich im Organismus, zum anderen, wie er sich in unserem Streben objektiviert. In beiden sehen wir, daß seine Befriedigung immer nur negativ wirkt und daher gar nicht direkt empfunden wird, sondern höchstens auf dem Wege der Reflexion ins Bewußtsein kommt. Dagegen ist seine Hemmung das Positive und daher sich selbst Ankündigende. Jeder Genuß besteht bloß in der Aufhebung dieser Hemmung. Die Befreiung davon ist von kurzer Dauer."

Das ist die Erklärung der Aristotelischen Regel. Sie weist uns an, unser Augenmerk nicht auf die Genüsse und Annehmlichkeiten des Lebens zu richten, sondern darauf, den zahllosen Übeln des Lebens so weit wie möglich zu entgehen. Wäre dieser Weg nicht der richtige, so müßte auch der Ausspruch Voltaires falsch sein: „Das Glück ist nur ein Traum, und der Schmerz ist wirklich." Danach soll jemand, der die Summe seines Lebens unter dem Aspekt der Glückseligkeit ziehen will, die Rechnung nicht nach den Freuden, sondern nach den Übeln, denen er entgangen ist, aufstellen. Die Glückseligkeitslehre (Eudämonologie) beginnt mit der Belehrung, daß ihr Name selbst ein Euphemismus ist und daß unter „glücklich leben" nur zu verstehen ist, weniger unglücklich zu sein, also erträglich zu leben. Noch einmal betont Arthur: „Das Leben ist nicht nur da, um genossen zu werden, sondern um überstanden, um abgetan zu werden (…) man muß versuchen durchzukommen."

Es ist ein Trost im Alter, daß man die Arbeit des Lebens hinter sich hat.

Aber das glückliche Los hast du, wenn du dein Leben ohne übergroße Schmerzen – weder geistige noch körperliche – durchleben kannst. Du besitzt das Glück nicht, wenn du nur die lebhaftesten Freuden und größten Genüsse suchst. Genüsse sind und bleiben negativ, daß sie beglücken ist ein Wahn, den der Neid zu seiner eigenen Strafe hegt. Schmerzen hingegen werden positiv empfunden. Daher ist ihre Abwesenheit der Maßstab des Lebensglücks. Wenn zu einem schmerzlosen Zustand keine Langeweile kommt, so ist das irdische Glück im wesentlichen erreicht. Alles übrige ist Schimäre. Daraus erkennst du, daß du nie Genüsse durch Schmerzen erkaufen solltest, weil du sonst Negatives mit Positivem und Realem bezahlst. Du bleibst im Gewinn, wenn du Genüsse opferst, um Schmerzen zu entgehen. In beiden Fällen ist es gleichgültig, ob die Schmerzen den Genüssen nachfolgen oder vorangehen.

Es ist wirklich die beste Vorkehrung, die du treffen kannst, diesen Schauplatz des Jammers in einen Ort des Glücks zu verwandeln und statt Schmerzlosigkeit Freuden zum Ziel zu wählen. Weniger irrt jemand, der mit finsteren Blicken diese Welt als eine Art Hölle betrachtet und demnach nur darauf bedacht ist, sich eine feuerfeste Stube zu verschaffen. Der Tor läuft den Genüssen des Lebens nach und fühlt sich betrogen; der Weise vermeidet das Übel.

Sollte ihm dieses mißglücken, so ist es die Schuld des Schicksals, nicht die Folge seines Handelns. Soweit es ihm aber glückt, ist er nicht betrogen, denn die Übel, denen er aus dem Weg ging, sind höchst real.

Selbst wenn er ihnen zu weit aus dem Wege gegangen sein sollte und Genüsse unnotwendigerweise geopfert hat, so ist eigentlich doch nichts verloren, denn alle Genüsse sind illusorisch, und über Versäumnisse zu trauern wäre lächerlich.

Das Verkennen dieser Wahrheit, durch Optimismus begünstigt, ist die Quelle manchen Unglücks. Während du von Leiden frei bist, spiegeln unruhige Wünsche die Schimären eines Glückes vor, das gar nicht existiert, und verleiten dich, ihnen zu folgen. Dadurch bringst du den Schmerz, der unleugbar real ist, zu dir. Dann jammerst du über den verlorenen schmerzlosen Zustand, der wie ein verscherztes Paradies hinter dir liegt, und du wünschst dir vergeblich, das Geschehene ungeschehen machen zu können. Es scheint, als ob ein böser Dämon dich aus dem schmerzlosen Zustand stets durch die Gaukelbilder der Wünsche herauslockt, um dir das höchste wirkliche Glück zu nehmen. Ein junger Freund glaubt, die Welt sei da, um genossen zu werden, sie sei der Wohnsitz des positiven Glücks, wovon nur jene nichts wissen wollen, denen es an Glück fehlt oder die kein Geschick haben, das Leben zu meistern. Der äußere Schein trügt. Romane und Gedichte sprechen diese Sprache.

Was bewog die Kyniker zur Verwerfung aller Genüsse? Sie waren tief ergriffen von der Erkenntnis der Negativität des Genusses und der Positivität des Schmerzes; daher taten sie konsequent alles für die Vermeidung der Übel, wozu sie die völlige Verwerfung der Genüsse als nötig erachteten. Sie sahen darin Fallstricke, die uns dem Schmerz überliefern.

„In Arkadien geboren", schreibt Friedrich Schiller, „sind wir alle"; das heißt, wir treten in die Welt voller Ansprüche auf Glück und Genuß und leben in der törichten Hoffnung, sie uns zu erfüllen. Aber bald kommt das Schicksal, packt dich unsanft und belehrt dich, daß nichts dein ist, sondern alles seins, weil es ein unbestrittenes Recht hat nicht nur auf deinen Besitz und Erwerb, sondern sogar auf deine Arme und Beine, Augen und Ohren, ja, auf deine Nase mitten im Gesicht. Jedenfalls wirst du nach einiger Zeit erfahren und zur Einsicht gelangen, daß Glück und Genuß eine Fata Morgana sind, die, nur aus der Ferne sichtbar, verschwindet, wenn du herangekommen bist.

Dagegen haben Leiden und Schmerzen Realität, sie vertreten sich selbst unmittelbar und bedürfen keiner Illusion oder Erwartung.

Kannst du diese Lehre beherzigen und beendest du die Jagt nach Genuß und Glück und denkst vielmehr daran, dem Schmerz und dem Leiden den Zugang zu verwehren, wirst du erkennen, daß das Beste, was die Welt zu bieten hat, eine schmerzlose, ruhige Existenz ist. Und du beschränkst deine Ansprüche darauf und kannst sie bald um so sicherer durchsetzen. Denn um nicht unglücklich zu werden, ist das sicherste Mittel, daß du nicht verlangst, sehr glücklich zu sein.

Das hat auch Goethes Jugendfreund Merck erkannt, und er schreibt: „Die garstige Prätention an Glückseligkeit, und zwar an das Maß, das wir uns träumen, verdirbt alles auf dieser Welt. Wer sich davon losmachen kann und nichts begehrt als was er vor sich hat, kann sich durchschlagen." Demnach ist es ratsam, die Ansprüche auf Genuß, Besitz, Rang, Ehre und so weiter auf ein ganz Mäßiges herabzusetzen, weil gerade das Streben und Ringen nach Glück, Glanz und Genuß, die größten Unglücksfälle herbeiführt.

Aber schon darum ist es weise und ratsam, weil sehr unglücklich zu sein gar leicht ist, sehr glücklich zu sein nicht etwa schwer, sondern ganz unmöglich.

Mit großem Recht also sagt Arthur:

„Jeder, der Freund ist einer goldnen Mitte, hält sowohl sich frei von dem Schmutz der Armut, und wenn er klug ist, vom beneidenswerten Glanz des Palastes. Wilder von Winden wird umstürmt die hohe Fichte, das Berghaupt trifft der Blitz am ersten; schlimmste Verheerung richten beim Sturze die ragenden Bäume."

Wenn du diese Lehre aufgenommen hast und du daher glaubst, daß unser ganzes Dasein etwas ist, das besser nicht wäre, das zu vermeiden und abzuweisen eine große Weisheit wäre, wirst du auch von keinem Ding oder Zustand große Erwartungen hegen, nach nichts auf der Welt mit Sicherheit streben, oder große Klagen erheben über das Verfehlen irgendeiner Sache. Sondern du wirst mit Platon sprechen:

„Es ist kein menschliches Ding so großen Eifer wert." Und du wirst mit Anwari Soheili übereinstimmen, der schreibt:
Ist einer Welt Besitz für dich zerronnen,
sei nicht in Leid darüber, es ist nichts:
Und hast du einer Welt Besitz gewonnen,
sei nicht erfreut darüber, es ist nichts;
Vorüber gehen die Schmerzen und die Wonnen;
geh' an der Welt vorüber, es ist nichts.

Was jedoch die Erlangung dieser heilsamen Einsichten besonders erschwert, ist die Heuchelei der Welt. Die allermeisten Herrlichkeiten sind bloßer Schein, wie die Theaterdekoration. Du siehst zum Beispiel bewimpelte und bekränzte Schiffe, Illumination; Pauken, Trompeten, Jauchzen und Schreien sind zu hören; dies ist das Aushängeschild, die Andeutung, die Hieroglyphe der Freude.

Du siehst die Freude?

Sie ist selten zu finden. Wo sie sich wirklich einfindet, da kommt sie in der Regel ungelegen und unangemeldet still herangeschlichen, oft bei unbedeutenden Anlässen, unter alltäglichen Umständen. Sie kommt selten zu ruhmreichen, glänzenden Gelegenheiten, sie ist wie der Opal in Australien, hierhin und dorthin verstreut, nach der Laune des Zufalls, ohne alle Regel und Gesetz, meist nur in ganz kleinen Körnchen, höchst selten in großen Mengen.

Nicht anders als mit der Freude verhält es sich mit der Trauer.

Wie schwermütig kommt dieser lange und langsame Leichenzug daher. Die Reihe der Kutschen hat kein Ende. Aber sieh nur hinein: Sie sind alle leer. Der Verblichene wird eigentlich bloß von sämtlichen Kutschen der ganzen Stadt zu Grabe geleitet. Ein sprechendes Bild von Freundschaft und Hochmut in dieser Welt. Dies also ist die Falschheit, Hohlheit und Gleisnerei des menschlichen Treibens.

Ein anderes Beispiel geben dir die vielen feierlich gekleideten Menschen bei einem festlichen Empfang. Sie sind das Aushängeschild der edlen Gesellschaft; aber statt ihrer sind in der Regel nur Zwang, Pein und Langeweile gekommen; denn wo viele Gäste sind, ist viel Pack – und trügen sie alle Orden und Sterne auf der Brust. Die wirklich gute Gesellschaft nämlich ist, überall und notwendig, sehr klein. Glänzende, rauschende Feste und Lustbarkeiten tragen eine Leere, gar manchen Mißton in sich, schon weil sie dem Elend und der Dürftigkeit unseres Daseins laut widersprechen. Der Kontrast verdeutlicht die Wahrheit.

Doch von außen gesehen, wirkt alles dem Zweck entsprechend. Ganz treffend sagt daher Chamfort: „Die Gesellschaft, die Zirkel, die Salons, was man die Welt nennt, ist ein klägliches Theaterstück, eine schlechte Oper, ohne Interesse, die sich nur durch die Maschinen, Kostüme und Dekoration ein wenig hält."

Desgleichen sind nun auch Akademien und Universitäten das Aushängeschild, der äußere Schein der Weisheit. Aber auch sie hat meistens abgesagt – und ist ganz woanders zu finden. Glockengebimmel, Priesterkostüme, fromme Gebärden und fratzenhaftes Tun sind das Aushängeschild, der falsche Schein der Andacht und so weiter. So ist fast alles in der Welt hohle Nüsse zu nennen, der Kern ist an sich selten, und noch seltener steckt er in der Schale. Er ist ganz woanders zu suchen und wird meistens nur zufällig gefunden.

Wenn du den Zustand eines Menschen nach seiner Glückseligkeit abschätzen willst, so darfst du ihn nicht nach dem fragen, was ihn vergnügt, sondern nach dem, was ihn betrübt. Je geringfügiger dieses, an sich selbst gemessen, ist, um so glücklicher ist der Mensch, weil ein Zustand des Wohlbefindens dazu gehört, um gegen Kleinigkeiten empfindlich zu sein. Im Unglück spüren wir sie gar nicht.

Hüte dich davor, das Glück deines Lebens mittels vieler Erfordernisse auf ein breites Fundament zu bauen, denn auf einem solchen stürzt es am leichtesten ein. Es bietet viel mehr Unfällen Gelegenheit – sie bleiben nicht aus.

Das Gebäude unseres Glücks verhält sich also in dieser Hinsicht anders als alle anderen, die auf breitem Fundament am festesten stehen. Seine Ansprüche im Verhältnis zu seinen Mitteln möglichst niedrig zu halten, ist demnach der sicherste Weg, großem Unglück zu entgehen.

Es ist eine der häufigsten Torheiten, daß man weitläufige Pläne zum Leben macht, denn bei ihnen wird mit einem ganzen und vollen Menschenleben gerechnet, das jedoch nur sehr wenige erreichen.

Selbst wenn wir so lange leben sollten, fällt es für die gemachten Pläne zu kurz aus, da deren Ausführung sehr viel mehr Zeit erfordert, als angenommen wurde. Ferner sind sie wie alle menschlichen Dinge auch dem Mißlingen, den Hindernissen ausgesetzt, so daß sie sehr selten verwirklicht werden.

Endlich, auch wenn zuletzt alles erreicht wird, so sind die Umwandlungen, die die Zeit an uns selbst heranbringt, außer Acht und Rechnung gelassen, also nicht bedacht worden. Weder zum Leisten noch zum Genießen halten unsere Fähigkeiten das ganze Leben hindurch. Daher kommt es, daß wir oft auf Dinge hinarbeiten, die dann, wenn wir sie endlich erlangen, uns nicht mehr angemessen sind; oder auch, daß wir mit den Vorarbeiten zu einem Werk die Jahre verbringen, die uns unbemerkt die Kräfte zur Ausführung rauben. So geschieht es denn oft, daß der so lang mit großer Mühe und Gefahr erworbene Reichtum für uns nicht mehr genießbar ist und wir für andere gearbeitet haben, oder auch, daß wir den durch vieljährige Arbeit endlich erreichten Posten nicht mehr ausfüllen können, weil wir zu alt oder krank geworden sind. Manches kommt zu spät für uns.

Der Geschmack der Zeit ändert sich. Ein neues Geschlecht wächst heran, das an Vergangenem keinen Anteil nimmt.

Andere sind uns auf kürzerem Wege zuvorgekommen. Horaz sagt dazu: „Was ermüdest du deinen zu schwachen Geist mit ewigen Plänen?"

Der Anlaß zu diesem Mißgriff ist die unvermeidliche optische Täuschung des geistigen Auges, mit dem das Leben vom Eingang aus gesehen endlos, wenn man aber am Ende der Bahn zurückblickt, sehr kurz erscheint. Freilich hat sie ihr Gutes: denn ohne sie käme schwerlich etwas Großes zustande.

Es ergeht dir im Leben oft wie dem Wanderer, vor dem im Vorwärtsschreiten die Gegenstände andere Gestalt annehmen, als sie von ferne zeigten. Sie verwandeln sich gleichsam, indem du dich näherst. Mit deinen Wünschen geht es dir so. Oft findest du etwas ganz anderes, ja Besseres, als du suchtest; oft findest du das Gesuchte auf einem ganz anderen Weg, jedenfalls nicht auf dem, den du zuerst eingeschlagen hast. Zumal erhältst du oft da, wo du Glück und Freude suchtest, statt ihrer Belehrung, Einsicht, Erkenntnis – ein bleibendes, wahrhaftes Gut, statt eines vergänglichen und scheinbaren. Das ist auch der Gedanke, der in „Wilhelm Meister" als Grundton durchdringt. Ebenso in der „Zauberflöte", in der dieser Gedanke noch vollkommener wäre, wenn am Schluß der Tamino Abstand nähme vom Wunsch, die Tamina zu besitzen, und statt ihr allein die Weihe im Tempel der Weisheit erhielte.

Vorzügliche und edle Menschen werden jene Erziehung des Schicksals bald verstehen und fügen sich dankbar; sie sehen ein, daß in der Welt wohl Belehrung, aber nicht Glück zu finden ist. Sie sind es gewohnt und zufrieden, Hoffnungen gegen Einsichten zu tauschen, und sagen dann mit Petrarca: „Kein anderes Glück empfinde ich als zu lernen."

Du kannst sogar dahin gelangen, daß du deinen Wünschen und Bestrebungen nur noch zum Schein nachgehst, eigentlich aber und in Ernsthaftigkeit deines Inneren nur Belehrung erwartest, was dir bald einen beschaulichen, genialen Anstrich gibt. Du kannst in diesem Sinne sagen: Es geht dir wie dem Alchemisten, der auf der Suche nach Gold war – und Naturgesetze entdeckte.

WIE VERHÄLTST DU DICH ZU DIR SELBST?

Die Forderung, daß jeder das Seine tun soll, hat nur deshalb einen Sinn, weil die Menschen von Natur nicht gleich, sondern verschieden sind. Die Natur des einzelnen ist die Grundlage für seinen Beruf und Stand, nicht die Leistung; aber die Leistung muß der Natur entsprechen.

Ich vergleiche dich mit einem Arbeiter, der damit beschäftigt ist, ein großes Gebäude zu errichten. Ich nehme an, der Plan ist dir entweder nicht bekannt, oder du hast ihn nicht immer im Kopf. So verhältst du dich, indem du die einzelnen Stunden und Tage deines Lebens arbeitest, zum Ganzen deines Lebens und dessen Charakter.

Je würdiger, bedeutender, planvoller und individueller der Plan ist, um so mehr ist es nötig, daß du dir den verkleinerten Grundriß vor Augen hältst. Freilich gehört auch dazu, daß du einen kleinen Anfang in dem „Erkenne dich selbst" gemacht hast, also weißt, was für dein Glück das Wesentliche ist; sodann was die zweite und dritte Stelle einnimmt, und auch, daß du erkennst, wie dein Beruf, deine Rolle und dein Verhältnis zur Welt sind. Ist dies nun alles bedeutender Art, so wird dich der Anblick des Planes – im verjüngten Maßstab – mehr als irgend etwas stärken, zur Tätigkeit ermuntern und vor Abwegen zurückhalten.

Wie der Wanderer erst dann, wenn er auf der Höhe angekommen ist, den zurückliegenden Weg mit allen seinen Windungen und Abzweigungen überblicken kann, so erkennen wir erst am Ende einer Periode unseres Lebens den wahren Zusammenhang unserer Taten, Leistungen und Werke. Wir erkennen Verkettungen und auch deren Wert. Denn so lange wir mitten drin stehen, handeln wir nach den Eigenschaften unseres Charakters. Wir stehen unter dem Einfluß der Motive und unserer Fähigkeiten, wir tun in jedem Augenblick das, was uns jetzt als angemessen dünkt. Erst der Erfolg zeigt, was dabei herausgekommen ist. Der Rückblick auf den ganzen Zusammenhang zeigt das Wie und Wodurch. Daher sind wir, während wir die großen Taten vollbringen oder unsterbliche Werke schaffen, uns dessen nicht bewußt. Erst aus dem Ganzen leuchten nachher unser Charakter und unsere Fähigkeit hervor, und im Einzelnen sehen wir dann, wie wir, als wäre es unter Inspiration geschehen, den einzig richtigen Weg unter vielen eingeschlagen haben. Dies alles gilt vom Theoretischen und vom Praktischen – und im umgekehrten Sinne vom Schlechten und Verfehlten.

„Ein wichtiger Punkt meiner Lebensweisheiten besteht in dem richtigen Verhältnis, in dem wir unsere Aufmerksamkeit teils der Gegenwart, teils der Zukunft widmen, damit nicht die eine uns die andere verderbe", sagt Arthur. „Viele leben zu sehr in der Gegenwart, andere beziehen sich zu sehr auf die Zukunft."

Selten wird einer genau das richtige Maß halten. Wenn du mittels Streben und Hoffen nur an die Zukunft denkst, immer nur vorwärts blickst und mit Geduld den kommenden Dingen entgegensiehst, von denen du dir zu allererst das Glück erwartest, inzwischen aber die Gegenwart unbeachtet und ungenossen vergehen läßt, bist du trotz deiner altklugen Miene mit jenem Esel zu vergleichen, dessen Schritt dadurch beschleunigt wird, daß man an seinem Kopf eine Stange befestigt und daran einen Beutel mit Heu gehängt hat, den er ständig vor sich sieht und hofft, ihn zu erreichen.

Denn du betrügst dich selbst um dein ganzes Dasein, wenn du stets nur ad interim (vorläufig) lebst, bis zu deinem Tod.

Statt also ausschließlich und immerfort mit den Plänen und Sorgen für die Zukunft beschäftigt zu sein oder sogar noch die Sehnsucht nach der Vergangenheit hinzuzufügen, solltest du bedenken, daß die Gegenwart allein real und allein gewiß ist, dagegen die Zukunft immer anders ausfällt, als du sie dir denkst, denn auch die Vergangenheit war anders als in der Phantasie!

Die Ferne, die deinem Auge die Gegenstände verkleinert, vergrößert sie dem Gedanken. Die Gegenwart allein ist wahr und wirklich, sie ist die real erfüllte Zeit, und ausschließlich in ihr liegt unser Dasein. Du solltest sie mit Heiterkeit würdigen, folglich jede erträgliche, von unmittelbaren Widerwärtigkeiten und von Schmerzen freie Stunde mit Bewußtsein genießen. Mach' kein trübes, verdrießliches Gesicht über verfehlte Hoffnungen der Vergangenheit oder Sorgen über die Zukunft. Es ist durchaus töricht, eine gute gegenwärtige Stunde von sich zu stoßen oder sie mutwillig zu verderben aus Verdruß über das Vergangene oder aus Besorgnis wegen des Kommenden. Der Sorge, ja selbst der Reue ist eine bestimmte Zeit gewidmet, danach sollen wir über das Geschehene denken: „Aber so sehr es uns kränkte, wir wollen es geschehen sein lassen; und, so schwer es uns wird, den Unmut zähmen im Herzen." – Und für das Künftige: „Das liegt im Schoße der Götter", – hingegen über die Gegenwart: „Jeden einzelnen Tag sieh' als besonderes Leben an", schreibt Seneca.

Um uns zu beunruhigen, sind bloß solche zukünftigen Übel berechtigt, die gewiß sind, deren Eintrittszeit ebenfalls gewiß ist. Diese werden wenige sein, denn die Übel sind entweder bloß möglich, allenfalls wahrscheinlich, oder sie sind zwar gewiß, aber ihre Eintrittszeit ist ungewiß. Läßt du dich nun auf diese beiden Arten ein, so hast du keinen ruhigen Augenblick mehr. Um also nicht deine Ruhe zu verlieren, durch ungewisse oder unbestimmte Übel, solltest du dir angewöhnen, diese anzusehen, als kämen sie nie, jene, als kämen sie gewiß nicht so bald.

Nun gibt es aber die andere Seite. Gracian sagt in diesem Sinne: „Über dein Vorhaben in Ungewißheit lassen. Die Verwunderung über das Neue ist schon eine Wertschätzung seines Gelingens. Mit offenen Karten spielen, ist weder nützlich noch angenehm. Indem man seine Absicht nicht gleich kundgibt, erregt man die Erwartung, zumal wann man durch die Höhe seines Amtes Gegenstand der allgemeinen Aufmerksamkeit ist. Bei allem lasse man etwas Geheimnisvolles durchblicken und errege, durch seine Verschlossenheit selbst, Ehrfurcht. Sogar wo man sich herausläßt, vermeide man, plan zu sein; eben wie man auch im Umgang sein Inneres nicht jedem aufschließen darf. Behutsames Schweigen ist das Heiligtum der Klugheit. Das ausgesprochene Vorhaben wurde nie hochgeschätzt, vielmehr liegt es dem Tadel bloß: und nimmt es gar einen ungünstigen Ausgang, so wird man doppelt unglücklich sein. Man ahme daher dem göttlichen Walten nach, indem man die Leute in Vermutungen und Unruhe läßt."

Je mehr dir die Furcht Ruhe läßt, um so mehr beunruhigen dich Wünsche, Begierden und Ansprüche. Goethes beliebtes Lied: „Ich hab' mein Sach' auf nichts gestellt" besagt eigentlich, daß erst nachdem wir alle möglichen Ansprüche aufgeben mußten und auf das nackte, kahle Dasein zurückgewiesen sind, wir jener Geistesruhe teilhaftig werden, die die Grundlage unseres Glückes ausmacht; sie ist nötig, um die Gegenwart und damit das ganze Leben genießbar zu finden.

Wir sollten daran denken, daß der heutige Tag nur einmal kommt und nimmer wieder. Aber viele denken, er komme morgen wieder; morgen ist jedoch ein anderer Tag, der auch nur einmal kommt.

Wir vergessen oft, daß jeder Tag ein integrierender und daher unersetzlicher Teil des Lebens ist, und betrachten ihn allgemein. Jedenfalls würdest du die Gegenwart besser würdigen, wenn du dich in guten und gesunden Tagen an entbehrungsreiche Stunden erinnern könntest, wie du in Krankheiten und Betrübnissen an ein verlorenes Paradies, an einen Freund dachtest, der in der guten, gesunden Gegenwart lebte. Aber du verlebst deine schönen Tage, ohne sie zu bemerken. Erst wenn die schlimmen kommen, wünschst du dir jene zurück. Tausend heitere Stunden läßt du mit verdrießlichem Gesicht ungenossen an dir vorüberziehen, um später in trüber Zeit sehnsuchtsvoll ihnen nachzuseufzen. Du solltest jede erträgliche Gegenwart, auch die alltägliche, dir gleichgültige, in Ehren halten, stets eingedenk, daß sie eben jetzt weitergeht in jene Apotheose der Vergangenheit, wo sie forthin vom Lichte der Unvergänglichkeit umstrahlt, vom Gedächtnis aufbewahrt wird, wenn dieses einst, besonders zu schlimmen Stunden, den Vorhang lüftet, um sich als ein Gegenstand deiner innigen Sehnsucht darzustellen.

Wissenschaft und Tapferkeit bauen die Größe auf. Sie machen unsterblich, weil sie es sind. Jeder ist so viel, als er weiß, und der Weise vermag alles. Ein Mensch ohne Kenntnisse: eine Welt im Finsteren.

„Einsicht und Kraft: Augen und Hände. Ohne Mut ist das Wissen unfruchtbar", sagt Gracian.

LÄSST DU DICH VOM VERZICHTEN BEGLÜCKEN?

Je enger dein Gesichts-, Wirkungs- und Berührungskreis, um so glücklicher bist du; je weiter, um so öfter fühlst du dich gequält oder geängstigt, denn damit vermehren und vergrößern sich die Sorgen, Wünsche und Schrecknisse. Deshalb sind auch Blinde nicht so unglücklich, wie es dir a priori scheinen muß, dies bezeugt die sanfte, fast heitere Ruhe in ihren Gesichtszügen. Dies beruht zum Teil auf der Regel, daß die zweite Hälfte des Lebens trauriger ausfällt als die erste. Warum?

Im Laufe unseres Lebens wird der Horizont deiner Zwecke und Beziehungen immer weiter. In der Kindheit ist er auf die nächste Umgebung und die engsten Verhältnisse beschränkt; in der Jugend reicht er schon bedeutend weiter; im Erwachsenenalter umfaßt er deinen ganzen Lebenslauf, ja, erstreckt sich oft auf die entferntesten Verhältnisse, auf Staaten und Völker; im Greisenalter umfaßt er die Nachkommen. Jede Beschränkung hingegen, sogar die geistige, ist deinem Glück förderlich.

Je weniger du deinen Willen erregst, um so geringer ist das Leiden. Du weißt, daß das Leiden positiv, das Glück bloß negativ ist. Die Beschränkung des Wirkungskreises nimmt dem Willen die äußere Veranlassung zur Erregung; die Beschränkung des Geistes vermindert die innere Erregbarkeit, nur hat sie den Nachteil, daß sie der Langeweile die Tür öffnet, die mittelbar die Quelle unzähliger Leiden ist, indem du, um ihr zu entgehen, nach allem greifst, Zerstreuung, Gesellschaft, Spiel, Alkohol, die jedoch Schaden und Unglück heranziehen.

Wie sehr jedoch die äußere Beschränkung deinem Glück förderlich, ja dafür notwendig ist, wird daraus ersichtlich, daß die Dichtkunst, die glückliche Menschen im Idyll schildert, sie stets und wesentlich in höchst beschränkter Lage und Umgebung darstellt. Danach werden die mögliche Einfachheit unserer Verhältnisse und sogar die Einförmigkeit der Lebensweise, so lange sie nicht Langeweile erzeugt, beglücken, weil sie das Leben selbst spüren lassen, folglich auch weniger belastet sind. Es fließt wie ein Bach ohne Strudel.

Im Hinblick auf dein Wohl und Wehe kommt es darauf an, womit das Bewußtsein erfüllt und beschäftigt wird.

Hier kann nun jede rein intellektuelle Beschäftigung des fähigen Geistes viel mehr leisten als das wirkliche Leben mit seinem beständigen Wechsel. Dafür sind freilich schon geistige Anlagen erforderlich. Sodann ist hier zu bemerken, daß so, wie uns das alltägliche Leben von den Studien ablenkt, es auch dem Geist die erforderliche Ruhe und Sammlung nehmen kann; andererseits macht die anhaltende Geistesbeschäftigung zum wirklichen Leben mehr oder weniger unfähig. Es ist ratsam, sagt Arthur, diese Arbeit eine Zeitlang ganz einzustellen, wenn Umstände eintreten, die eine energische, praktische Tätigkeit erfordern. Ich denke, wir müssen die Mitte finden, das eigene persönliche Maß zwischen Geistesarbeit und Bewegung.

Um in vollkommener Besonnenheit zu leben und aus der eigenen Erfahrung alle Belehrung, die sie enthält, herauszuziehen, ist es erforderlich, daß du oft zurückdenkst an Erlebtes und was du dabei empfunden hast. Dazu gehört auch, daß du ehemals gefällte Urteile oder getroffene Entscheidungen mit deiner gegenwärtigen Einstellung dazu vergleichst, daß du deine Vorsätze und Streben nach dem Erfolg im Erreichten betrachtest.

Die eigene Erfahrung läßt sich als ein Text ansehen, Nachdenken und Kenntnis als der Kommentar dazu. Viel Nachdenken und Kenntnis bei wenig Erfahrung gleicht den Buchausgaben, deren Seiten zwei Zeilen Text und vierzig Zeilen Kommentar aufweisen. Viel Erfahrung bei wenig Nachdenken und geringer Kenntnis gleicht den bipontinischen Ausgaben (das sind Zweibrückener Drucke, die wegen ihrer Schönheit sehr geschätzt wurden) ohne Noten, die vieles unverstanden lassen. Hier könntest du auch die Regel des Pythagoras befolgen, der geraten hat, am Abend vor dem Einschlafen darüber nachzudenken, was du tagsüber getan hast. Wenn du im Getümmel der Geschäfte oder Vergnügungen dahinlebst, ohne je über Vergangenes nachzudenken, vielmehr dich nur immerfort abstrampelst, geht dir die klare Besinnung verloren. Dein Gemüt wird ein Chaos, eine gewisse Verworrenheit kommt in deine Gedanken; dieses Abstrakte, Fragmentarische, gleichsam Kleingehackte zeigt auch deine Konversation. Dies geschieht um so mehr, je größer die äußere Unruhe, die Menge der Eindrücke, je geringer die innere Tätigkeit des Geistes ist.

Hierher gehört Arthurs Bemerkung, daß nach längerer Zeit, wenn die Verhältnisse und Umgebung, die auf dich einwirkten, vorübergegangen sind, du es nicht schaffst, deine damals erregte Stimmung und Empfindungen zurückzurufen und zu erneuern; wohl aber kannst du dich an die eigenen, damals hervorgerufenen Äußerungen erinnern. Sie sind das Resultat des Ausdrucks und der Maßstab. Daher sollte das Gedächtnis oder das Papier dergleichen aus denkwürdigen Zeiten sorgfältig aufbewahren. Hierfür sind Tagebücher sehr nützlich.

Sich selber genügen, sich selber alles in allem sein und sagen können: All meinen Besitz trage ich in mir. Das ist gewiß für unser Glück förderlich. Da paßt der Ausspruch des Aristoteles: „Das Glück gehört dem Genügsamen." Diesen Satz solltest du oft wiederholen.

Du darfst mit einiger Sicherheit auf niemanden zählen als auf dich selbst, zum Teil sind die Beschwerden und Nachteile, die Gefahr und der Verdruß, die die Gesellschaft mit sich bringt, unzählig und unausweichlich.

Es gibt keinen verkehrteren Weg zum Glück als das Leben in der großen Welt, denn es bezweckt, unser elendes Dasein in eine Sukzession von Freude, Genuß, Vergnügen zu verwandeln, wobei die Enttäuschung nicht ausbleiben kann. Arthur erklärt: „Wie unser Leib in die Gewänder, so ist unser Kopf in Lügen verhüllt. Unser Reden, Tun, unser ganzes Wesen ist lügenhaft; und erst durch diese Hülle hindurch kannst du bisweilen unsere wahre Gesinnung erraten, wie durch die Gewänder hindurch die Gestalt des Leibes. Ganz du selbst sein darfst du nur, so lange du allein bist, wer also nicht die Einsamkeit liebt, der liebt auch nicht die Freiheit; denn nur wenn du allein bist, bist du frei."

Der unzertrennliche Gefährte der Gesellschaft ist der Zwang. Jede Gesellschaft fordert Opfer, die um so schwerer fallen, je bedeutender die eigene Individualität ist. Danach wird jeder in genauer Proportion zum Werte seines eigenen Selbst die Einsamkeit fliehen, ertragen oder lieben. In ihr fühlt der Jämmerliche seine ganze Jämmerlichkeit, der große Geist seine ganze Größe, kurz gesagt, jeder fühlt sich als das, was er ist.

Dazu kommt, je näher du deiner Natur bist, um so einsamer bist du. Dann ist es eine Wohltat für dich, wenn die physische Einsamkeit der geistigen entspricht; anderenfalls wirkt das häufige sich Umgeben mit heterogenen Wesen feindlich auf dich ein, raubt dir dein Selbst und hat nichts als Ersatz dafür zu geben. Während die Natur die weiteste Verschiedenheit zwischen Menschen gestaltet, sowohl im Moralischen als auch im Intellektuellen, stellt die Gesellschaft ohne Unterschied alle gleich, oder vielmehr, sie setzt an ihre Stelle die künstlichen Stufen des Standes und Ranges.

Was den großen Geistern die Gesellschaft verleidet, ist die Gleichheit der Rechte, folglich der Ansprüche, bei der Ungleichheit der Fähigkeiten, folglich der Leistungen der anderen. Die sogenannte gute Sozietät läßt Vorzüge aller Art gelten, nur nicht geistige; diese sind sogar Konterbande (d.h. Bannware, Schmuggelgut). Sie verpflichtet uns, gegen jede Torheit, Narrheit, Verkehrtheit, Stumpfheit grenzenlose Geduld zu beweisen. Persönliche Vorzüge hingegen sollen sich Verzeihung erbetteln oder sich verbergen, denn die geistige Überlegenheit verletzt durch ihre bloße Existenz, ohne jedes Zutun des Willens.

Danach hat die Gesellschaft, die du die gute nennst, nicht nur den Nachteil, daß sie dir Menschen bietet, die wir nicht loben oder lieben können; sie läßt auch nicht zu, daß wir selbst sind, wie es unserer Natur entspricht ist. Geistreiche Reden oder Einfälle gehören nur in geistreiche Gesellschaft, in der gewöhnlichen sind sie geradezu verhaßt. Um in der Gesellschaft zu gefallen, ist es notwendig, daß du platt und borniert bist.

In solcher Gesellschaft müssen wir daher mit schwerer Selbstverleugnung drei Viertel unsrer selbst aufgeben, wenn wir uns den anderen verähnlichen wollen.

Je mehr eigenen Wert du hast, um so mehr wirst du finden, daß hier der Gewinn den Verlust nicht deckt, weil die Leute in der Regel insolvent sind. Das heißt, daß sie in der Regel nichts haben, was für die Langweiligkeit, Beschwerden und Unannehmlichkeiten und die Selbstverleugnung, die sie dir auferlegen, schadlos hielte.

Es kann jeder im vollkommenen Einklang nur mit sich selbst stehen, nicht mit seinem Freund, nicht mit dem Geliebten, denn die Unterschiede der Individualität und Stimmungen führen immer eine Dissonanz herbei – und sei sie noch so klein. Der wahre, tiefe Friede des Herzens und die vollkommene Gemütsruhe, die höchsten Güter neben der Gesundheit, sind allein in der Einsamkeit zu finden und als dauernde Stimmung nur in der Zurückgezogenheit. Wenn das eigene Selbst groß und reich ist, genießt du den glücklichsten Zustand, der auf dieser Erde gefunden werden kann. Es ist sicherlich nicht überheblich, wenn ich sage, daß – so eng Freundschaft und Liebe die Menschen auch verbinden – ganz ehrlich es jeder doch nur (manchmal) mit sich selbst meint, höchstens noch mit seinem Kind.

Je weniger du es infolge objektiver oder subjektiver Bedingungen nötig hast, mit den Menschen in Berührung zu kommen, um so besser geht es dir. Die Einsamkeit läßt alle ihre

Übel übersehen, die Gesellschaft dagegen besteht auf ihnen; sie verbirgt hinter dem Schein der Kurzweil oft unheilbare Übel. Gott ist in jedem Menschen, ob er ihn erkennt oder nicht, aber auch das Böse hat in ihm seinen Platz.

Das Hauptstudium der Jugend sollte es werden, die Einsamkeit ertragen zu lernen, sagt Arthur, und ich stimme ihm zu, denn sie ist eine Quelle des Glücks, der Gemütsruhe. Daraus folgt, daß du am besten dran bist, wenn du nur auf dich selbst zählst, wenn du dir selber alles in allem sein kannst. Sogar Cicero sagt: „Es ist unmöglich, daß einer nicht am glücklichsten ist, wenn er ganz von sich selber abhängt und in sich allein alles ist. Zudem, je mehr einer an sich selber hat, um so weniger können andere ihm sein. Ein gewisses Gefühl von Genügsamkeit ist es, das die Leute von innerem Wert und Reichtum davon abhält, der Gemeinschaft mit anderen die bedeutenden Opfer zu bringen, die sie verlangt, geschweige die Gemeinschaft mit merklicher Selbstverleugnung zu suchen."

Eben das macht die gewöhnlichen Leute so gesellig, denn es ist ihnen leichter, andere zu ertragen als sich selbst. Dazu kommt, daß das, was wirklich Wert hat, in der Welt nicht geachtet wird, und was geachtet wird, keinen Wert hat. In der Betrachtung aller dieser Sachverhalte wird es in dir, weil du etwas Rechtes in dir selbst hast, echte Lebensweisheit sein, wenn du deine Bedürfnisse einschränkst, nur deine Freiheit zu bewahren und zu erweitern trachtest und dich schließlich mit deiner Person abfindest.

Du weißt, daß viele Menschen gesellig sind, weil sie unfähig sind, sowohl Einsamkeit als auch sich selbst zu ertragen. Innere Leere und Überdruß sind es, von denen sie sowohl in die Gesellschaft als auch in die Fremde und auf Reisen getrieben werden. Ihrem Geist mangelt es an Federkraft, um sich eigene Bewegung zu erteilen. Sie bedürfen der steten Erregung von außen, und zwar durch Wesen ihresgleichen. Wenn sie diese nicht finden, sinkt ihr Geist unter seiner eigenen Schwere zusammen und verfällt in drückende Lethargie.

Das Alleinsein ist natürlich kein Grund dafür, daß du dich gehen lassen darfst. Denn du solltest stets so zu leben und zu handeln versuchen, als würdest du beobachtet werden. Dann bist du umsichtig zu nennen, wenn du annimmst, daß man dich sieht oder dich sehen wird. Du weißt, daß die Wände hören, und daß schlechte Handlungen sie zum Bersten bringen, um herauszukommen. Auch wenn du allein bist, handele wie unter den Augen der ganzen Welt. Denn da du weißt, daß man einst alles wissen wird, so betrachte als schon gegenwärtige Zeugen die, die es durch die Kunde späterhin werden müssen. Wer sich wünscht, daß die ganze Welt ihn stets sehen möchte, ist nicht darüber besorgt, daß man ihn in seinem Hause aus dem nächsten beobachten könnte.

Bekanntlich werden Übel dadurch erleichtert, daß man sie gemeinschaftlich erträgt; dazu scheinen die Menschen die Langeweile zu zählen. Sie setzen sich zusammen, um sich schließlich gemeinsam zu langweilen.

Wie die Liebe zum Leben im Grunde nur Furcht vor dem Tod ist, so ist auch der Gesellschaftstrieb der Menschen im Grund kein direkter, er beruht nämlich nicht auf der Liebe zur Gesellschaft, sondern auf der Furcht vor der Einsamkeit. Es ist nicht die Gegenwart der anderen, die gesucht wird, als vielmehr, der Öde und Beklemmung des Alleinseins und der Monotonie des eigenen Bewußtseins zu entfliehen; um dem zu entgehen, nimmt man auch mit der schlechten Gesellschaft vorlieb und unterwirft sich zugleich auch dem Zwang und dem Lästigen, das sie notwendigerweise mit sich bringt. Wenn jedoch der Widerwille gegen all dies siegt und der Wunsch nach Einsamkeit und Abhärtung einkehrt, wenn die Gesellschaft ihre Wirkung nicht mehr hervorbringen kann, wenn du dann in Behaglichkeit allein sein möchtest, ohne dich nach ihr zu sehnen, weil eben kein Bedürfnis mehr da ist, dann lernst du die wohltuenden Eigenschaften der Einsamkeit kennen. Und du lernst begreifen: Es ist die Monotonie des eigenen Wesens, die den Menschen unerträglich ist, und nur gemeinsam, durch die Verbindung, sind sie irgend etwas.

Der geistvolle Mensch ist wie ein Virtuose, der sein Konzert allein ausführt, oder wie ein Klavier. Wie dieses für sich allein ein kleines Orchester ist, so ist er eine kleine Welt, und was alle Instrumente erst durch ihr Zusammenwirken sind, stellt er in der Einheit des Bewußtseins dar. Wie das Klavier ist er kein Teil des Orchesters, sondern für das Solo und die Einsamkeit geeignet.

Man kann die Gesellschaft auch als ein geistiges Erwärmen der Menschen aneinander betrachten, gleich jenem körperlichen, das sie bei großer Kälte durch Zusammendrängen bewirken, erklärt Arthur. Aber wer selbst viel geistige Wärme hat, bedarf solcher Gruppierung nicht.

Dem intellektuell hochstehenden Menschen gibt die Einsamkeit einen zweifachen Vorteil. Erstens den, mit sich selber zu sein, und zweitens den, nicht mit anderen zu sein. Die Richtigkeit dieser Aussage wird man dann verstehen, wenn wir bedenken, wieviel Zwang und Beschwerde und auch Gefahr der Umgang mit Menschen, jede Beziehung mit sich bringt.

Geselligkeit gehört zu den gefährlichsten Neigungen, da sie uns mit Menschen in Kontakt bringt, deren große Mehrzahl moralisch schlecht und intellektuell stumpf und verkehrt ist. Der Ungesellige bedarf ihrer nicht. An sich selbst so viel zu haben, daß man der Gesellschaft nicht bedarf, ist schon deshalb ein großes Glück, weil fast alle Leiden aus der Gesellschaft entspringen und die Geistesruhe, die neben der Gesundheit das wesentlichste Element unseres Glückes ist, durch jede Gesellschaft gefährdet wird und daher ohne ein bedeutendes Maß an Einsamkeit nicht bestehen kann. Um dieses Glückes teilhaftig zu werden, entsagten die Kyniker jedem Besitz; wer in gleicher Absicht der Gesellschaft entsagt, hat das weiseste Mittel gewählt. Wer sich frühzeitig mit der Einsamkeit befreundet, ja, sie liebgewinnt, hat eine Goldmine erworben. Das vermag natürlich nicht jeder.

So wie ursprünglich die Not, so treibt nach deren Beseitigung die Langeweile die Menschen zusammen. Ohne beide bliebe wohl jeder allein, schon weil nur in der Einsamkeit die Umgebung der ausschließlichen Wichtigkeit entspricht, die jeder in seinen eigenen Augen hat.

In diesem Sinne ist die Einsamkeit der natürliche Zustand jedes Menschen, sie setzt ihn wiederum, als ersten Adam, in das ursprüngliche, seiner Natur angemessene Glück ein. Es wird davon gesprochen, daß Adam weder Vater noch Mutter hatte. Er wurde aber geboren! Daher ist in einem anderen Sinn die Einsamkeit dem Menschen nicht natürlich, weil er nämlich bei seinem Eintritt in die Welt nicht allein war, sondern sich zwischen seinen Eltern – und eventuell Geschwistern –, sich also in Gemeinschaft befunden hat. Daher kann die Liebe zur Einsamkeit nicht als ursprüngliche Neigung da sein, sondern erst infolge Erfahrung und Nachdenken entstehen.

Dies wird sich nach der Entwicklung eigener geistiger Kraft richten und der Zunahme der Lebensjahre. Danach kann der Gesellschaftstrieb eines jeden im umgekehrten Verhältnis zu seinem Alter stehen. Das Kleinkind erhebt ein Angstgeschrei, sobald es allein gelassen wird. Junge Leute gesellen sich leicht zueinander, begabte unter ihnen suchen schon bisweilen die Einsamkeit; jedoch einen ganzen Tag allein zuzubringen wird ihnen schon schwer. Dem Erwachsenen hingegen fällt das leicht, er kann viel allein sein, um so mehr, je älter er wird. Der Greis findet in der Einsamkeit sein eigentliches Element. Die Neigung zur Einsamkeit ist keine natürliche, direkt durch die Bedürfnisse hervorgerufene, vielmehr eine durch die Erfahrungen und erlangte Einsicht in die moralische und intellektuelle Beschaffenheit der meisten Menschen. Voltaire, der gesellige Franzose, sagt: „Die Erde wimmelt von Menschen, die nicht wert sind, daß man mit ihnen spricht."

Denselben Grund für diese Neigung gibt auch der die Einsamkeit so stark und beharrlich liebende, sanftmütige Petrarca an:

Ein einsames Leben hab ich stets gesucht,
Bach, Feld und Wald weiß davon zu erzählen,
Vor jenen stumpfen Geistern auf der Flucht,
durch die ich nicht den Pfad zum Licht kann wählen.

Im gleichen Sinne schreibt er darüber in seinem Buch „De vita solitaria".

Über diesen bloß sekundären und mittelbaren Ursprung der Ungeselligkeit sagt Chamfort in seiner satirischen Art: „Man sagt zuweilen von jemand, der einsam lebt, er liebe die Gesellschaft nicht; das ist etwa so, wie wenn man von jemand sagte, er ginge nicht gern spazieren, und als Begründung anführt, er ginge nachts nicht gern durch den Wald von Bondy."

Im selben Sinne sagt Sadim Gulistan:

„Seit dieser Zeit haben wir von der Gesellschaft Abschied genommen und uns den Weg der Absonderung vorgenommen: denn die Sicherheit ist in der Einsamkeit."

Aber auch der sanfte christliche Angelus Silesius sagt auf seine Weise und mit seiner mystischen Sprache ganz dasselbe.

Herodes ist ein Feind; der Joseph der Verstand;
dem macht Gott die Gefahr im Traum (im Geist) bekannt:
Die Welt ist Bethlehem, Ägypten Einsamkeit:
Fleuch, meine Seele! Fleuch, sonst stirbst du vor Leid.

Und ebenso Jordamus Brunus: „Soviel Menschen, die auf Erden ein himmlisches Leben schmecken wollen, sagen wie aus einem Munde: siehe ich bin geflohen, eine lange Zeit und geblieben in der Einsamkeit."

Noch einmal sei aus Gulistan zitiert, was Sadi Perfer sagt: „Meiner Freunde in Damaskus überdrüssig, zog ich mich in die Wüste bei Jerusalem zurück, die Gesellschaft der Tiere aufzusuchen."

Es ist ein aristokratisches Gefühl, das den Hang zur Absonderung und Einsamkeit nährt. Und Angelus Silesius, seiner Milde und christlichen Liebe ungeachtet, sagt:

Die Einsamkeit ist Not; doch sei nur nicht gemein:
so kannst du überall in einer Wüste sein.

Aus all dem ergibt sich, daß die Liebe zur Einsamkeit nicht direkt und als ursprünglicher Trieb auftritt, sondern sich indirekt, erst nach und nach entwickelt, jedoch nicht ohne Überwindung des natürlichen Gesellschaftstriebes, ja, unter gelegentlicher mephistophelischer Einflüsterung:

Hör auf, mit deinem Gram zu spielen,
der wie ein Geier dir am Leben frißt,
die schlechteste Gesellschaft läßt dich fühlen,
daß du ein Mensch mit Menschen bist.

Einsamkeit ist das Los der besonderen Geister. Du wirst sie manchmal beseufzen, sie jedoch stets als das kleinere von zwei Übeln wählen. Mit zunehmendem Alter wird es dir leichter, natürlicher, denn dieser Trieb ist naturgemäß, und bald vereinigt sich alles, um ihn zu fördern. Der stärkste Trieb zur Gesellschaft, der Geschlechtstrieb, wirkt geringer; du wirst genügsam und schließlich absorbierst du den Geselligkeitstrieb vollkommen. Du kommst von tausend Enttäuschungen und Torheiten zurück, du erwartest weniger vom Leben, hast weniger Pläne und Absichten. Der Flug der Zeit hat sich beschleunigt, der Kopf behält seine Kraft. Jetzt hast du die Zeit, um viele erlangte Kenntnisse und Erfahrungen allmählich gedanklich durchzuarbeiten. Die große Übungsfähigkeit aller Kräfte wird für dich interessanter und leichter als jemals zuvor. Du siehst klar in tausend Dingen, die früher noch wie im Nebel lagen, du gelangst zu Resultaten und fühlst deine ganze Überlegenheit, warte nur, bis die sechziger Jahre kommen und du infolge langer Erfahrungen aufhörst, von den Menschen viel zu erwarten.

Viele gehören nicht zu den Menschen, die bei näherer Bekanntschaft gewinnen, vielmehr weißt du, von wenigen Glücksfällen abgesehen, daß du nichts antreffen wirst als defekte Exemplare der menschlichen Natur, die besser unberührt bleiben. Du bist den gewöhnlichen Täuschungen nicht mehr ausgesetzt und wirst selten den Wunsch fühlen, eine engere Verbindung einzugehen. Endlich kommt auch, wenn du in der Einsamkeit eine Freundin entdeckt hast, die Gewohnheit der Isolation und des Umgangs mit dir selbst hinzu, und sie wird dir zur zweiten Natur.

Demnach ist die Liebe zur Einsamkeit, die du früher dem Geselligkeitstrieb abringen mußtest, eine ganz natürliche und einfache: Du bist in der Einsamkeit wie der Fisch im Wasser.

Natürlich hat auch die Einsamkeit neben Vorteilen kleine Nachteile und Beschwerden; aber diese sind im Vergleich zur Gesellschaft gering, und weil du dich selber gut kennst, wirst du es immer leichter finden, ohne Menschen auszukommen als mit ihnen. Einer der Nachteile dabei, der nicht so leicht wie die anderen zu Bewußtsein gebracht wird, ist, daß durch anhaltendes Zuhausebleiben dein Körper gegen äußere Einflüsse empfindlich wird, daß du durch jedes kühle Lüftchen sogleich erkrankst. Auch wird durch anhaltende Zurückgezogenheit dein Gemüt empfindlich, so daß du dich durch die unbedeutendsten Vorfälle, ja, Worte und bloße Mienen, beunruhigt und auch gekränkt fühlst. Ein Mensch, der immer im Getümmel bleibt, beachtet dergleichen gar nicht.

Wenn du aber die Einsamkeit oft gar nicht ertragen kannst, dann rate ich dir, einen Teil deiner Einsamkeit in die Gesellschaft mitzunehmen, dann wirst du auch bald – bis zu einem gewissen Grade – in der Gesellschaft allein sein. Ich meine damit, daß du das, was du denkst, nicht sofort anderen mitteilst und andererseits das, was man dir sagt, nicht so genau nimmst, also moralisch und intellektuell nicht viel erwartest, und daher die Gleichgültigkeit gegenüber den Meinungen in dir festigst. Sie ist das sicherste Mittel, um stets eine lobenswerte Toleranz zu üben.

Du wirst bald, obwohl mitten unter Menschen, doch nicht so ganz in ihrer Gesellschaft sein und dich objektiv verhalten; dies wird dich vor zu enger Berührung mit ihr und vor Verletzungen schützen

Im Lustspiel von Morati „El cafè o sea la comedia nueva" kann man die Gesellschaft mit einem Feuer vergleichen, an dem der Kluge sich in gehöriger Entfernung wärmt, aber nicht hineingreift. Der Tor – nachdem er sich verbrannt hat – flieht in die Kälte der Einsamkeit und jammert, daß das Feuer verbrennt.

VIELLEICHT BIST DU GEIZIG?

Offensichtlich hat der Geiz einen Reiz, sagen manche. Geiz ist eine Sünde gegen sich und auch gegen andere, wird von anderen behauptet.

Lassen sich Geiz und Sparsamkeit unterscheiden? Geiz ist ins Extreme gelebte Sparsamkeit. Dabei ist zu definieren, in welchem Bereich Geiz stattfindet. Gehst du mit der Zeit geizig um? Geizt du mit Freundschaften oder mit Geld? Es ist wahrscheinlich ein Ausdruck einer knappen Persönlichkeit, wenn jemand geizig ist. Ist Geiz dann ein Lebensstil?

Geiz ist die Annäherung an eine gemeine Leidenschaft. Kennst du geizige Menschen? Ja, natürlich, jede Familie, jeder Freundeskreis hat einen, der als geizig gilt. Geiz taucht nicht als Merkmal eines schlechten Charakters auf, sondern steckt in jedem Menschen, kommt aber nur hier und da zum Ausdruck. Und dabei kommt es darauf an, in welchem Bereich Menschen geizig sind. Die Frage, ob Geiz ein Lebensstil sei, könnte man auch auf die Politik übertragen. Ohne Schulden zu sein ist das ehrgeizige Ziel eines Staates, bei dem man Zufriedenheit oder eine Glückskomponente sucht. Wir sparen, das macht alle glücklich.

Doch warum wird Geiz zu den Lastern gezählt? In einem etymologischen Wörterbuch der deutschen Sprache steht geschrieben: *Habsucht; seit dem 17. Jahrhundert auch als abstoßende Sparsamkeit bekannt, die Wurzel jedoch ist: gierig sein.* Die Gefährlichkeit liegt darin, daß du dir vormachen kannst, du gibst nur dem berechtigten Verlangen nach, während du in Wirklichkeit schon längst die Grenze von der Sparsamkeit zum Geiz überschritten hast.

Augustinus weist auf einen besonderen Sachverhalt hin: „Nicht alle Laster sind Gegensätze zur Tugend." Es gibt auch solche, die sozusagen hart an die Tugend grenzen und ihr zwar nicht wirklich ähnlich sind, aber es zu sein scheinen. Ihre Namen tragen die Sünden nicht deshalb, weil ein Verhalten besonders schlimm sein muß, sondern weil sich in ihrer Richtung gern die Begierlichkeit regt und sie deshalb leicht zu Lastern und zu Quellen vieler anderer Sünden werden. Die Sünde des Geizes, schreibt Augustinus, wird durch die Gewohnheit alltäglich. Sie wird hingenommen, als wäre sie nichts. Verliebe dich nicht in einen Knausrigen, rate ich dir, denn wer mit Geld geizt, der geizt auch mit Gefühlen.

Ich verstehe den Geiz als einen krankhaft übersteigerten Konsumverzicht, den du dir selber, und – wenn du Macht über andere hast – auch den anderen auferlegst. Geizige kommen aus jeder Gesellschaftsform, es gibt sie immer und überall. Sparen ist eine Sache, zu viel sparen ist etwas anderes. Daher der Satz: Deine Sparsamkeit grenzt an Geiz. Aber die Grenzen sind fließend. Geizen bedeutet immer auch: gierig sein. Habgier, Neid, Gier und Geiz gehören zusammen. Wenn gesagt wird: Du geizt nicht mit Lob, oder: Du geizt nicht mit Reizen, sind das ironische Hinweise auf deine Freigebigkeit.

Leute, die um das Angst haben, was sie haben, begegnen dir dauernd, du kannst in psychische Untiefen hineinrutschen bis hin zur Abneigung gegen alle Menschen.

Warum werden dem Wort Geiz so viele kritische und negative Bezeichnungen hinzugefügt? Die große Mehrzahl der Menschen schimpft über dieses Laster mehr als über andere. Nicht ohne Berechtigung, denn es läßt sich schwerlich ein Unheil nennen, das es nicht irgendwann einmal angestiftet hätte. Je mehr Geld von einigen angehäuft wird, um so spärlicher muß es unter den übrigen werden. Aber obwohl der Geiz so viel Übles verursacht, ist er für die Gesellschaft unentbehrlich, zum Beispiel um zu sammeln und aufzulesen, was durch das entgegengesetzte Laster verschleudert und verstreut wird.

Aber es gibt noch eine besondere Form des Geizes, die im gierigen Verlangen besteht, Reichtümer zu besitzen, um viel ausgeben zu können. Diese Form findet sich oft mit Verschwendungssucht in derselben Person vereinigt. In ihren Häusern und Möbeln und Kleidung und Festen entfalten sie sich in größter Verschwendung, während die verwerflichen Handlungen, die sie des Profits wegen begehen, und die vielen Betrügereien und Listen, deren sie sich schuldig machen, äußersten Geiz verraten. Ein Wissenschaftler, der das Phänomen des Geizes erforschte, erklärte ihn als männliche Eigenschaft.

Der Geizhals wäre gut bedient, würde er allein bleiben. Nichts ist für ihn schlimmer, als den Überblick über die getätigten Ausgaben zu verlieren. Der Habgier und dem Geiz läßt sich am besten in der Einsamkeit frönen.

Über Geiz, Reichtum, Verschwendung und Armut hat der Soziologe Georg Simmel 1899 eine sozialethische Analyse geschrieben. Der Geizige, argumentiert Simmel, liebt das Geld, wie man sonst nur einen Menschen liebt.

Der abstrakte Charakter des Geldes begünstigt eine objektive Freude, das Bewußtsein eines Wertes, der über jede einzelne und persönliche Nutznießung weit hinausgreift. Wenn das Geld nicht mehr in dem Sinne Zweck ist wie irgendein sonstiges Werkzeug, nämlich um seines Nutzens willen, sondern dem Geldgierigen als Endzweck dient, so ist es nun weiter nicht einmal in dem Sinne Endzweck, wie ein Genuß es ist. Für den Geizigen hält sich das Geld jenseits dieser persönlichen Sphäre, es ist ihm ein Gegenstand scheuer Achtung, der für ihn selbst tabu ist. Der Geizige liebt das Geld, wie man einen sehr verehrten Menschen liebt, in dessen bloßem Dasein schon Seligkeit liegt.

Anders als der geldsüchtige Habgierige, der möglichst viel horten und sich einverleiben will, muß der Geizige darauf bedacht sein, möglichst wenig herzugeben – auch an Gefühlen, und erst recht an Hochgefühlen. Der Überschwang könnte dazu verleiten, sich unnötig zu verausgaben.

Geiz ist für mich ein Sich-selber-Schaden-Zufügen. Du sparst an anderen, bei anderen und an dir selbst.

Daran knüpft sich das persönliche Schicksal eines Menschen. Der Kontakt zu diesem Menschen wird eingeschränkt, wenn nicht gar gemieden. Also macht Geiz auch einsam? Leben wir in einer geizigen Wohlstandsgesellschaft, die voller Angst ist, sich dem tatsächlichen Zustand der Welt zu stellen? Die Armen könnten in ihrer großen Zahl kommen und alles wegnehmen. Aber die Menschen werden von Politikern beruhigt. – Viele unbeantwortete Fragen. Fragen, die sich jeder selbst beantworten kann.

Jede Saat muß unweigerlich ihre eigene Art hervorbringen. Der Gedanke ist die Saat des Schicksals. Es führt ein einfacher Weg aus der Not heraus. Du mußt lernen, richtig statt falsch zu denken, du wirst erleben, daß die Zustände sich zu bessern beginnen, bis alle Krankheit, Armut und Disharmonie verschwinden müssen. So ist das Gesetz. Das Leben braucht kein Kampf zu sein, sondern ein herrliches Abenteuer oder eine Wissenschaft.

Du Mensch mit zugeknöpften Taschen, dir tut niemand was zuliebe, Hand wird nur von Hand gewaschen, wenn du nehmen willst, so gib.

Ein Geiziger ist ein Mensch, der um keinen Preis etwas hergeben will. Mancher spart sich das Wasser vom Munde ab – was allerdings nicht lange gutgehen wird. Er betreibt das Minimum zur Selbsterhaltung. Das bedeutet, wenn er noch dazu tätig ist, daß er das Erworbene stapelt.

Der Geizhals wird auch reich, indem er den Verarmten spielt. Der Verschwender verarmt, indem er Reichtum markiert. Natürlich kann auch ein Armer geizig sein, Not kann auch bitter und hart machen. Es gibt auch großzügige Reiche, die ihren Besitz gerne für gute Sachen einsetzen. Verallgemeinerung ist wie überall im Leben falsch. Mit selbstkritischem Denken kann erkannt werden, daß die Gefahr besteht, daß man darüber hinaus den Überblick verliert, je mehr man mit irgend etwas befaßt ist, je mehr man von etwas okkupiert ist. Denn Reichtum ist sehr beanspruchend, man muß auf ihn achtgeben, ihn schützen.

Wenn das Lebensmittel zum Lebenszweck wird (welches eigentlich Mittel sein sollte, um sich zu engagieren), um sich einem größeren Ziel zu nähern, wenn also die Anhäufung zum Selbstzweck wird und die Quantität an die Stelle der Qualität tritt, dann kann man diese Haltung beobachten, sagte der Universitätspfarrer Helmut Schüller.

Die Geizigen und die Reichen mag man mit dem Meer vergleichen: Wie viel des Wassers geht zum Meer, doch hätt' des Wassers gern noch mehr.

Das Betteln und Um-Spenden-Bitten dient auch dem Angebettelten, nicht nur dem Armen, es rüttelt ihn vielleicht aus der Verstrickung in seine eigene Ängstlichkeit auf. Um das Geld, das er als Spende weggibt, braucht er sich keine Sorgen mehr zu machen. Wenn man beobachtet, daß die Geldsumme, die für Entwicklungsförderung in andere Länder der Welt gespendet wurde, ein Vielfaches an Wirksamkeit entfaltet, dann kann der Spender die Gewißheit haben, daß sein Geld irgendwo Nutzen stiftet, sein Kapital also wirkliche Zinsen bringt – mehr als durch ängstliches Horten auf einem Bankkonto.

Das darf uns nicht verwundern. Wir leben auf einem sehr reichen Fleck der Erde, doch überall auf der Welt gibt es viel gelöstere Menschen als hier in Westeuropa oder in Amerika. Insofern ist die Lockerung vom Geiz, das Lockern des Griffes, des Umklammerns der Dinge sicher auch ein Zurückgewinnen von Entspanntheit und Lebensweite.

Gibt es etwas Überflüssigeres als Geiz? Viele sind reich geworden und trotzdem arm geblieben. Spare überall, das ist die Parole der Geizigen. Wenn wir von der Situation des Kindes ausgehen, sagt der Psychotherapeut Alfred Britz, dann werden wir beobachten, daß Kinder es sehr schwer haben mit der Sparsamkeit, denn sie lernen sie von den Erwachsenen und üben sie den Erwachsenen zuliebe. Dahinter steckt aber, daß Kinder sehr häufig alles möchten, aber noch nicht oder nur schwer ihre Triebe kontrollieren können.

Sparen ist für viele Menschen eine bittere Notwendigkeit. Viele Menschen leben an der Armutsgrenze. Manche, die es gar nicht nötig hätten, betreiben das Sparen als postmodernen Lebensstil. Um dem Sparsamen das Sparen schmackhaft zu machen, muß das häßliche Bild des Geizigen revidiert werden. Du willst nicht länger der Spießer mit dem Sparsamkeitsfimmel sein, sondern der bewußte Konsument werden, der sich Askese als Medikament gegen den Überfluß selbst verordnet.

Setzt also Geiz den Überfluß voraus, einen Spielraum, den man für Verschwendung, also übermäßigen Konsum, oder sein Gegenteil, den reduzierten Konsum, nutzen kann? Dieser Spielraum war in der Geschichte unterschiedlich groß. Deswegen hatte der Geiz historisch unterschiedliche Wachstumschancen.

Im späteren Mittelalter waren die Kaufleute und Zunftmeister die herrschende Schicht. Der Spielraum für Verschwendung und Einschränkung war mit einer Ausnahme gering: Die Handwerksmeister, die ihre Gesellen und Lehrlinge in ihrem Haus wohnen hatten, konnten mit dem Essen geizen. Diese Art von Geiz war Anlaß für Gesellenaufstände und kleinere Streiks. Die Kirche erinnerte die Frommen an die Lasterhaftigkeit des Geizes. Die Priester drohten den Geizigen nicht nur irdische, sondern auch höllische Strafen an; der profane Hintergrund dieses christlichen Eifers: Die Kirche, unvorstellbar reich, wollte verhindern, daß sie selbst Bettler versorgen müsse. Sie ging noch weiter. Sie sandte Mönche aus, die in sogenannten Bettelorden organisiert waren, die über das arme Volk herfielen und es mit der Drohung, es würde der Hölle oder dem Fegefeuer anheimfallen, zusätzlich ausnahmen.

Der geizige Charakter hat viele Facetten. Menschen beneiden dich zum Beispiel um gute Ideen oder um deine heitere Lebensart, Lebensfreude und korrigieren dich in deiner Lebendigkeit und Unbefangenheit, wenn der Geiz sie bereits verhärtet hat.

Der asiatische Weise Tschui, ein Zeichner, zog mit freier Hand makellosere Kreise als mit einem Zirkel. Aus dem Nichts zauberten seine Finger vollkommene Formen auf das Papier. Während er zeichnete, war er völlig entspannt und dachte nicht an das, was er tat. Keine Anstrengung war nötig, sein Geist war ganz einfach und kannte kein Hindernis. Wenn der Schuh sitzt, wird der Fuß vergessen. Wenn der Gürtel paßt, spürt man den Bauch nicht. Wenn das Herz im

Lot ist, gibt es kein Für und Wider, keinen Zwang, keinen Druck, keinen Mangel, keine Verlockung, alles Sein ist unter Kontrolle. Du bist ein freier Mann. Sei locker, dann machst du es recht, mache es recht, dann wirst du locker, bleibe locker und handele recht. Der rechte Weg, locker zu werden, ist, den rechten Weg zu vergessen und auch zu vergessen, daß er dich locker macht.

In Wahrheit wird überall, wo die archaische Denkweise herrschend war und geblieben ist, in den alten Kulturen, im Mythos, Märchen oder Aberglauben, im unbewußten Denken im Traum und in der Neurose, das Geld in innigste Beziehung zum Schmutz gebracht. Bekannt ist die Figur des Dukatenscheißers, des Goldesels; in der alten babylonischen Lehre ist Gold der Kot der Hölle, beschreibt Sigmund Freud in seinem Werk „Charakter und Analerotik".

Das übermäßige Sparen tritt auch bei Personen auf, die sich keine Lust gönnen dürfen, sagt Alfred Britz. Der Prototyp ist der geizige Mensch. Er hortet, hortet für spätere Zeiten, aber diese späteren Zeiten erlebt er in Wahrheit nicht, weil er auch dann noch hortet. Das heißt, der geizige Mensch, der übertrieben spart, der kann sich gar nichts gönnen. Damit ist Geiz in seiner unbarmherzigen Form ein Angriff auf das vitale Leben, ein ständiger Versuch der Disziplinierung. Höchstleistung kann nur erbracht werden, wenn sich organisatorisches Vermögen mit einer wirtschaftlichen Situation paart, in der Enthaltsamkeit auch spürbar wird. Gerade in einer Zeit des Überflusses ist der Geiz in unseren Breiten und in seiner Totalität eine überraschend moderne Leidenschaft.

Er erstreckt sich sogar auf den Körper. Das wird sichtbar an der Magersucht, die dich dazu bringt, immer magerer zu werden, dich zu kasteien. Sie hat auch mit Impulskontrolle zu tun, denn eigentlich würdest du gern sehr viel essen, du gierst nach Essen, aber du verbietest es dir. Du legst dir eine

Art Zwangsjacke an, die dir diese Impulse verbietet, denn du hast Angst, daß diese Impulse überhandnehmen könnten. Daher mußt du besonders vorsichtig sein, du ziehst deine Stärke daraus, daß du dir jegliches Essen verbietest. Das heißt also, daß du im Grunde eine unerhörte Gier nach etwas hast, nach Liebe, nach Angefülltsein, nach Zärtlichkeit, nach Überfluß – und du dir diese Impulse verbietest. Sie schlägt dann in die andere Richtung um, in Geiz, beziehungsweise dir das Essen zu verbieten.

Das ist eine Umdeutung des Sparens mit dem Ziel einer neuen Lebensqualität. Ist dieser Geiz bereits pathologische Lebensstrategie? Wir bestimmen selbst, was wir tun? Wie werde ich ein echter Geizhals?

Balthasar Gracian sagt: „Es ist wichtig, Einsicht zu haben, oder den anzuhören, der sie hat. Ohne Verstand, eigenen oder geborgten, läßt sich's nicht leben. Allein viele wissen nicht, daß sie nichts wissen. Andere glauben zu wissen, wissen aber nichts. Gebrechen des Kopfes sind unheilbar, und da die Unwissenden sich nicht kennen, suchen sie auch nicht, was ihnen abgeht. Manche würden weise sein, wenn sie nicht es zu sein glaubten. Daher kommt es, daß, obwohl die Orakel der Klugheit selten sind, diese dennoch unbehelligt leben, weil keiner sie um Rat fragt. Sich beraten zu lassen, schmälert nicht die Größe und zeugt nicht vom Mangel eigener Fähigkeit. Man überlege mit der Vernunft, damit man nicht widerlegt werde vom unglücklichen Ausgang."

DAS ALL BETRACHTET UNS

Wir sollten wissen, welche Eigenschaft uns fehlt. Viele Menschen wären ganze Leute, wenn ihnen nicht etwas abginge, ohne das sie nie zum Gipfel der Vollkommenheit gelangen können. An einigen ist es bemerkbar, daß sie sehr viel sein könnten, wenn sie sich in einer Kleinigkeit besserten. So etwa fehlt es ihnen an Ernst, was große Fähigkeit verdunkeln kann; anderen geht die Freundlichkeit des Wesens ab, eine Eigenschaft, die ihre nächste Umgebung bald vermissen wird, zumal wenn es Leute im Amt sind. Anderen wieder fehlt es an Tatkraft, noch anderen an Mäßigkeit. Allen diesen Übelständen würde leicht abzuhelfen sein, wenn du sie nur selbst bemerkst. Sorgfalt kann aus der Gewohnheit eine zweite Natur machen. Nicht spitzfindig sein, sondern klug. Ein guter, solider Kopf ist nötig, der nicht mehr denkt, als die Sache mit sich bringt.

Wie aber, wenn eines Menschen Sendung von ihm verlangt, daß er nur noch die Verbundenheit mit einer Sache kennt, kein wirkliches Verhältnis mehr zum Du, keine Vergegenwärtigung des Du, daß alles um ihn Es, eben seiner Sache dienstbares Es werde?

Das Sendungsbewußtsein ist die in einer Einzelperson, in einer politischen, religiösen oder sonstigen Gemeinschaft lebende Gewißheit, daß die eigene Auffassung von Dingen, die eigene Lehre oder der eigene Lebensstil auch für andere Menschen gültig und verbindlich seien und ihnen deshalb mitgeteilt werden müssen. Der Träger des Sendungsbewußtseins hat das Erlebnis, eine Aufgabe erfüllen zu müssen, die sowohl über den eigenen Lebens- und Umkreis als auch über die Gegenwart hinausgeht. Bei den Einzelpersonen kann sich das Sendungsbewußtsein plötzlich, gleichsam als Erleuchtung einstellen oder aber sich langsam in einem Gewißwerdungs-Prozeß ausformen. Es ist stets eine Antriebskraft, die Handlungen bestimmt, die ihrerseits Ereignisse zur Folge haben, die zu tiefgreifenden Umwälzungen führen können.

So hat das Sendungsbewußtsein für die allgemeine kulturelle und geschichtliche Entwicklung oftmals große Bedeutung, aber in seiner Verabsolutierung – und wenn sein ursprüngliches ideales Bestreben unklar, gleichsam „verwässert" oder „vergessen" wird – kann es zu Intoleranz und schweren sozialen Konflikten führen. Das zeigt sich an den prophetischen Religionen, so an der heutigen Ausprägung der von Zarathustra (um 630-553) gestifteten Religion, dem Parsismus, am Christentum und am Islam. Aus solchem Sendungsbewußtsein entspringt stets ein Absolutheits- und Alleinseligmachungs-Anspruch, und daraus wiederum eine ausschließende und sich verschließende Haltung gegenüber anderen Religionen.

Religiöse Wurzeln hat auch das Sendungsbewußtsein Englands in der Ausbreitung des britischen Weltreiches und das der Vereinigten Staaten von Amerika, wo die Vorstellung von „Gottes eigenem Land" herrscht. Seit dem 16. Jahrhundert zeigte sich ein ausgesprochenes Sendungsbewußtsein Rußlands, in dem Moskau als das „Dritte Rom" galt und das den Gedanken der kommunistischen Weltrevolution mitbestimmt hat. Im kulturellen Bereich ist vor allem das stark ausgeprägte französische Sendungsbewußtsein zu nennen, auf das unter anderem das Bemühen um Pflege und Reinhaltung der französischen Sprache zurückgeht und in dem auch der Begriff der „Grande Nation" wurzelt. Vom Sendungsbewußtsein erfüllte Einzelpersonen fühlen nicht nur ihre Aufgabe im Leben, sondern die zwingende Pflicht, sich ihr zu widmen. Gleichsam geschoben von einem inneren Drang, gehen sie unbeirrt ihren Weg. Solchen Menschen verdanken wir bedeutende kulturelle, politische, religiöse Reform- oder sonstige Bewegungen, Entdeckungen, Erfindungen, Kunst- und Musikwerke und wissenschaftliche Erkenntnisse.

Kaiser Karl V., um nur ein geschichtliches Beispiel zu nennen, der Herr der habsburgischen Erblande, Herrscher eines Weltreiches und Begründer des spanischen Imperiums, sah es als seine Aufgabe an, die Ungläubigen zu bekämpfen, den Glauben zu verbreiten und die evangelisch gewordenen Christen, die Lutheraner, zur katholischen Kirche zurückzuführen, die für ihn nur mit dem Papst als Stellvertreter Gottes Geltung hatte. Der Reformator Martin Luther wiederum stellte sich in seinem Sendungsbewußtsein gegen das Papsttum, das er als vom Teufel gestiftet ansah, und ging konsequent und unbeirrt seinen reformatorischen „evangelischen" Weg, auch wenn es ihn seinen Kopf gekostet hätte.

Menschen mit einem ausgeprägten Sendungsbewußtsein finden wir in der Geschichte immer wieder. Für sie gab es keinen Zweifel, daß sie „gesandt" waren, für die Wahrheit einzutreten, Bestehendes zu ändern und politisches oder religiöses Heil zu bringen. Nun wäre es aber irrig zu meinen, die Haltung und der Eifer dieser Menschen hätten im persönlich gefärbten Ehrgeiz ihre Wurzel gehabt. Religiöse wie politische Führer, die ganz in ihrer Aufgabe aufgegangen sind, und sei es um den Preis ihres eigenen Lebens, machen das deutlich.

Sendungsbewußtsein läßt bei seinen Trägern keine Zweifel am Sinn ihrer Bestrebungen zu, und seine Inhalte werden als absolut erlebt. Das schließt aber nicht aus, daß das Sendungsbewußtsein mancher Menschen auf der wahnhaften Einbildung beruht, die Rolle eines Messias zu haben. Beispiele dafür sind Sektenführer, religiöse Wahrheitsverkünder, politische und andere Eiferer. Sie, und mit ihnen andere, die an sie glauben, sind in einer Täuschung gefangen, die nicht selten üble Auswirkungen hat. Auch dafür finden wir in der Geschichte Beispiele.

Adolf Hitler zum Beispiel wußte sich von der „Vorsehung" bestimmt und geführt, und unter der Zwangsneurose, nicht mehr lange zu leben, war er dazu getrieben, eilig alles durchzusetzen, was seiner Meinung nach erforderlich war, um dem Deutschen Reich – dem Dritten Reich, wie es genannt wurde – einen nach seinen Vorstellungen tausendjährigen Bestand zu sichern. Das erste Reich des Ludwig I., des Deutschen, gab es nicht lange, und das zweite, das 1871 nach dem Deutsch-Französischen Krieg erstandene Deutsche Reich, wurde nach weniger als fünfzig Jahren Republik. Hitler scheiterte, wie man weiß, und das Dritte Reich wurde nicht einmal fünfzehn Jahre alt. Die ungeheuren militärischen Anstrengungen und unsäglichen Opfer aller Art waren vergeblich gewesen. Tod und Zerstörung waren die Früchte der Bemühungen, die im Sendungsbewußtsein gesetzten Ziele zu erreichen.

Der Gegensatz zum Sendungsbewußtsein, das, obgleich es nicht vom Geltungsbedürfnis genährt, dennoch eine fordernde, stets vorwärtsdrängende und mahnende Kraft ist, ist die Resignation, die Ergebung in das Schicksal, das Sich-den-Gegebenheiten-Fügen. Du erkennst, daß du mit den dir zur Verfügung stehenden Mitteln das Ziel einer Handlung nicht erreichen kannst. Du weißt dich nicht, wie der Sendungsbewußte, „von einer höheren Kraft geführt", du bist ohne Antrieb, fühlst dich gleichsam erdrückt von der Sinnlosigkeit deines Wollens und Tuns, beachtest und tust nur mehr das unbedingt Erforderliche und läßt im übrigen alles sein, wie es ist. Du ziehst dich aus einer Tätigkeit oder aus der Welt, die für dich sinnlos ist und in der zu leben du keinen Sinn siehst, zurück in die Einsamkeit. Du strebst nach nichts, kümmerst dich um nichts.

So ist Resignation die Aufgabe eines Ziels, einer Bestrebung oder, wenn sie die ganze Persönlichkeit ergriffen hat, eine Form der Selbstaufgabe, und oft sogar geben sich Resignation und Selbstmord die Hand.

Eine positive, das heißt bejahende Denkhaltung läßt dagegen keine Resignation zu. Es gibt neben dir noch viele Menschen, die sich ohne Aufgabe und nicht oder nicht mehr gebraucht fühlen. Du siehst in deinem Dasein keinen Sinn, auch wenn du das nicht so wahrhaben willst. Du lebst lediglich, geistig vegetierst du gewissermaßen dahin, und viele andere stellen sich vielleicht nicht einmal die Frage: „Wozu bin ich da?"

Für reife Menschen gibt es die Frage nach dem Sinn ihres Daseins nicht. Auch die Frage, warum und wofür sie kämpfen, leiden oder Verluste hinnehmen sollen, stellen sie sich nicht. Ihre Reife und ihr Streben entheben sie dieser Gedankengänge. Für solche Menschen hat das Dasein in jedem Fall Sinn. Sie fühlen sich in Erfüllung ihrer Aufgaben bestätigt und erleben und achten Werte, die vielen anderen kaum jemals ins Bewußtsein treten. Menschen, die wenigstens ahnen, daß jedes Sein und jedes Dasein Sinn hat, erfassen auch, daß es keinen Zufall gibt, und sie erleben, daß alles seine Ordnung hat, ja, haben muß. Sie achten Ordnung und wissen, daß auch sie selbst in Ordnung eingegliedert sind.

In Zeiten des allgemeinen Niedergangs und des drohenden Zerfalls erstehen immer wieder Persönlichkeiten, die richtungweisend sind und die Bejahung des Daseins mit seinen vielen Aufgaben und Schwierigkeiten vorleben.

Um die Zeit des Investiturstreites zum Beispiel, in der es unter den Herrschaftshäusern zahlreiche Besitz- und politische Streitigkeiten gab und Mord keine Seltenheit war, trat Franz von Assisi (1181-1226) ans Licht. Aus begütertem Haus stammend, war sein Leben zunächst mehr Spiel als Ernst, bis durch ein tiefgreifendes religiöses Erlebnis sich in ihm ein Wandel vollzog und er erkannte, daß Reichtum und Habgier die Quelle vieler Streitigkeiten sind. Er ging den Weg der Armut und predigte ihn. Die mit der Armut verbundene Seligkeit hat uns den deutschen Ausdruck „Armseligkeit" gebracht. Glücklich in Armut.

In unserer Zeit ist es die aus Albanien stammende Mutter Teresa, die in ihrem Sendungsbewußtsein auszog, um die Todkranken von den Straßen der Millionenstadt Kalkutta in Ostindien aufzulesen, und den Orden der „Missionarinnen der Nächstenliebe" gründete. Mit dem Friedensnobelpreis ausgezeichnet, und Trägerin vieler hoher Auszeichnungen, wirkte diese Nonne bis zu ihrem 87. Lebensjahr mit ihrer erfolgreichen Organisation fast ein halbes Jahrhundert als „Engel der Armen".

Viele andere wieder lebten, arbeiteten und verschenkten sich als Denker, Dichter, Musiker, Pioniere der Wissenschaft, Hüter kultureller Güter, Bewahrer einer Tradition oder als Menschen, die sich einem Ideal verschrieben hatten und sich dafür oder für andere Menschen opferten. Sie alle bezogen die Kraft dazu aus ihrem Wissen, daß ihr Dasein einen Sinn hat, und aus den Idealen, mit denen sie eins geworden sind, und denen sie sich verpflichtet fühlen.

Und besonders solche außerordentlichen Menschen, die alle ihre Kraft zur Bewältigung der Aufgaben aus sich selbst schöpfen, die in der Isolierung von der Gesellschaft leben, haben Widersacher.

ICH FRAGE DICH: BIST DU NEIDISCH?

„Etwas mehr wissen und etwas weniger leben. Andere sagen es umgekehrt. Gute Muße ist besser als Geschäfte. Nichts gehört uns als die Zeit, in der selbst der lebt, der keine Wohnung hat. Er ist gleichermaßen unglücklich, das kostbare Leben mit mechanischen Arbeiten oder mit einem Übermaß erhabener Beschäftigungen hinzubringen. Man überhäufe sich mit Geschäften und mit Neid; sonst stürzt man sein Leben hinunter und erstickt den Geist. Einige sollen dies auch auf das Wissen ausdehnen. Aber wer nichts weiß, der lebt auch nicht", sagt Gracian.

„Der Neid ist dem Menschen natürlich", sagt Arthur. „Dennoch ist er ein Laster und ein Unglück zugleich."

Wir wollen ihn daher als den Feind unseres Glücks betrachten. Ob es uns je gelingen wird, diesen bösen Dämon zu ersticken? Seneca leitet uns mit seinen schönen Worten: „Am eigenen soll man sich freuen, ohne es zu vergleichen; nie wird glücklich sein, wen ein Glücklicherer quält." Und weiters: „Wenn du siehst, wie viele dir voraus sind, so denke daran, wie viele hinter dir sind." Also betrachte öfter die Menschen, die schlimmer dran sind als du, als jene, denen es besser zu gehen scheint.

Es wird dir sogar bei eingetretenem wirklichen Übel oft Trost zuteil, der aus der gleichen Quelle fließt wie der Neid. In der Betrachtung größeren Leides und im Umgang mit solchen, die sich im selben Leid befinden, machst du dich zum Gefährten des Unglücks.

Vielen ist die Neidgeschichte aus der Bibel bekannt, die sich zwischen Kain und Abel ereignete. Abel (d.h. sein Opfer) wurde anerkannt, Kain (d.h. dessen Opfer) nicht. Er wurde zornig, und sein Gesicht verfinsterte sich. „Warum bist du zornig, warum ist dein Gesicht finster?" wurde er gefragt. Ist es nicht so: Wenn du gut bist, so kannst du ihn frei erheben, bist du aber nicht gut, kannst du deinen Kopf nicht erheben … ihr solltet über alle Begehren herrschen! Aber als sie auf dem Feld waren, erschlug Kain seinen Bruder Abel.

„Was hast du getan?" wurde er gefragt.

Wir sollten daran denken, daß kein Haß so unversöhnlich sein kann wie der Neid. Daher sollten wir nicht unablässig bemüht sein, ihn zu erregen, wir tun vielmehr besser, uns diesen Genuß wie manchen anderen der gefährlichen Folgen wegen zu versagen, sagt Arthur.

Sicher ist, Neid ist eine Leidenschaft, die sich überwiegend auf Besitz erstreckt, das heißt: wenn du etwas haben möchtest, das ein anderer hat. Auf der Seite des Neides steht die Unterlegenheit, damit gehört auch der Neid zum Selbstverteidigungskomplex oder der Identitätsverteidigung. Neid wird leider unterschätzt, das hängt vermutlich mit den besonderen Eigenschaften des Neides zusammen. Er bleibt gerne anonym, operiert aus dem Hinterhalt. Vorsicht ist jedenfalls angebracht. Daß der Mitmensch – je näher, um so intensiver und wahrscheinlicher – potentiell immer ein Neider ist, gehört zu den unheimlichsten, aber bestverborgenen und entscheidenden Grundgegebenheiten der menschlichen Existenz auf allen kulturellen Entwicklungsstufen, sagt der Grazer Soziologe Helmut Schoek. Beim Neid handelt es sich um eine Kernfrage der sozialen Existenz, die vorgegeben ist, sobald sich zwei höhere Lebewesen miteinander vergleichen können. Weil wir das aber ständig tun, ist fast jede Regung auf Neidimpulse zurückzuführen. Es bleibt die Rätselfrage: Warum grämst du dich beim Anblick des Besitzes oder Erfolges eines anderen, obwohl dir selbst dadurch kein sichtbarer Nachteil entsteht?

Seit den Vorsokratikern bemühen sich die europäischen Denker um die Beantwortung dieser Frage. Das Problem wurde oft aufgegriffen, selten jedoch intensiv verfolgt. Aus der frühen Zeit vor Christus stammt eine der Randbemerkungen von Antisthenes (Gründer der kynischen Philosophenschule, der das Ideal der äußersten Bedürfnislosigkeit vertritt): „Wie das Eisen vom Rost, so wird der Neider von seiner Leidenschaft zerfressen."

Neid ist der verwerflichste und niedrigste aller Affekte, kritisiert der Philosoph Francis Bakem. „Neid ist eine Eigenschaft des Teufels, denn der Teufel hat bekanntlich auch die Langeweile erfunden" und: „In anderer Leute Angelegenheiten herumzukramen, entspringt ja nicht dem Wunsch, mit dem ganzen Getue Sorge um ihr Wohlergehen zu beweisen, es ist vielmehr einleuchtend, daß man sich nur eine Art Zeitvertreib daraus macht, in den Verhältnissen der anderen herumzustöbern. Auch kann niemand, der sich nur um seine eigenen Angelegenheiten kümmert, viel Gelegenheit zum Neid finden, denn der Neid ist eine müßiggängerische Leidenschaft, treibt sich auf der Straße herum, und bleibt nicht zu Hause." Der Moralist Immanuel Kant zählt den Neid zu der abscheulichen „Familie der Undankbarkeit und Schadenfreude". Der französische Moralist Marquis de Vauvenargues nennt den Neid den „Inbegriff des Bösen". Der Neid kann sich nicht verbergen. Er klagt an und verurteilt, ohne Beweise zu haben, er übertreibt die Fehler, hat maßlose Namen für die geringsten Irrtümer, und seine Sprache ist voll Bitterkeit, Übertreibung und Mißgunst. Mit unerbittlichem Haß und rasender Wut stürzt er sich auf jeden wirklichen Erfolg, ist blind, jähzornig, gefühllos, brutal. Es sind richtige Kampfschriften gegen den Neid, die sich im Laufe der Jahrhunderte angesammelt haben.

Können wir Gefühle oder Affekte als gut oder schlecht klassifizieren? In unserer Zeit sind Psychologen von dieser Frage abgerückt. Das scheint sinnlos, es ist, als würden wir das Wetter verurteilen, meint Ralf Risser.

Zeitgemäße Abhandlungen über den Neid sind daher nüchtern, trocken, oft in einer mathematisch-technischen Sprache abgefaßt. Und vor allem, es gibt nur ganz wenige Untersuchungen darüber. Der Grund für die wissenschaftliche Interesselosigkeit an diesem Allerweltsphänomen ist: Neid wird verdrängt. Das heißt, der Neid ist zwar gegenwärtig, aber keiner forscht oder spricht über ihn. Der Neid ist eines der letzten Tabus in unserem Jahrhundert, er entspringt einem Vergleich, bei dem wir selbst schlecht abschneiden. Deshalb gibt niemand den unangenehmen Sachverhalt zu. Bist du selbst ein neidischer Mensch?

Nein? Du bist introvertiert? Der Neid veranlaßt die Menschen dazu, sich aus dem Fenster zu hängen, ständig andere zu beobachten, außer sich zu sein; Neid ist insofern ein Phänomen des Luxus, viele Leute haben einfach zu viel Zeit, um sich mit anderen zu beschäftigen. Wenn du eher bei dir bist, bei deiner Entwicklung, sehr viel liest, sind die Kräfte des Neides schon eher gebunden.

Kommen wir dem Mechanismus des Neides je auf die Spur? Wer spricht ohne Scheu darüber?

Da sind die österreichischen Historiker. Eine Neidgesellschaft? Ja, sagt Professor Mikoletzki. „Wenn irgend jemand einen Erfolg hat, sei es bei der wissenschaftlichen Publikation, sei es durch Karriere, dann ist besondere Neidausprägung zu beobachten. Es ist natürlich bei anderen Berufsschichten und Gesellschaftsschichten auch so, aber als Historiker und Archivar kann ich beobachten, daß es hier irgendwie geballt ist, zumal das Feld auch etwas kleiner ist. Es gibt wenig wirkliche Historiker in Österreich, zu schweigen von jenen, die sich dafür halten, der Markt ist in Österreich relativ klein, daher ist die Neidgenossenschaft stärker ausgeprägt, im Vergleich zu größeren Ländern, zum Beispiel Deutschland." Neid ist ein heikles Thema.

Wie zeigt sich das Neiden? Es erscheint zum Beispiel eine größere Arbeit von jemandem, und sie wird nicht schlecht rezensiert, weil die Arbeit sehr gut ist. Doch irgendwie hintenherum wird dann gesagt: „Na schaut, der hat wieder Zeit gehabt, sich hinzusetzen, was zu machen, daher hat er wieder irgendwelche anderen Dinge, die er hätte machen sollen, vernachlässigt." Wir finden immer irgendwelche Argumente, um jemanden schlechtzumachen. Das ist nicht generalisierend gesehen, es sind nicht alle in diese Neidgenossenschaft einzureihen. Aber es gibt gewisse Menschen, denen wir die Karriere neiden, weil jemand was geworden ist und wir halt nicht. Es gibt eben nur eine gewisse Anzahl von Posten, die vorhanden ist, und wenn dann jemand einen bekommt, dann geht das Gerede los; aber das liegt wohl auch in der Mentalität des Österreichers. Eine These, die nicht belegt werden kann. Bislang haben Ethnologen noch keine absolut neidfreie Gesellschaft entdecken können. Natürlich wird kein Historiker zugeben, daß sein Tun und Lassen fallweise von Neid gesteuert wird, das wäre ja akademischer Selbstmord. Es ist passender, im Bereich der Andeutungen, Anspielungen zu bleiben; denn sich all zu weit vorzuwagen, ist gefährlich, es bringt Lawinen ins Rollen. Es ist schwer, wenn jemand selbst zur Gruppe der Beneideten gehört.

Wie gehst du mit dem Neid um?

Du hast dir, zum Beispiel, eine Position erarbeitet, hast dich entsprechend beworben, bist also den ganz normalen Weg gegangen, und die Entscheidung ist dann zu deinen Gunsten getroffen worden. Du hättest viel zu tun, wenn du auf die Gerüchte und das Gerede achten würdest.

Seinen Neid sagt dir niemand ins Gesicht: Du bist es jetzt geworden und ich nicht; du erfährt es über irgendwelche Ecken, und solltest du dann vielleicht denjenigen, von dem es kommt, zur Rede stellen wollen, dann wird geleugnet. „Ich habe nichts gesagt." Du kannst natürlich nichts beweisen. Kann Rache geübt werden?

„Der Stachel des Neides liegt allemal darin, daß von der Wahrnehmung des eigenen Fehlbetragens das Selbstgefühl des Neiders angenagt wird, danach empfindet er das bessere Betragen des Beneideten als schweren Vorwurf eigener Minderwertigkeit", sagt Ludwig Klages in „Die Grundlagen der Charakterkunde".

Neid erscheint als eine Bedrohung des Selbstwertgefühls. Eine Interpretation, die von vielen Psychologen für plausibel gehalten wird. Unterlegenheit ist nicht etwas, das angestrebt wird – wir möchten sie vermeiden. Daher gehört es zum Neid, die Leistungen des Beneideten herabzusetzen. Sicherlich wird auch in der Kommunikation der Aspekt der Kritik am anderen verdeckt; aber dadurch, daß der Begriff des Neides vorgeschoben wird, kompliziert sich das. Neid ist etwas, das wir nicht messen können, er ist keine objektive Größe, sondern eine Zuschreibung. Wir interpretieren ein bestimmtes Verhalten als Neid. Was wirklich vorgeht im anderen, ist wie immer ein Geheimnis. Wir wissen, daß es in einer Kommunikation vorkommt, daß einer den anderen kritisiert, und der Kritisierte sagt: „Der ist ja nur neidisch". – „Nur" neidisch! Das ist eine Abwertung der Persönlichkeit. Es ist offenbar etwas, das den Neider herabwürdigt. Wir sollten den Einfluß des Neides auf das soziale Gefüge nicht unterschätzen. Wir sollten ihn auch nicht in jede Regung hineininterpretieren. Vorsicht ist angebracht, denn es gibt keine bessere Methode als Neid, berechtigte Kritik und akzeptable Ansprüche zu denunzieren.

Neid kann auch eine vernünftige Strategie verbergen.

Beginnt also eine Rehabilitierung des Neides?

Es tut weh, wenn ein Rivale etwas erreicht, was du selbst gern erreicht hättest, was dir trotz großer Anstrengung nicht möglich war. Da kommen unangenehme Gefühle auf, für die du aber niemandem böse sein kannst. Das ist sicherlich ein Gefühl, das du mit Neid umschreiben kannst. Was den Ausschlag über die Schäbigkeit deiner Person gibt ist, wie du mit diesem Gefühl umgehst. Daß es aufkommt, ist sinnvoll, es ist ja ein Motor oder ein Motiv. Motive bringen uns dazu, uns zu bemühen, Dinge zu erreichen, Dinge zu tun. Wenn der Neid eine Motivfunktion hat, entsteht eine Kraft: „Du mußt etwas tun." Jemand hat etwas erreicht und du nicht. Ob du die Kraft jetzt einsetzst zu einer vernichtenden Kritik am anderen – damit ist diese Kraft wieder weg, die Energie ist abgelassen – oder ob du sie verwendest, um deine Beziehung zu dem anderen etwas fairer zu durchleuchten, um dorthin zu gelangen: Ich gönne es ihm ja doch, ich komme halt ein anderes Mal dran, das ist es dann, was darüber Auskunft geben kann, ob du schäbig bist oder nicht.

Eine Gesellschaft ohne Neid gibt es nicht und ist auch nicht wünschenswert. Wir sollten sie nicht anstreben, denn dies wird für gefährlich erachtet. Es würde bedeuten, daß wir versuchen müßten, alle Ungleichheiten auf einem niedrigen Niveau abzuschaffen, was zwangsläufig zur Folge hätte, daß eine Gesellschaft stagniert.

Der Neid hält eine Gesellschaft auf Trab, beflügelt, motiviert; das ist die Überzeugung des Neidexperten Wolfgang Krüger aus Berlin. Er ist nicht der einzige, der neuerdings die produktive Kraft des Neides preist. Eine Umbewertung des Phänomens Neid ist im Gange.

War nicht der Sozialismus schon ein Versuch, den Neid abzuschaffen? Menschen sollten keinen Grund mehr haben, aufeinander neidisch zu sein. Der Versuch, eine neidfreie Gesellschaft mit den Mitteln des wissenschaftlichen Sozialismus zu errichten, ist bekanntlich gescheitert. Es gibt einen Zusammenhang zwischen Neid und Gerechtigkeit. Der Neid ist eine Form, mit der Tatsache von Benachteiligung und Ungerechtigkeiten fertigzuwerden, lehrt uns die Geschichte.

Jede Gesellschaft hat mehr oder weniger klare Vorstellungen, was in einer sozialen Ordnung angemessen ist und was nicht. In Österreich wurde eine Untersuchung durchgeführt, in der herausgefunden werden sollte, welche Vorstellungen die Menschen über eine angemessene Einkommenshöhe bei verschiedenen Gruppen haben.

Es stellte sich heraus, daß jemandem in einer sehr hohen Position ein durchschnittlich fünfmal höheres Einkommen zugebilligt wird als jemandem, der sich in einer niedrigen Position befindet, und das würde dann auch als gerecht empfunden. Das als gerecht empfundene Verhältnis, aus einem sozial gelebten Gerechtigkeitsaspekt betrachtet, wäre also das Verhältnis eins zu fünf. Das heißt, die Österreicher finden es in Ordnung, daß ein Direktor etwa fünfmal mehr verdient als eine Putzfrau. Wird dieser Maßstab überschritten, beginnt der Neid. Mit dieser Aussage müssen wir vorsichtig sein, weil im allgemeinen viel zu wenig differenziert wird, wenn wir beim Neid von etwas ausgehen, das im Prinzip immer vorhanden ist. Das wäre aus soziologischer Perspektive nicht glaubhaft, sondern eher, daß genau immer dann Neidhaltungen auftreten, wenn das Gerechtigkeitsempfinden und sozial akzeptierte Maßstäbe etc. überschritten werden. Neid ist keine konstante Größe. Das heißt auch, daß niemand immer neidisch ist; es hängt von den Maßstäben ab.

Der Neid hat auch die Funktion, das Überschreiten verschiedener Grenzen zu verhindern, die sich natürlich verändern können. Sie können zwischen und innerhalb von Gesellschaften variieren.

Im 16. Jahrhundert schreibt F. Bakem über die kontrollierende Funktion des Neidens: „Der Neid hat die Rolle eines Zügels bei den Großen, der sie gewisse Grenzen einzuhalten veranlaßt."

Neid ist für eine Demokratie unverzichtbar, sagt der Logiker Bertrand Russell: „Der Neid ist die Geburtsstätte des Gerechtigkeitssinnes." Keiner soll sich hervortun wollen, jeder das gleiche sein und haben. Soziale Gerechtigkeit will bedeuten, daß wir uns selbst vieles versagen, damit auch die anderen darauf verzichten müssen oder es nicht fordern können. Diese Gleichheitsforderung ist die Wurzel des sozialen Gewissens und des Pflichtgefühls.

Neid ist also nicht bloß ein Phänomen schäbiger Mißgunst oder ein peinlicher Akt des Vergleichens, nicht bloß ein Rachegefühl mit Zerstörungsphantasien, sondern auch eine Art Kontrollinstanz, eine Reaktion auf das Maßlose. Eine Tatsache, die häufig übersehen wird, wenn unentwegt über die Neidgesellschaft geklagt wird.

Das Gesetz des Neides: Der Neid braucht Nähe. Je gleicher die sich Vergleichenden, desto ärger der Neid. Er wächst mit der unmittelbaren Konkurrenz.

Ist Neid so ein Unhold? „Bedenke doch, daß sich so mancher Angeklagte zu den schrecklichsten Taten bekannte, –

hat aber je einer zugegeben, daß er neidisch sei?" fragt der Autor von „Moby Dick", Herman Melville. Eifersucht bedeutet wahre Liebe, Bosheit ist menschlich, Geiz, damit können wir notfalls leben, aber Neid gilt unter den menschlichen Lastern als das schäbigste.

Ich denke über andere Menschen nach, aber ich kann mich nicht erinnern, einmal wirklich neidisch gewesen zu sein. Wohl ist das Wort rasch gebraucht: Na, diesen beneide ich um seinen Stil des Schreibens, um seine Vortragskraft, um sein großes Wissen, jenen um seine Toleranz, um seine Gelassenheit und Güte, den Kardinal König aus Wien zum Beispiel um seine menschliche Größe im hohen Alter von 96 Jahren, – aber wirklicher Neid ist das wohl nicht, denke ich, sicherlich aber Anregung zur Arbeit an mir selbst.

Das Wörterbuch definiert den Neid als: gehässige und innerlich quälende Gesinnung; ein Mißvergnügen, das entsteht, wenn einer etwas hat, das du selber gern hättest. Dazu kommt der Wunsch, dem Beneideten zu schaden, ihn abzuwerten. Ob das Spaß macht?

Was am Neider schon rein äußerlich festzustellen ist: Seine Haltung ist verkrampft, das Gesicht ganz weiß, eben blaß vor Neid, die Blutgefäße sind verengt. Wenn dieses Neidgefühl hochkommt, wird uns die Situation äußerst unangenehm; Gefühle gehen immer einher mit körperlichen Veränderungen, wir spüren Neid zum Beispiel im Solarplexus. Es ist kein angenehmes Gefühl. Der Philosoph F. Bakem hat herausgefunden, daß im Akte des Neidens das Auge etwas Bestimmtes herausstrahlen läßt. Eine Erklärung für das Phänomen, das seit Jahrhunderten die Phantasie beschäftigt? Eine Erklärung für den „bösen Blick"? Helmut Schoek, der Soziologe, stellt den Neid als das verdrängte Übel unserer Zeit dar und beschreibt den Neider als bedauernswerte Kreatur. Wir können uns den reinen Akt des Neidens so vorstellen:

Je genauer und intensiver sich der Neider mit dem anderen beschäftigt, desto mehr wird er auf sich selbst im Selbstmitleid zurückgeworfen; was bei notorischen Neidern Folgen für die Gesichtszüge hat, denn der Neid hat eine spitze Eigenschaft, wir sprechen von der spitzen Nase, von der gelben Gesichtsfarbe und so weiter, und die sehen wir einem Menschen an, wir sehen ihm auch an, daß er fast keine Lebensfreude hat und keine Heiterkeit, er hat etwas Kühles. Ist es an der Zeit, unsere Einstellung zum Neid zu ändern?

Hat er nur ein schlechtes Image? In der Bibel steht, daß man nicht neidisch sein darf, der Neid wird als etwas absolut Negatives beschrieben. Das hat zur Folge, daß niemand Neidgefühle eingestehen will. Hat der Neid eine positive Kraft? fragt Wolfgang Krüger, ein Psychotherapeut aus Berlin. Und wir müssen eingestehen, daß der Neid damit eine neue Bewertung findet.

Wir sehen heute auch, daß der Neid nicht nur ein interessantes Phänomen ist, daß in den Neidregungen, wie in allen Leidenschaften, auch starke Kräfte vorhanden sind, mit denen wir bewußt umgehen müssen. Es ist ein großer Fehler, wenn du den Neid verdrängst. Wir neigen dazu. Wir müßten die Leidenschaften erkennen. Das eigentliche Problem besteht darin, daß wir so geschickt damit umgehen, daß wir keinen Zugang mehr zu ihnen haben. Der Neid ist das Tabu der Zeit, aber wie ist er als positive Kraft zu nutzen? In dem Augenblick, wo du Neidgefühle hast, solltest du versuchen, dieses Gefühl auszuhalten. Das ist nicht leicht, weil im Neid immer eine Kränkung steckt, ein Vergleich; ein anderer kann etwas besser, hat möglicherweise etwas, was du nicht hast. Wenn dieser Vergleich zu deinen Ungunsten ausfällt, mußt du diese Kränkung zunächst einmal aushalten, und dann mußt du dich fragen: Was könnte ich jetzt tun? Lohnt es sich überhaupt, dieser Regung nachzugehen, wenn ich zum Beispiel jemanden nicht um materielle Güter beneide, sondern um gewisse persönliche Eigenschaften, denn das ist meist die kreativste Form des Neides. Ich merke, ein anderer Autor schreibt wunderbare Artikel, und ich habe das Gefühl, da steckt doch etwas drin, was ich mir abgucken könnte. Dann kann ich diesen Neid aushalten und sagen: „Ich bewundere ja eigentlich den Betreffenden." Es gibt einen schönen Aphorismus von Lichtenberg: „Der Neid ist die ehrlichste Form der Bewunderung, die es gibt." Und wenn du dich dazu durchringen kannst, daß du dir den anderen zum Teil auch als Vorbild nimmst, dann kannst du diese Kräfte, die im Neid stecken, nutzbar machen, indem du von ihm lernst. Neid kann also auch zu Leistungen anspornen.

Es gibt den Unterschied zwischen schwarzem und weißem Neid. Der sogenannte schwarze Neid wünscht dem Beneideten alles Schlimme an den Hals, ist also ethisch nicht vertretbar. Der weiße Neid dagegen stachelt an und motiviert; und nur um diesen geht es, wenn wir uns selber zur Kaste der Beneideten zählen, zu jenen, die ihre Zeit mit schönen Dingen verbringen. Die heftigste Reaktion des Neides ist das Stillschweigen. Das müssen wir verstehen lernen, wenn wir im Leben nicht immer wieder stark gekränkt sein wollen.

Wer etwas Schönes macht, wer mit Intellekt und Phantasie arbeitet, muß auf der Hut sein, die Neider warten schon. Als ich mein Buch „Katharsis" geschrieben hatte, das viele Leser fand, kam jemand auf mich zu und sagte: „Das Buch ist schön, vor allem der Umschlag." Dieser Zynismus versteckt wahrscheinlich den Neid, oder nicht? Der Umschlag gefiel – und nicht der Inhalt des Buches. Vielleicht war das sogar richtig?

Wir merken, der Neid ist ein tückisches, schwer zu fassendes Phänomen. Von außen ist nicht entscheidbar, ob jemand wirklich blaß vor Neid ist oder lange nicht mehr in der Sonne war. Die Zuschreibung von Neid ist auch bequem, meint Ralph Risser: „Eine unliebsame Kritik schaffen wir uns damit nicht vom Hals."

Ist es ehrenvoll, wenn man beneidet wird? Dazu müßten wir zwischen dem Beneideten und dem Neider unterscheiden, etwas haben, was andere nicht haben, also die Mißgunst; diese beiden Teile sind versteckt darin. Es kann sich beim Neider um einen ohnmächtigen Protest handeln, um ein Gefühl der Unterlegenheit, aber auch um Kritik; beim Beneideten kann der Hinweis auf Neid eine Immunisierungsstrategie bedeuten: es wird der Begriff verwendet, um sich selber zu verteidigen oder um sich selber zu erhöhen.

Für Alfred Adler ist der Neid eine Äußerung des Minderwertigkeitsgefühls, wer neidisch ist, vergleicht sich ständig mit anderen und fühlt sich verkürzt. Neid also als Reaktion auf ungleiche Güterverteilung?

Es gehört zum Wesen des Neides, daß wir den Beneideten hinterrücks zur Schnecke machen, nach dem Modell: Er hat zwar viel Geld, aber er hat auch unsagbar dünne Beine. Ralph Risser sagt: „Es gehört zum Verhalten, daß wir Zustände vermeiden, die uns unangenehm sind, und Zustände anstreben, die uns angenehm sind." Danach lassen sich Gefühle leicht einteilen, für jemanden, der Neid empfindet, ist es nicht angenehm, er strebt den Neid nicht an. Er kommt als ein Gefühl heraus. Ob es umgesetzt wird zum Schaden eines anderen, das ist die Frage, es könnte aus Rache geschehen. Absolut reiner Neid ist nicht anzutreffen. Oft gibt es Beimengungen von Eifersucht, Rache oder verletztem Gerechtigkeitsempfinden, kein moralisch verwerfliches Phänomen also, aber auf jeden Fall ein unangenehmes Gefühl. Problematisch wird der Neid, wenn er zum Beispiel mit Hilfe der Medien in der Politik als ein indirekter Mechanismus eingesetzt wird. Neid ist nicht realistisch, er idealisiert, darum läßt er sich leicht instrumentalisieren. Es kann auf falschen Tatsachen aufgebaut werden.

Es gibt auch den Neid der Könige, das ist die umgekehrte Situation. Es ist eine Neiderscheinung von vornehmem Charakter, es ist vielleicht der absolute Neid, weil der an der Spitze stehende Mensch nichts verliert, wenn andere beginnen, an seinen Luxus, an seinen Reichtum von unten her aufgrund eigener Leistung heranzukommen. Distanzneid wird diese Erscheinungsform des Neides genannt. Neid, daß andere in den Besitz von etwas kommen könnten, was du schon hast und monopolisierst. Es ist also nicht so, daß nur die Habenichtse auf die Reichen neidisch sind. Das hat seinen Grund auch in jener Neidhaltung, den Wert, den einer für sich selbst haben will, anderen nicht zuzugestehen.

Es gibt drei Aristokratien, sagt Arthur:

1. die der Geburt und des Ranges
2. die Geldaristokratie
3. die geistige Aristokratie

Letztere ist die vornehmste und wird auch als solche anerkannt – wenn wir ihr nur Zeit lassen.

Jede dieser Aristokratien ist umgeben von einem Heer von Neidern, die über jeden ihr Angehörenden heimlich erbittert sind und, wenn sie ihn nicht zu fürchten haben, bemüht sind, ihm auf mannigfaltige Weise verstehen zu geben: „Du bist nicht mehr als wir." Aber gerade diese Bemühungen verraten die Überzeugung vom Gegenteil. Die Strategie, die von den Beneideten angewandt wird, ist einfach: Sie halten die Schar der Neider fern und vermeiden möglichst jede Berührung mit ihnen, so daß sie durch eine weite Kluft getrennt bleiben. Wenn dies aber nicht gelingen sollte, streben sie nach höchst gelassenem Ertragen, um damit die Quelle zu neutralisieren.

Wir überlegen gewöhnlich ein Verfahren recht gut, bevor wir danach zu handeln beginnen, und selbst wenn alles gründlich durchdacht wurde, bedenken wir, daß es immer noch irgendwelche Umstände geben könnte, die wir nicht vorhersehen, die aber die Berechnung zunichte machen können.

Sind wir einmal zum Entschluß gekommen und haben zu handeln begonnen, so daß jetzt alles seinen Verlauf nehmen kann und der Ausgang abzuwarten ist, dann sollten wir uns nicht durch neue Überlegungen ängstigen, sondern das Gedankenfach verschlossen halten und uns mit der Überzeugung beruhigen, daß alles richtig erwogen worden sein wird. Diesen Rat erteilt auch das von Goethe übersetzte italienische Sprichwort: „Sattele gut und reite getrost." Kommt es dennoch zu einem schlimmen Ausgang, so deshalb, weil alle menschlichen Angelegenheiten dem Zufall und dem Irrtum unterliegen. Daß Sokrates, der Weise, nur um in seinen eigenen Angelegenheiten das Richtige zu treffen oder wenigstens Fehltritte zu vermeiden, einer warnenden inneren göttlichen Stimme bedurfte, beweist, daß hier kein menschlicher Verstand ausreicht.

Daher ist jener Ausspruch, der angeblich von einem Papst sein soll, daß an jedem Unglück, das uns trifft, wir selbst in irgendeiner Weise die Schuld tragen, nicht unbedingt in allen Fällen wahr, jedoch in den meisten. Das Gefühl scheint viel Anteil daran zu haben, daß die Leute ihr Unglück möglichst zu verbergen suchen und, so weit es gelingen kann, eine zufriedene Miene aufsetzen.

Viele leben in der Besorgnis, daß vom Leiden auf die Schuld geschlossen würde.

Wenn ein unglückliches Ereignis eingetreten ist, also nichts mehr zu ändern ist, sollst du dir nicht einmal den Gedanken, daß es anders hätte sein können, und noch weniger die Frage, wodurch es hätte verhindert werden können, erlauben. Denn das steigert den Schmerz ins Unerträgliche, so daß du damit zum Selbstquäler wirst. Vielmehr mache es wie König David, der, so lange sein Sohn krank darniederlag, den Jehova unablässig mit Bitten und Flehen bestürmte, als er aber gestorben war, dem Kummer ein Schnippchen schlug und nicht weiter daran dachte.

Wenn du nicht leichten Sinnes genug bist, flüchte dich auf den fatalistischen Standpunkt, indem du dir die große Wahrheit verdeutlichst, daß alles, was geschieht, notwendig eintritt, also unabwendbar ist.

Diese Regel ist einseitig, sagst du, denn sie taugt zwar zu unserer unmittelbaren Erleichterung und Beruhigung im Unglücksfalle. Wenn aber, wie doch meistens, unsere eigene Nachlässigkeit oder Verwegenheit wenigstens zum Teil schuld ist, so ist die wiederholte, schmerzliche Überlegung, wie du hättest vorbeugen können für die Zukunft, eine heilsame Selbstzüchtigung.

Offenbar begangene Fehler sollen wir nicht, wie es meistens getan wird, vor uns selber entschuldigen oder zu beschönigen oder zu verkleinern versuchen, sondern wir sollen sie uns eingestehen und in ihrer ganzen Größe deutlich vor unsere Augen bringen, um den Vorsatz zu fassen, diese Fehler künftig zu vermeiden.

Freilich tun wir uns damit den großen Schmerz der Unzufriedenheit mit uns selbst an, aber: „Wer nicht gezüchtigt wurde, ist nicht erzogen."

VERFÜGST DU ÜBER PHANTASIE?

Bei allem, was unser Wohl und Wehe betrifft, sollen wir die Phantasie im Zügel halten, sagt Arthur.

Das bedeutet zuerst einmal: keine Luftschlösser bauen. Sie sind zu kostspielig, weil sie nach kurzer Dauer wieder eingerissen werden. Aber noch mehr sollten wir uns hüten, durch das Ausmalen bloß möglicher Unglücksfälle unser Herz zu ängstigen. Wenn sie nämlich ganz aus der Luft gegriffen, also sehr weit hergeholt wären, so würden wir beim Erwachen aus einem solchen Traum gleich wissen, daß alles nur Gaukel gewesen ist. Wir können uns der besseren Wirklichkeit um so mehr freuen und allenfalls eine Warnung vor möglichen Unglücksfällen daraus entnehmen.

Aber mit diesen spielt unsere Phantasie nicht leicht, ganz müßigerweise baut sie höchstens heitere Luftschlösser. Der Stoff zu ihren finsteren Träumen sind Unglücksfälle, die uns aus der Ferne, einigermaßen wirklich bedrohen. Die Phantasie vergrößert sie und bringt sie viel näher, als sie es in Wahrheit sind, und malt sie auf das fürchterlichste aus. Einen solchen Traum können wir beim Erwachen nicht so rasch abschütteln wie einen heiteren. Daher ist es vernünftiger, die Dinge, die unser Wohl und Wehe betreffen, bloß mit dem Auge der Urteilskraft zu betrachten. Die Phantasie soll dabei aus dem Spiel bleiben. Sie kann nicht urteilen. Sie bringt bloß Bilder vor Augen, die unser Gemüt unnützer- und peinlicherweise bewegen. Am strengsten solltest du am Abend daran denken, daß die Phantasie dich quälen kann. Denn so wie die Dunkelheit dich furchtsam macht, so wirkt ihr analog die Undeutlichkeit der Gedanken: Unsicherheit gebiert Unsicherheit.

Deshalb nehmen abends, wenn die Anspannung des Tages Verstand und Urteilskraft mit einer subjektiven Dunkelheit überzogen hat, der Intellekt müde und verstört ist und den Dingen nicht mehr auf den Grund zu kommen vermag, die Gegenstände unserer Meditation leicht ein gefährliches Aussehen an und werden zu Schreckbildern.

Am meisten ist dies nachts im Bett der Fall, wo der Geist völlig entspannt und daher die Urteilskraft ihrer Aufgabe nicht mehr gewachsen ist, die Phantasie aber rege ist. Da gibt die Nacht allem und jedem ihren schwarzen Anstrich. Daher sind deine Gedanken vor dem Einschlafen oder gar beim nächtlichen Erwachen, meist Verkehrungen und Verzerrungen der Dinge, wie die Träume – noch dazu, wenn sie persönliche Angelegenheiten betreffen –, sehr unangenehm.

Am Morgen sind dann alle Schreckbilder, ebenso wie die Träume, verschwunden. Dazu sagt das spanische Sprichwort: „Die Nacht ist gefärbt, weiß ist der Tag."

Aber schon in der Dämmerung sieht der Verstand, wie das Auge, nicht so klar wie am Tage, daher ist diese Zeit nicht zur Meditation ernster Angelegenheiten geeignet. Dazu ist der Morgen die richtige Zeit, wie er überhaupt für alle Leistungen ohne Ausnahme – geistige wie körperliche – am besten geeignet ist. „Der Morgen ist die Jugend des Tages", sagt Arthur. Alles ist heiter, frisch und leicht, wir fühlen uns kräftig und haben alle unsere Fähigkeiten zur Disposition. Es ist sicher falsch, wenn du den Tag durch spätes Aufstehen verkürzt, betrachte ihn als die Quintessenz des Lebens. In diesen Stunden ist die Bewegung an der frischen Luft besonders wirkungsvoll. Hingegen ist das Alter des Tages, der Abend – du bist abends matt, ja auch redselig und leichtsinnig – nicht so gut für den Sport geeignet.

Denke daran: Jeder Tag ist ein kleines Leben. Jedes Erwachen und Aufstehen eine kleine Geburt, jeder frische Morgen eine kleine Jugend und jedes Zubettgehen und Einschlafen ein kleiner Tod.

Überhaupt haben Gesundheitszustand, Schlaf, Nahrung, Temperatur, Wetter, Umgebung, und noch vieles andere Äußerliche auf deine Stimmung – diese wiederum auf deine Gedanken – einen mächtigen Einfluß. Daher ist, wie deine Ansicht von einer Angelegenheit, auch deine Fähigkeit zu einer Leistung sehr der Zeit und dem Ort unterworfen.

Goethe rät uns: „Nehmt die gute Stimmung wahr, denn sie kommt so selten."

Nicht bloß objektive Konzeptionen und Orginalgedanken solltest du abwarten, wann es ihnen zu kommen beliebt. Denn selbst die gründliche Überlegung einer persönlichen Angelegenheit gelingt nicht immer zu der Zeit, die du im voraus dazu bestimmt hast, sondern auch sie wählt sich ihre Zeit selbst, wo alsdann der Gedankengang unaufgefordert rege wird und du ihn mit voller Anteilnahme verfolgen kannst.

Noch einmal wiederhole ich, versuche die Phantasie so weit wie möglich zu zügeln; dazu gehört, daß du ihr nicht gestattest, ehemals erlittenes Unrecht, Schaden, Verlust, Beleidigungen, Zurücksetzungen und dergleichen mehr wieder zu vergegenwärtigen und auszumalen, weil du dadurch den längst schlummernden Unwillen, Zorn und alle unguten Leidenschaften wieder aufregst, wodurch dein Gemüt verunreinigt wird. Nach einem schönen, vom Neuplatoniker Proklos bekannten Gleichnis ist wie in jeder Stadt neben den hervorragenden Bürgern auch der Pöbel jeder Art wohnhaft; so ist in jedem, auch im guten und edelsten Menschen das ganz Niedere und Gemeine der menschlichen Natur der Anlage nach vorhanden. Dieser Pöbel darf nicht zum Tumult aufgeregt werden, er darf nicht aus den Fenstern schauen, denn er nimmt sich häßlich aus.

Die bezeichneten Phantasiestücke sind aber deren Demagogen. Die kleinste Widerwärtigkeit kann, ganz gleich ob sie von Menschen oder Dingen ausgeht, durch fortgesetztes Grübeln und Ausmalen mit grellen Farben zu einem Ungeheuer anschwellen, worüber man außer sich geraten kann. Alles Unangenehme solltest du vielmehr höchst nüchtern auffassen, damit du es möglichst leicht nehmen kannst.

Wenn du dir kleine Gegenstände dicht vor die Augen hältst, beschränken sie dein Gesichtsfeld und verdecken die Welt, – so werden oft die Menschen und Dinge deiner nächsten Umgebung, so unbedeutend sie auch sein mögen, deine Aufmerksamkeit und Gedanken über Gebühr beschäftigen, dazu manchmal auf unerfreuliche Weise, und sie werden wichtige Gedanken und Angelegenheiten verdrängen. Davor solltest du dich hüten.

Und wieder beschäftigt dieses Grundgefühl des Habenwollens, wenn du dir etwas vorstellst, was Freunde von dir besitzen. Und da kommt der Gedanke zu dir: „Wie, wenn das mein wäre?" Und er macht dir die Entbehrung fühlbar. Statt dessen solltest du dich beim Anblick eigener Dinge fragen: „Wie, wenn das nicht mein wäre?" Ich denke, du solltest das, was du besitzt, bisweilen so ansehen, als hättest du es nicht mehr, als wäre es verloren gegangen: Eigentum, Gesundheit, Freunde, Partner, denn meistens belehrt dich erst der Verlust über den Wert der Dinge.

Dagegen wird dich aus dieser Art der Betrachtung der Besitz unmittelbar beglücken, und du wirst auf alle Weise dem Verlust vorbeugen, also dein Eigentum nicht in Gefahr bringen, die Freunde nicht verärgern, deine Gesundheit schützen.

Oft versuchen wir die trübe Gegenwart aufzuhellen und ersinnen vielerlei Hoffnungen, von denen jede mit einer Enttäuschung schwanger ist, die nicht ausbleiben kann, wenn Hoffnungen an der Wirklichkeit zerschellen.

Besser wäre es, die vielen schlimmen Möglichkeiten zum Gegenstand deiner Gedanken zu machen und Vorkehrungen zu ihrer Abwehr zu treffen – und auch von angenehmen Überraschungen zu denken, daß sie sich nicht verwirklichen. Wir sind nach ausgestandener Angst stets merklich heiter.

Ja, es ist sogar gut, große Unglücksfälle, die uns möglicherweise treffen könnten, manchmal zu vergegenwärtigen, es sind nämlich jene, die uns dann wirklich treffen, leichter zu ertragen. Du kannst dich trösten, indem du zurückblickst auf die großen vorgestellten, die nicht eingetroffen sind.

Weil unsere Angelegenheiten und Ereignisse ganz vereinzelt ohne Ordnung und ohne Beziehung zueinander – ohne etwas anderes Gemeinsames zu haben, als daß sie eben unsere Angelegenheiten sind – eintreffen, so müssen unser Denken und unsere Sorgen ebenso spontan sein. Wir müssen jedes zu seiner Zeit genießen oder erdulden oder darum besorgt sein, ganz unbekümmert um die übrigen, wir müssen also gleichsam Schiebfächer unserer Gedanken haben, von denen wir eines öffnen, während die anderen geschlossen bleiben. Dadurch erreichen wir, daß keine drückende Sorge jeden kleinen Genuß der Gegenwart verkümmern läßt und uns alle Ruhe raubt, daß nicht eine Überlegung die andere verdrängt, daß nicht eine Sorge um eine wichtige Angelegenheit die Vernachlässigung vieler kleiner zur Folge hat. Wenn du allerdings mit deinem Kopf arbeitest, solltest du deinen Geist nicht von persönlichen Angelegenheiten und Sorgen erfüllen lassen, so daß sie den fruchtbaren Gedanken den Zugang versperren, denn das bedeutete eigentlich „wegen des Lebens, den Zweck des Lebens verderben", sagt Arthur.

Freilich ist zu dieser Lenkung und Ablenkung unserer Person ein Selbstzwang erforderlich. Hierbei sollte uns die Überlegung stärken, daß wir alle viele große Zwänge von außen erdulden müssen, die sozusagen zum Leben gehören, daß jedoch ein kleiner, an der richtigen Stelle geübter Selbstzwang manchmal vielen äußeren Zwängen vorbeugen kann – so wie ein kleiner Abschnitt eines Kreises nächst dem Zentrum einem oft vielfach größeren an seiner Peripherie entspricht. Nur durch Selbstzwang entziehen wir uns dem Zwang von außen, so sagt Seneca: „Willst du dir alles unterwerfen, so unterwirf dich selbst der Vernunft."

Außerdem haben wir den Selbstzwang immer in der Gewalt und können unserer Empfindlichkeit entgegenwirken und nachlassen, dagegen ist der Zwang von außen ohne Rücksicht, ohne Schonung und unbarmherzig.

Weise ist es, diesem durch jenen zuvorzukommen.

STECK DEINEM WÜNSCHEN EIN ZIEL!

Ein Ziel geben bedeutet, eine Grenze zu setzen. Dem Wünschen eine Grenze zu setzen, den Zorn zu bändigen und stets zu bedenken, daß jedem nur ein unendlich kleiner Teil von allem Wünschenswerten erreichbar ist, daß uns jedoch viele Übel treffen können; also sagt Horaz: „Entsagen und ertragen".

Das ist eine Regel, bei deren Beachtung weder Reichtum noch Macht verhindern können, daß wir uns armselig fühlen, und wieder lesen wir bei Horaz: „Zwischen dem Werk, das du treibst, lies stets und befrage die Weisen, wie du es anfangen mußt, dein Leben gelinde zu führen, daß dich die ewig bedürftige Gier nicht treibe und quäle, noch aus Furcht und Hoffnung auf wenig ersprießliche Dinge."

Und Aristoteles sagt dazu: „Das Leben besteht in der Bewegung."

So wie unser physisches Leben nur aus Bewegung besteht, so verlangt auch unser inneres, unser geistiges Leben fortwährende Beschäftigung, und zwar mit irgend etwas, durch Tun oder Denken. Den Beweis dafür gibt schon das Trommeln mit den Fingern auf einem Gegenstand, zu dem unbeschäftigte oder gedankenlose Menschen neigen. Irgend etwas tun, etwas herstellen, etwas denken, etwas lernen, das ist zu unserem Glück unerläßlich. Unsere Kräfte verlangen nach ihrem Gebrauch, und wir streben nach Erfolg. Die große Befriedigung erreichen wir dadurch, daß wir etwas anfertigen, sei es einen Korb flechten oder ein Buch schreiben, wichtig dabei ist, dieses Werk täglich unter unseren Händen wachsen zu sehen, bis es seine Vollendung erreicht. Man kann hier nicht sagen, je edler ein Werk, um so größer die Zufriedenheit. Jemand, der einen Korb geflochten hat oder seinen Garten bestellt hat, ist gleichermaßen unmittelbar beglückt. Mit einem Buch, mit einem geistigen Werk ist jemand lange beschäftigt, und das Interesse breitet sich über sein Dasein aus, kann ihm sogar Ruhm verleihen.

Für den Kopfarbeiter haben das Leben und die Welt neben den gemeinsamen und materiellen Interessen noch ein zweites, formelles Interesse, weil sie den Stoff zu seinen Werken enthalten. Er ist mit dem Einsammeln sein Leben hindurch beschäftigt, selbst wenn er persönliche Not leidet und kaum noch Luft zum Atmen findet. Auch der Intellekt hat eine doppelte Ausführung: eine für die gewöhnlichen Beziehungen, wie alle anderen Menschen auch, man könnte sie auch Angelegenheit des Willens nennen, die zweite ist für die rein objektive Auffassung der Dinge nötig.

So lebt der Kopfmensch zweifach. Er ist Zuschauer und Darsteller zugleich. Alle ganz normalen Alltagsköpfe leben als Schauspieler. Und doch tut jeder das, was er tut, nach Maßgabe seiner Fähigkeiten.

Sich bemühen und mit Widerständen kämpfen, ist uns ein Bedürfnis wie dem Maulwurf das Graben.

Gracian sagt: „Seinen Glanz erneuern, das ist das Vorrecht des Phönix. Die Trefflichkeiten werden alt, und mit ihnen der Ruhm. Ein mittelmäßiges Neues sticht oft das Ausgezeichnete, wenn es alt geworden ist, aus."

Man bewirke also seine Wiedergeburt in der Tapferkeit, im Genie, im Glück, in allem. Man trete mit neuen, glänzenden Sachen hervor und gehe, wie die Sonne, wiederholt auf. Auch wechsele man den Schauplatz seines Glanzes, damit hier das Entbehren Verlangen, dort die Neuheit Beifall erwecke.

Stillstand ist unerträglich. Hindernisse überwinden ist der Vollgenuß des Daseins, mögen sie nun materieller Art sein oder beim Lernen oder Forschen auftreten, es beglücken uns Kampf und Sieg.

Um Leistungen zu planen, brauchen wir keine Bilder unserer Phantasie, sondern deutlich gedachte Begriffe.

Denn sicher sind die Überlegten, sagt Gracian: „Schnell genug geschieht, was gut geschieht." Was auf der Stelle entsteht, kann auch auf der Stelle wieder zunichte werden, aber was eine Ewigkeit dauern soll, braucht auch eine, um zustandezukommen. Nur die Vollkommenheit gilt, und nur das Gelungene hat Dauer. Verstand und Gründlichkeit schaffen unsterbliche Werke. Was viel wert ist, kostet viel. Ist doch das edelste Metall das schwerste.

Besonders in der Jugend fixiert sich das Ziel des Glücks in Gestalt einiger Bilder, die oft das halbe oder das ganze Leben hindurch bleiben. Sie sind eigentlich neckische Gespenster, denn sobald wir sie erreicht haben, zerfallen sie in nichts; wir machen die Erfahrung, daß sie gar nicht sind, was sie uns verheißen haben.

Es sind die Szenen des häuslichen, bürgerlichen und gesellschaftlichen Lebens: Bilder der Wohnung, der Umgebung, auch das Bild der Geliebten gehört dazu. Das ist natürlich, denn das Anschauliche wirkt, weil es das Unmittelbare ist. Es wirkt unmittelbarer auf unseren Willen als der Begriff. Der abstrakte Gedanke, der bloß das Allgemeine ohne das Einzelne wiedergibt, das doch die Realität enthält: er kann daher nur mittelbar auf unseren Willen wirken. Und doch ist es nur der Begriff, der das Wort hält: Es gehört zur Bildung, nur ihm zu trauen.

Es ist gut, das volle Verständnis über Gegenwärtiges und Anschauliches zu erringen. Das Vorhandene, das Anschauliche wirkt als leicht übersehbar, stets mit seiner ganzen Gewalt auf einmal; Gedanken verlangen Zeit und Ruhe, um durchdacht zu werden, man kann sie nicht in jedem Augenblick gegenwärtig haben. Dagegen reizt das Angenehme doch bei seinem Anblick, während uns Beleidigungen erzürnen; es zeigt sich die Unvernunft unseres Wesens. Es ist alles noch viel schwerer zu ertragen, wenn alle Menschen, die uns umgeben, anderer Meinung sind als wir und sich entsprechend benehmen, und wenn wir, von ihrem Irrtum überzeugt, nicht wankend gemacht werden.

Gracian sagt: „Leidenschaftslos sein: eine Eigenschaft der höchsten Geisteskräfte, deren Überlegenheit selbst sie loskauft vom Joche gemeiner äußerer Eindrücke. Keine höhere Herrschaft als die über sich selbst und über seine Affekte: sie wird zum Triumph des freien Willens. Sollte aber jemals die Leidenschaft sich der Person bemächtigen, so darf sie doch nie sich an das Amt wagen, und um so weniger, je höher solches ist. Dies ist eine edle Art, sich Verdrießlichkeiten zu ersparen, ja sogar auf dem kürzesten Weg zu Ansehen zu gelangen."

HAST DU ÜBER DIE BEWAHRUNG DEINER GESUNDHEIT NACHGEDACHT?

Wir haben schon über die Gesundheit gesprochen, die für unser Glück das Wichtigste ist. Unser Körper ist ein kostbares, unersetzliches Gut, dessen müssen wir uns zuerst bewußt werden und diese Kostbarkeit entsprechend behandeln. Wir können starke Forderungen an unseren Körper stellen, Anstrengungen und Beschwerden auf uns nehmen, ihn abhärten, so daß das Immunsystem gestärkt wird und er widrigen Einflüssen jeder Art widerstehen kann.

Der Muskel wird durch starken Gebrauch gekräftigt, die Nerven werden dadurch geschwächt. Also ist es sinnvoll, die Muskeln durch angemessene Beanspruchung zu üben und die Nerven zu hüten: die Augen vor zu hellem, reflektierendem Licht ebenso zu schützen wie vor dem anhaltenden Betrachten kleinster Gegenstände oder lange andauernder Arbeit am Computer. Ebenso sind die Ohren vor starkem Geräusch zu bewahren, vor allem aber ist das Gehirn vor gezwungener zu lang andauernder oder unzeitiger Anstrengung zu schützen. Es verhält sich mit den motorischen und den sensiblen Nerven wie mit dem Schmerz, den wir an verletzten Gliedern empfinden, der aber seinen wahren Sitz im Gehirn hat. So sind es nicht die Hände und die Beine, die arbeiten und gehen, sondern sie werden vom Gehirn bewegt, durch jene Teile des Rückenmarks, die die Nerven der Glieder erregen und sie dadurch in Bewegung setzen.

Ebenso hat auch die Ermüdung, die wir in den Händen, Armen und Beinen spüren, den wahren Sitz im Gehirn. Auch ermüden nur die Muskeln, deren Bewegung willkürlich ist, das heißt vom Gehirn ausgeht. Ohne Willkür arbeitet das Herz. Offenbar wird das Gehirn beeinträchtigt, wenn wir ihm starke Muskeltätigkeit und geistige Anspannung gleichzeitig aufzwingen. Damit ist nicht dieser wohltuende Zustand gemeint, wie er bei einem Spaziergang eintritt, bei dem sich oft eine erhöhte Geistestätigkeit bemerkbar macht. Da ist noch kein Ermüden des Gehirns eingetreten, zudem ist ein Spaziergang keine Anstrengung, sondern sorgt für die bessere Durchblutung des Gehirns.

Ebenso wichtig ist das ausreichende Maß an Schlaf. Der Schlaf ist für uns wie das Aufziehen einer Uhr, sagt Arthur. Dieses Maß ist um so größer, je entwickelter und tätiger das Gehirn ist. Das Maß zu überschreiten wäre bloßer Zeitverlust, denn der Schlaf verliert an Intension, was er an Extension gewinnt.

Überhaupt müssen wir uns darüber klar sein, daß unser Denken nichts anderes ist als die organische Funktion des Gehirns und daß es sich jeder anderen organischen Tätigkeit im Hinblick auf Anstrengung oder Ruhe analog verhält. Wenn übermäßige Anstrengung die Augen verdirbt, leidet das Gehirn. Mit Recht ist gesagt worden: Das Gehirn denkt, der Magen verdaut.

Die Wahnvorstellung von einer immateriellen, einfachen, wesentlich und immer denkenden, folglich unermüdlichen Seele, die im Gehirn logiere und nichts auf der Welt bedürfe, hat gewiß manchen zu unsinnigen Verfahren und Abstumpfung seiner Geisteskräfte verleitet, so wie Friedrich der Große einmal versucht hat, sich das Schlafen ganz abzugewöhnen. Du solltest dich bemühen, deine Geisteskräfte als physiologische Funktion zu betrachten und sie entsprechend zu behandeln, zu schonen oder anzustrengen, je nachdem, und bedenken, daß jedes körperliche Leiden, jede Beschwerde, Unordnung, in welchem Teil es auch auftritt, den Geist affiziert. Hierzu schreibt Cabanis: „Der Schlaf ist ein erborgtes Stückchen Tod, wir borgen es, um dadurch das vom Tag erschöpfte Leben wieder zu erhalten und zu erneuern. Es ist ein einstweiliger Zins des Todes, der selbst die Kapitalabzahlung ist; die wird um so später eingefordert, je reichlicher und je regelmäßiger Zinsen gezahlt wurden."

Die Vernachlässigung dieses Rates ist wahrscheinlich ein Grund, warum mancher große Geist, Gelehrte oder Wissenschaftler im Alter schwachsinnig, kindisch und auch wahnsinnig geworden ist. Wer seinen Pegasus ins Joch spannt und seine Muse mit der Peitsche antreibt, wird es büßen. Arthur argwöhnt, daß auch Kant in seinen späten Jahren, nachdem er endlich berühmt geworden war, sich überarbeitet und dadurch die zweite Kindheit seiner vier letzten Jahre verursacht hat.

VI. Kapitel
DENKST DU DARÜBER NACH, WIE DU DICH ANDEREN GEGENÜBER VERHÄLTST?

„Um durch die Welt zu kommen", sagt Arthur, „ist es notwendig, einen großen Vorrat an Vorsicht und Nachsicht mitzunehmen, durch ersteres wirst du vor Schaden und Verlust, durch letzteres vor Streit und Händel geschützt."

Wer unter Menschen zu leben hat, bedarf der Individualität. Sie ist von der Natur gegeben. Und sei sie erbärmlich, lächerlich oder schlecht; jeder hat sie als etwas Unabänderliches zu nehmen. Es ist infolge eines ewigen und metaphysischen Prinzips so, wie es ist. Und du solltest dir angewöhnen zu denken: Es muß auch solche Käuze geben. Hältst du es anders, tust du unrecht, denn seine Individualität, sein Temperament, seine Physiognomie kann niemand ändern.

Wenn du das Wesen eines Menschen verurteilst, so bleibt diesem nichts übrig, als in dir einen Feind zu sehen und ihn zu bekämpfen, denn du willst ihm das Recht zu existieren nur unter der Bedingung zugestehen, daß er ein anderer werde, als er unabänderlich ist.

Darum also müssen wir, um unter Menschen leben zu können, jeden mit seiner gegebenen Individualität, wie immer sie auch ausgefallen sein mag, bestehen und gelten lassen. Wir sollten darauf bedacht sein, sie so zu nutzen, wie Art und Beschaffenheit es zulassen, aber weder auf eine Änderung hoffen, noch sie verdammen.

Dies ist der wahre Sinn des Spruchs: „Leben und leben lassen!" Er sagt sich leicht, die Aufgabe ist schwer. Um Menschen ertragen zu lernen, übe deine Geduld an leblosen Gegenständen, die sich aufgrund ihrer physischen Beschaffenheit deinem Tun hartnäckig widersetzen; dazu ist täglich Gelegenheit. Die geübte Geduld kannst du später auf Menschen übertragen, indem du dir angewöhnst zu denken, daß auch sie durch eine ebenso strenge, aus ihrer Natur hervorgehende Notwendigkeit so sein müssen, es daher Unsinn ist, dich zu entrüsten wie über einen Stein, der dir in den Weg rollt.

Bei manchen Menschen ist es am klügsten zu denken: „Ändern werde ich sie nicht, also will ich sie benützen."

Es ist erstaunlich, wie leicht und schnell Homogenität oder Heterogenität von Geist und Gemüt sich zwischen Menschen im Gespräch kundtut. An jeder Kleinigkeit wird sie fühlbar. Wenn das Gespräch auch fremdartige Dinge betrifft, so wird zwischen Heterogenen fast jeder Satz des einen dem anderen mehr oder weniger mißfallen oder ihn gar ärgerlich stimmen. Homogene hingegen fühlen sogleich und in gewisser Weise Übereinstimmung, Harmonie. Hieraus läßt sich erklären, warum gewöhnliche Menschen so gesellig sind und auch überall sogleich Gesellschaft finden. Bei den Ungewöhnlichen ist es umgekehrt. Je hervorragender sie sind, um so weniger gesellig sind sie.

Jeder kann dem anderen nur so viel sein, wie dieser ihm ist. Die eigentlichen großen Geister horsten wie die Adler in der Höhe allein.

Daraus wird auch verständlich, wie Gleichgesinnte sich schnell zusammenfinden, so, als bestehe eine magische Anziehungskraft. Verwandte Seelen grüßen sich von ferne ...

Da werden zum Beispiel in einer großen, auf praktische Zwecke gerichteten Gemeinschaft zwei Schurken einander sehr schnell erkennen, als trügen sie ein Zeichen, werden zusammenkommen, reden und etwas Gemeinsames planen. Auch wenn du dir eine große Gesellschaft von sehr verständigen und geistreichen Leuten denkst, bis auf zwei Dummköpfe, die auch dabei wären, so werden diese beiden sich angezogen fühlen und Sympathie entwickeln. Bald wird sich jeder der beiden freuen, doch wenigstens einen vernünftigen Menschen gefunden zu haben.

Wirklich merkwürdig ist es, Zeuge zu sein, wie zwei moralisch und intellektuell Niedrigstehende einander beim ersten Anblick erkennen und näher kommen. Sie begrüßen einander freudig, als wären sie alte Bekannte. Das ist so auffallend, daß man versucht ist, nach der buddhistischen Lehre von der Seelenwanderung anzunehmen, sie wären schon in einem früheren Leben befreundet gewesen.

Was aber Menschen, trotz Übereinstimmung, auseinanderhält und auch Disharmonie zuläßt, ist die Verschiedenheit der Stimmung, die fast immer bei jedem anders ist, je nach seiner gegenwärtigen Lage, Beschaffenheit, Umgebung, seinem körperlichen Befinden, augenblicklichen Gedankengang etc. Dadurch entstehen zwischen den harmonisierenden Persönlichkeiten Dissonanzen. Eine Leistung hoher Bildung wäre es, die notwendige Korrektur der Störung vorzunehmen.

Was die Gleichheit der Stimmung für die gesellige Gemeinschaft leistet, läßt sich daran ermessen, daß sogar eine zahlreiche Gesellschaft zu lebhaftem Gespräch und aufrichtiger Teilnahme angeregt wird, wenn etwas Objektives, sei es eine Gefahr oder Hoffnung oder Nachricht, auf alle zugleich und in gleicher Weise einwirkt.

In Ermangelung einer objektiven Wirkung wird oft eine subjektive ergriffen, und Alkohol ist das gewöhnliche Mittel, eine gemeinschaftliche Stimmung in die Gesellschaft zu bringen.

Aber auch Tee und Kaffee dienen diesem Zweck.

NIEMAND KANN ÜBER SICH SEHEN

Du siehst am anderen Menschen nur so viel, wie du selbst bist. Du kannst nur nach der Maßgabe deiner eigenen Intelligenz auffassen und verstehen. Ist sie also gering zu nennen oder durchschnittlich, so werden alle Geistesgaben, auch die größten, keine Wirkung haben. Er wird in dem Vermittler dieses Gedankengutes nichts anderes wahrnehmen als alle seine Schwächen und Charakterfehler. Die höheren geistigen Fähigkeiten dieses Menschen sind für ihn so wenig vorhanden wie die Farben für den Blinden.

Alle Geister sind für den unsichtbar, der keine hat. Jede Wertschätzung ist ein Produkt aus dem Werte des Geschätzten und der Erkenntnissphäre des Schätzers, sagt Arthur.

Hieraus folgt, daß wir uns mit jedem, mit dem wir sprechen, nivellieren, indem alles, was wir ihm voraushaben könnten, verschwindet; und sogar die dazu erforderliche Selbstverleugnung bleibt unerkannt.

Erwägst du nun, wie durchaus niedrig begabt die meisten Menschen sind, so wirst du einsehen, daß es nicht möglich ist, mit ihnen zu reden, ohne sich ihnen anzugleichen. Du wirst gern solche Gesellschaft meiden, mit der du nur mittels des niedrigen Teiles deiner Natur kommunizieren kannst.

Du wirst auch einsehen, daß Dummköpfen und Narren gegenüber nur ein Weg begehbar ist: Folge deinem Verstand, der dir zu schweigen rät.

Freilich wird in der Gesellschaft manchem zumute sein wie einem Tänzer, der auf einen Ball gekommen ist, wo er lauter Lahme antrifft und sich fragt: Mit wem soll ich tanzen?

Du gewinnst Achtung als einer unter vielen, wenn du, während du auf irgendetwas oder jemanden wartest, nicht sofort mit irgendetwas, das dir gerade in die Hände fällt – Stock, Messer oder Gabel – taktmäßig hämmerst oder klapperst. Wahrscheinlich denkst du etwas. Vielen Menschen, und sei es im Wartezimmer eines Zahnarztes oder beim Friseur, sieht man an, daß bei ihnen das Schauen an die Stelle der Gedanken getreten ist, sie versuchen sich durch Klappern oder durch Trommeln mit ihren Fingern ihrer selbst zu vergewissern, wozu sonst die Zigarette dient, die in einem Wartesaal wegfallen muß. Aus diesem Grunde sind sie ständig ganz Auge und Ohr, um alles aufzunehmen, was um sie herum geschieht.

La Rochefoucauld bemerkt treffend, daß es schwer ist, jemanden zugleich hoch zu verehren und sehr zu lieben. Danach hättest du die Wahl, ob du dich um die Liebe oder um die Verehrung der Menschen bemühen willst.

Liebe ist eigennützig, wenn auch auf unterschiedliche Art. Zudem ist das, wodurch man sie erwirbt, nicht immer geeignet, darauf stolz zu sein. Hauptsächlich wirst du in dem Maße geliebt, wie du deine Ansprüche an Geist und Herz des anderen niedrig stellst, und zwar ernsthaft und ohne Verstellung, nicht nur aus Nachsicht, die in der Verachtung wurzelt. Rufst du dir den wahren Ausspruch des Helvetius ins Gedächtnis: „Der Grad von Geist, der nötig ist, um uns zu gefallen, gibt ziemlich genau das Maß dafür ab, welchen Geistesgrad wir haben", dann ergibt sich dies als logische Folgerung.

Dagegen steht es mit der Verehrung umgekehrt. Sie wird dem Menschen wider seinen Willen abgezwungen und eben deshalb meist verfehlt. Es gibt in unserem inneren eine viel größere Befriedigung: Sie hängt mit unserem Wert zusammen, die von der Liebe der Menschen nicht unmittelbar gilt, denn diese ist subjektiv, die Verehrung objektiv. Wichtiger ist uns die Liebe, denke ich.

Viele Menschen sind so subjektiv, daß im Grunde nichts von Interesse für sie ist als ganz allein sie selbst. Daher kommt es, daß sie bei allem, was gesagt wird, sogleich an sich denken und es auf sich beziehen, es an sich reißen und in Besitz nehmen. Sie haben für den tatsächlichen Gegenstand der Rede keine Fassungskraft, auch gelten keine Gründe etwas bei ihnen, sobald ihr Interesse oder ihre Eitelkeit ihnen entgegensteht. Sie sind leicht zerstreut, leicht verletzt, beleidigt oder gekränkt, so daß du, worüber du auch mit ihnen redest, nicht genug auf das aufpassen kannst, was du sagst, denn nur an ihnen selbst ist ihnen gelegen, sonst an nichts. Sie haben für das Wahre und Treffende oder Schöne, Feine und Witzige deiner Rede keinen Sinn und kein Gefühl. Hochempfindlich sind sie nur gegen alles, was auch nur auf die entfernteste und indirekte Weise ihre kleinliche Eitelkeit verletzen oder nachteilig auf ihr höchst preziöses Selbst reflektieren könnte. Sie gleichen in ihrer Verletzbarkeit den kleinen Hunden, denen man, ohne es zu bemerken, so leicht auf die Pfoten tritt und das Gequietsche anzuhören hat, oder einem Kranken, bei dem man jede Berührung möglichst zu vermeiden hat.

Ebenso leicht sind sie aber auch geschmeichelt und gewonnen. Daher ist ihr Urteil meistens bestochen, es ist bloß ein Ausspruch zugunsten ihrer Partei oder Klasse, nicht aber objektiv und gerecht. Das beruht darauf, daß in ihnen der Wille bei weitem die Erkenntnis überwiegt und ihr geringer Intellekt ganz im Dienste des Willens steht, von dem er sich auch keinen Augenblick lösen kann.

Bei jeder Verkehrtheit, die in der Gesellschaft gesagt oder in der Literatur geschrieben worden ist, solltest du nicht verzweifeln und meinen, daß es nun dabei bleiben werde, sondern wissen, daß die Sache hinterher und allmählich bedacht, erwogen, beleuchtet, besprochen und schließlich zuletzt richtig beurteilt werden wird. So daß schlußendlich fast alle begreifen, was dein klarer Kopf sogleich gesehen hat. So lange mußt du dich allerdings gedulden.

Arthur sagt: „Der Mann von richtiger Einsicht unter den Betörten gleicht dem, dessen Uhr richtig geht in einer Stadt, deren Turmuhren alle falsch gestellt sind. Er allein weiß die wahre Zeit: aber was hilft es ihm? Alle Welt richtet sich nach den falsch zeigenden Stadtuhren; sogar auch die, die wissen, daß seine Uhr allein die wahre Zeit angibt."

Manchmal gleichen Erwachsene verzogenen Kindern. Darum denke daran: Gegen niemanden solltest du sehr nachsichtig sein. Du kannst einen Freund dadurch verlieren, daß du ihm das Geld nicht gibst, das er sich von dir leihen wollte; ebenso kannst du einen anderen Freund verlieren, wenn du ihm Geld gibst; du kannst ihn durch stolzes Verhalten oder nachlässiges Betragen verlieren, aber öfter infolge zu großer Freundlichkeit und Zuvorkommen.

Wenn du einem Menschen sagst, daß du ihn dringend brauchst, können Anmaßung und Übermut die Folgen sein.

Bei einigen entsteht der Hochmut schon dadurch, daß du dich mit ihnen abgibst oder in vertraulicher Weise mit ihnen sprichst. Sie meinen nämlich, du müßtest dir von ihnen auch etwas gefallen lassen, und werden versuchen, die Schranken der Höflichkeit etwas zu erweitern.

Daher taugen so wenige Menschen nur zum vertrauten Umgang, und du solltest dich hüten, dich mit niedrigen Naturen zu umgeben. Wenn nun aber einer deiner Bekannten den Gedanken hat, du bräuchtest ihn viel nötiger als er dich, dann geht es ihm so, als hättest du ihm etwas gestohlen, und er will es zurückerlangen.

Überlegenheit im Umgang wächst allein daraus, daß du der anderen Menschen in keiner Art und Weise bedarfst und dies auch erkennen läßt. Das befestigt die Freundschaft. Ja, bei den meisten kann es nicht schaden, wenn man ein Gran Geringschätzung dann und wann gegen sie einfließen läßt. Sie legen um so größeren Wert auf deine Freundschaft. Ein italienisches Sprichwort sagt: „Wer nicht achtet, wird geachtet."

Wenn dir aber ein Mensch wirklich sehr viel wert ist, so mußt du dies unter allen Umständen vor ihm verhehlen. Das ist nun nicht eben erfreulich, dafür aber wahr. Menschen vertragen große Freundschaften nicht. Wenn du ihr Denken und Tun nach deinem berechnest, geht die Rechnung nicht auf!

Wenn du aber aus fremder Belehrung und eigner Erfahrung endlich gelernt hast, was von den Menschen, im ganzen genommen, zu erwarten ist, daß nämlich etwas fünf

Sechstel unter ihnen in moralischer und intellektueller Hinsicht so beschaffen sind, dann verstehst du, daß es besser ist, sie so weit wie möglich von vornherein zu meiden. Leider ist es so, daß kaum jemand von seiner eigenen Kleinheit einen ausreichenden Begriff erlangt, sondern immerfort, so lange er lebt, ihn noch zu erweitern und zu vervollständigen trachtet, und sich sehr oft zum eigenen Schaden verrechnet.

Nun aber, wenn du die erhaltene Belehrung beherzigt hast, wirst du dich von Zeit zu Zeit wundern, wenn dir in einer Gesellschaft unbekannte Menschen begegnen, die ihren Mienen und Reden nach ganz vernünftig erscheinen, ja, redlich, aufrichtig, sogar gescheit und geistreich. Laß dich nicht beirren!

Das kommt nur daher, weil die Natur es nicht so macht wie schlechte Poeten, die dann, wenn sie Schurken und Narren darstellen, so plump vorgehen, daß du gleichsam hinter jeder solchen Person den Dichter siehst, der mit warnender Stimme ruft: „Dies ist ein Schurke, dies ist ein Narr, gebt nichts auf das, was er sagt."

Die Natur hingegen macht es wie Shakespeare oder Goethe, in deren Werken jede Person, und wäre sie der Teufel selbst, während sie dasteht und redet, recht behält, weil sie so objektiv aufgefaßt wird, daß wir in ihren Interessenkreis hineingezogen und zur Teilnahme an ihr gezwungen werden. Denn sie hat sich, wie die Werke der Natur, aus einem inneren Prinzip entwickelt, als Folge dessen ihre Rede und ihre Handlungen als natürlich und daher notwendig erscheinen.

Wer also erwartet, daß in der Welt der Teufel mit Hörnern und die Narren mit Schellen einhergehen, wird stets ihre Beute und ihr Spiel sein, sagt Arthur.

Hinzu kommt noch, daß es mancher Mensch so macht wie der Mond oder die Buckligen, nämlich stets nur eine Seite zu zeigen, wozu jeder ein angeborenes Talent hat. Es ist also nicht schwer, auf mimischem Wege deine Physiognomie zu einer Maske umzuarbeiten, die eben genau das darstellt, was du sein solltest, und die, weil sie ausschließlich auf deine Individualität berechnet ist, dir so genau anliegt, daß die Wirkung überaus täuschend ausfällt.

Du legst sie an, so oft es darauf ankommt, dich einzuschmeicheln. Ich habe gelernt, so viel darauf zu geben, als wäre sie aus Wachstuch, im Gedanken an das vortreffliche italienische Sprichwort: „So böse ist kein Hund, daß er nicht mit dem Schwanz wedelt."

Jedenfalls sollst du dich sorgfältig hüten, von irgend einem Menschen neuerer Bekanntschaft eine gute Meinung zu fassen, es kann passieren, daß du zur eigenen Beschämung oder gar zu deinem Schaden enttäuscht wirst.

Seneca sagt in diesem Sinne: „Auch aus den kleinsten Anzeichen kannst du auf die sittliche Beschaffenheit schließen." Dies solltest du berücksichtigen. Gerade in Kleinigkeiten, also wenn der Mensch sich nicht zusammennimmt, zeigt er seinen Charakter; da kannst du oft an geringfügigen Handlungen, an bloßen Manieren seinen grenzenlosen, nicht die geringste Rücksicht auf andere nehmenden Egoismus bequem beobachten, der sich nachher im Großen nicht verleugnet oder versteckt. Du solltest solche Gelegenheiten nicht versäumen.

Wenn jemand in kleinen, alltäglichen Vorgängen rücksichtslos verfährt, bloß seine Bequemlichkeit zu deinem Nachteil sucht, wenn er sich aneignet, was für alle da ist, dann kannst du überzeugt sein, daß in seinem Herzen keine Gerechtigkeit wohnt, sondern daß er auch im Großen ein Schuft sein wird. Traue niemandem über den Weg!

Hat nun jemand, mit dem du in Verbindung stehst, etwas Unangenehmes getan oder dir Ärger bereitet, dann hast du dich zu fragen: Ist er mir so viel wert, daß ich mir das oder noch mehr noch einmal oder gar öfter gefallen lassen will? –

Denn vergeben und vergessen heißt: gemachte kostbare Erfahrungen zum Fenster hinauswerfen. Meinst du es allerdings zu können, weil du vielleicht sogar zu lieben glaubst, bleibt nur soviel darüber zu sagen: Du mußt die Sache, mit oder ohne Ermahnung, hingehen lassen, mußt jedoch wissen, daß du dich hierdurch nochmals ausgeliefert hast. Wenn du nein sagen solltest, hast du sogleich und auf immer mit dem Freund zu brechen. Denn unausbleiblich wird er zum gegebenen Zeitpunkt dasselbe oder Ähnliches wieder tun, auch wenn er dir jetzt das Gegenteil hoch und aufrichtig verspricht. Alles, wirklich alles kann einer vergessen, nur nicht sich selbst, nicht sein eigenes Wesen. Der Charakter ist schlechthin inkorrigibel, weil alle Handlungen der Menschen aus einem inneren Prinzip fließen. Darum werden wir unter gleichen Umständen stets gleich handeln, weil wir nicht anders können. Daher ist es zu überdenken, ob du dich mit einem Freund, mit dem du gebrochen hast, wieder aussöhnen willst.

Es ist eine Schwäche, für die du zu büßen haben wirst, wenn jener bei erster Gelegenheit gerade und genau dasselbe wieder tut, was den Bruch herbeigeführt hat. Ja, er wird es mit noch größerer Dreistigkeit tun, im stillen Bewußtsein seiner Unentbehrlichkeit.

Menschen ändern Gesinnung und Betragen ebenso schnell, wie ihre Interessen sich ändern. Ja, ihre Absichtlichkeit zieht ihre Wechsel auf so kurze Sicht, daß du selbst noch kurzsichtiger sein müßtest, um sie nicht protestieren zu lassen.

Gesetzt den Fall, du möchtest wissen, wie zum Beispiel jemand in einer Lage, in die du ihn hineindenkst, handeln würde, so darfst du nicht auf seine Versprechungen und Beteuerungen bauen. Denn, vorausgesetzt auch, er spräche aufrichtig, so spricht er doch von einer Sache, die er nicht kennt. Du kannst also nur aus den Überlegungen zum Konflikt, dem er begegnen wird, seinen Charakter und sein Handeln einschätzen.

Um überhaupt für die wahre und sehr traurige Beschaffenheit der Menschen, wie sie meistens sind, das nötige Verständnis zu erlangen, ist es überaus lehrreich, das Treiben und Benehmen anderer Menschen in der Literatur als Kommentar ihres Benehmens und Treibens im praktischen Leben nachzuahmen.

Das ist hilfreich, um weder an dir selbst, noch an den Mitmenschen irrezuwerden. Dabei darf kein Zug von besonderer Niederträchtigkeit oder Dummheit, der uns im Leben oder in der Literatur abstößt, auch ein Stoff zum Verdruß oder Ärger werden, sondern soll der Erkenntnis dienen, weil du in ihm einen neuen Beitrag zur Charakteristik des Menschengeschlechtes sehen und dir merken kannst. Alsbald wirst du ihn so betrachten wie der Mineraloge ein wesentliches Charakteristikum eines Minerals. Natürlich gibt es Ausnahmen, sogar unbegreiflich große, die Unterschiede der Individualitäten sind enorm. Aber im ganzen genommen, liegt die Welt im argen: Die Wilden fressen einander, die Zahmen betrügen einander, und das nennt man den Lauf der Welt.

Was sind denn die Staaten mit all ihrer künstlichen, nach außen und innen gerichteten Maschinerie und ihren Gewaltmitteln anderes als Vorkehrungen, der grenzenlosen Ungerechtigkeit der Menschen Schranken zu setzen, fragt Arthur. Sehen wir nicht in der gesamten Geschichte jeden König, sobald er fest steht und sein Land Wohlstand, also Prosperität (das Schlagwort der Amerikaner für Wirtschaftsoptimismus) genießt, diese dazu benutzen, um mit seinem Heer wie mit einer Räuberschar über die Nachbarstaaten herzufallen!? Waren nicht alle Kriege im Grunde Raubzüge? Im frühen Altertum wurden die Besiegten die Sklaven der Sieger, das heißt, sie mußten für diese arbeiten. Voltaire soll gesagt haben: „In allen Kriegen handelt es sich nur darum zu stehlen."

Kein Charakter ist so, daß er sich selbst überlassen bleiben und sich ganz und gar gehen lassen dürfte, sondern jeder bedarf der Lenkung durch Begriffe und Maximen. Will man es hier weit bringen, nämlich bis zu einem nicht aus unserer Natur, sondern bloß aus vernünftiger Überlegung hervorgegangenen, eigentlich erworbenen und künstlichen Charakter, so wird man gar bald die Worte des Horaz bestätigt finden: „Treibst du mit der Gabel die Natur aus, stets kehrt sie doch wieder." Du kannst nämlich eine Regel für dein Betragen anderen gegenüber wohl einsehen, ja diese selbst finden und treffend ausdrücken, und dennoch wirst du im wirklichen Leben gleich darauf gegen sie verstoßen. Aber laß dich dadurch nicht entmutigen und denken, es sei unmöglich, im Weltleben sein Benehmen nach eigenen Regeln zu leiten; daß es daher am besten sei, sich eben nur gehen zu lassen.

Es ist damit wie mit allen theoretischen Vorschriften und Anweisungen für das Praktische: die Regel zu verstehen ist das erste, sie ausüben zu lernen ist das zweite. Jenes wird durch Vernunft auf einmal, das andere durch Übung allmählich gewonnen.

Man zeigt einem Schüler die Griffe an einem Instrument, er macht jedoch gleich Fehler; es fällt ihm schwer, bei der Schnelligkeit des Notenlesens, alles gleichzeitig zu beachten. Es sei schier unmöglich, gibt er an. Dennoch lernt er es allmählich durch Übung, mit Straucheln, Fallen und Aufstehen. Ebenso ist es mit den Regeln der Grammatik im Sprechen und Schreiben. Nicht anders wird der Hitzkopf zu einem Weltmann, wird der Offene verschlossen, zieht es den Geselligen in die Einsamkeit. Aber dennoch wird eine durch lange Gewohnheit erfolgte Selbstdressur stets als ein von außen gekommener Zwang wirken, dem zu widerstreben die Natur nie ganz aufhört und ihn auch unerwartet durchbricht. Denn alles Handeln nach abstrakten Maximen verhält sich zum Handeln aus ursprünglicher angeborener Neigung wie ein menschliches Kunstwerk, etwa eine Uhr (wo Form und Bewegung dem fremden Stoff aufgezwungen sind), zum lebenden Organismus, bei dem Form und Stoff voneinander durchdrungen und eins sind.

An diesem Verhältnis des erworbenen zum angeborenen Charakter bestätigt sich ein Ausspruch des Kaisers Napoleon: „Alles, was nicht natürlich ist, ist unvollkommen."

VERMEIDE JEDE AFFEKTION

Unter Affektion versteht man die zur Schau getragenen Tugenden, Verstellung, gekünsteltes Betragen. Sie erwecken allemal Geringschätzung: erstens als Betrug, der feige ist, weil er auf Furcht beruht; zweitens als Verdammungsurteil seiner selbst, durch sich selbst, indem jemand scheinen will, was er nicht ist, weil er dieses für besser hält als das, was er ist.

Gracian sagt: „Nie setze man die Achtung gegen sich selbst aus den Augen und mache sich mit sich selbst gemein. Unsere eigene Makellosigkeit muß die Richtschnur für unseren untadeligen Wandel sein, und die Strenge unseres eigenen Urteils muß mehr über uns vermögen als alle äußeren Vorschriften. Das Ungeziemende unterlasse man mehr aus Scheu vor seiner eigenen Einsicht als aus der vor der strengen fremden Autorität. Man gelangt dahin, sich selbst zu fürchten; so wird man nicht Senecas Hofmeister nötig haben (das heißt: bei der Handlung vorstellen, daß ein Ehrenmann anwesend sei und sie beurteile). Das Affektieren irgendeiner Eigenschaft, das sich Brüsten damit, ist ein Selbstgeständnis, daß man sie nicht hat."

Sei es Mut oder Gelehrsamkeit, Geist, Witz, Glück oder Reichtum oder sonstiges, womit du groß tust, so kann jeder daraus schließen, daß es dir gerade daran mangelt. Wenn du eine Eigenschaft vollkommen besitzt, dann fällt es dir nicht ein, sie hervorzuheben, sondern du bist zufrieden.

Das ist der Sinn des spanischen Sprichwortes: „Dem klappernden Hufeisen fehlt ein Nagel."

Und endlich hält so etwas nicht lange: Das Affektieren wird erkannt, die Maske fällt einmal ab.

Seneca sagt: „Niemand kann lange eine Maske festhalten, Verstellung kehrt bald zur eigenen Natur zurück."

Wie du das Gewicht deines eigenen Körpers trägst, ohne es, wie das jedes fremden, den du bewegen willst, zu fühlen, so bemerkst du nicht die eigenen Fehler und Laster, sondern nur die der anderen. Dafür hast du am anderen Menschen einen Spiegel, in dem du deine eigenen Laster, Fehler, Unarten und Widerlichkeiten jeder Art deutlich erblickst. Aber meistens verhältst du dich dabei wie ein Hund, der gegen den Spiegel bellt, weil er nicht weiß, daß er sich selbst darin erblickt, sondern meint, es sei ein fremder Hund!

Wenn du andere bekrittelst, arbeitest du an deiner Selbstbesserung. Also weil du die Gewohnheit hast, das Tun und Lassen der anderen im stillen in dir selbst einer aufmerksamen und scharfen Kritik zu unterziehen, arbeitest du dadurch an deiner eigenen Besserung und Vervollkommnung. Denn du hast in dir Gerechtigkeitssinn, Stolz und Eitelkeit genug, um selbst zu vermeiden, was du an anderen streng tadelst.

Bei anderen, den Toleranten zum Beispiel, gilt das Umgekehrte, nämlich: Diese Erlaubnis geben wir und bitten sie uns dagegen auch aus. Das Evangelium beschreibt das im Gleichnis vom Splitter im fremden und dem Balken im eigenen Auge. Die Natur des Auges bringt es mit sich, daß es nach außen und nicht sich selbst sieht. Daher ist zum Erkennen der eigenen Fehler das Bemerken und Tadeln an anderen Menschen ein sehr geeignetes Mittel.

Zu deiner Besserung brauchst du einen Spiegel.

Einige Menschen glauben in ihrer Jugend, daß die wesentlichen und entscheidenden Verhältnisse und die daraus entstehenden Verbindungen zwischen Menschen, die auf Ähnlichkeit der Gesinnung, Denkart und Geschmack beruhen, die ideellen seien. Du wird erst später merken, daß es die reellen sind, das heißt die, die sich auf irgendein materielles Interesse stützen. Sie liegen fast allen Verbindungen zugrunde: Die Mehrzahl der Menschen kennt keine anderen Verhältnisse. Demzufolge wird jeder nach seinem Beruf oder seiner Familie oder Nation beurteilt, also generell nach seiner Stellung und Rolle. Was du dagegen – als Mensch mit persönlichen Eigenschaften – tatsächlich bist, kommt nur ausnahmsweise zur Sprache und wird meistenteils ignoriert. Je mehr es nun aber mit diesen auf sich hat, desto weniger wird dir jene Zuordnung gefallen, und du wirst dich zu entziehen versuchen.

Wie Papiergeld statt des Silbers, so kursieren in der Welt statt der wahren Achtung und der wahren Freundschaft die äußeren Demonstrationen; es stellt sich die Frage, ob es Menschen gibt, die Achtung wirklich verdienen. Jedenfalls ist das Schwanzwedeln eines ehrlichen treuen Hundes mehr wert als hunderte solcher Demonstrationen und Gebärden.

Wahre, echte Freundschaft setzt eine starke, rein objektive Teilnahme am Wohl des anderen voraus und zeigt sich im sichtbaren Sich-mit-dem-Freund-Identifizieren. Dem steht die Egozentrik der menschlichen Natur entgegen und daß wahre Freundschaft zu den Dingen gehört, von denen du – wie von den kolossalen Seeschlangen – nicht weißt, ob sie Fabelwesen sind oder wirklich existieren.

Es gibt manche auf versteckten egoistischen und sonstigen Motiven beruhenden Verbindungen zwischen Menschen, die dennoch mit einem Gran jener wahren und echten Freundschaft versetzt sind und dadurch veredelt werden, so daß sie auch in dieser Welt der Unvollkommenheiten den Namen der Freundschaft führen dürfen. Sie stehen hoch über den täglichen Liaisonen, die so beschaffen sind, daß du mit den meisten deiner guten Bekannten kein Wort mehr reden würdest, wenn du hören könntest, was sie in deiner Abwesenheit über dich sagen.

Um die Echtheit eines Freundes zu erproben, hast du neben den Fällen, wo jemand ernstlicher Hilfe und bedeutender Opfer bedarf, die beste Gelegenheit in dem Augenblick, wenn du ihm ein Unglück, von dem du eben betroffen wurdest, berichtest. Dann malt sich in seinen Zügen entweder wahre, unvermischte Betrübnis, oder er bestätigt durch seine gefaßte Ruhe den bekannten Ausspruch von La Rochefoucauld: „Im Unglück unserer besten Freunde finden wir immer etwas, das uns nicht mißfällt."

Die gewöhnlichen, sogenannten Freunde vermögen bei solchen Gelegenheiten oft kaum das Verziehen der Mundwinkel zu einem leisen Lächeln zu unterdrücken. Es gibt wenige Dinge, die die Leute so sicher in gute Laune versetzen, wie wenn du ihnen ein Unglück, von dem du kürzlich betroffen worden bist, oder auch nur eine persönliche Schwäche mit unverhohlener Offenheit erzählst.

Entfernung und lange Abwesenheit tun keiner Freundschaft gut, so ungern du es auch eingestehen magst. Menschen, die wir nicht sehen – und wären es auch unsere geliebten Freunde – trocknen im Laufe der Jahre zu Begriffen aus, dadurch wird unsere Teilnahme an ihnen mehr und mehr eine bloß vernünftige, ja traditionelle. Lebhafte und tiefe Gefühle bleiben denen vorbehalten, die wir vor Augen haben. Goethes Worte in diesem Sinne: „Die Gegenwart ist eine mächtige Göttin."

Gracian sagt: „Freunde haben – das ist ein zweites Dasein. Jeder Freund ist gut und weise für den Freund, und unter ihnen geht alles gut aus. Ein jeder gilt so viel, als die anderen wollen; damit sie aber wollen, muß man ihr Herz und dadurch ihre Zunge gewinnen. Kein Zauber ist mächtiger als erzeugte Gefälligkeit, und um Freunde zu erwerben, ist das beste Mittel, sich solche zu machen. Das meiste und beste, was wir haben, hängt von anderen ab. Wir müssen entweder unter Freuden oder unter Feinden leben. Jeden Tag suche man einen zu erwerben, nicht gleich zum genauen, aber doch zum wohlwollenden Freund: einige werden nachher, nachdem sie eine prüfende Wahl bestanden haben, als Vertraute zurückbleiben."

SICH FREUNDE ZU VERSCHAFFEN!

Sind wahre Freunde selten? Arthur verneint: „Denn kaum hast du eine Freundschaft gemacht, so ist der Freund in Not und will Geld geliehen haben."

Du bist naiv, wenn du glaubst, Geist und Verstand zu zeigen wäre ein Mittel, dich bei den Menschen beliebt zu machen. Vielmehr erregst du Haß oder Groll, was um so bitterer ist, da du nicht imstande bist, seine Ursache anzuklagen oder vor dir zu verheimlichen.

Bemerkst oder empfindest du große geistige Überlegenheit gegenüber dem Menschen, mit dem du redest, so ziehe im stillen den Schluß, daß der andere im gleichen Maße seine Unterlegenheit spürt. Dieses Gefühl erregt seinen bitteren Haß (wohl auch Neid). Daher sagt Gracian: „Das einzige Mittel, beliebt zu sein, ist, daß man sich mit der Haut des einfältigsten Tieres bekleidet."

Geist und Verstand zu zeigen ist eine indirekte Art, den anderen ihre Unfähigkeit und Stumpfsinn aufzuzeigen. Außerdem gerät der Durchschnittsmensch in Aufruhr, wenn er seines Gegenteiles ansichtig wird, und der geheime Anstifter des Aufruhrs ist der Neid.

Vielen Menschen ist die Befriedigung ihrer Eitelkeit ein Genuß, der ihnen über alles geht, jedoch nur mittels des Vergleichens mit anderen möglich wird.

Auf keinen Vorzug ist der Mensch so stolz wie auf den geistigen. Er beruht auf dem Vorrang vor den Tieren. Eindeutige Überlegenheit zu demonstrieren, besonders vor Zeugen, ist daher eine große Verwegenheit. Der Betroffene fühlt sich zur Rache aufgefordert und beginnt eine Gelegenheit zu suchen, diese auf dem Weg der Beleidigung zu üben; er tritt von der Intelligenz in das Gebiet des Willens, auf dem wir alle gleich sind.

In der Gesellschaft können Stand und Reichtum stets mit Hochachtung rechnen, geistige Vorzüge aber haben das nicht zu erwarten. Im günstigsten Falle werden sie ignoriert oder als etwas angesehen, wozu ihr Besitzer unerlaubterweise gekommen ist. Und nun untersteht sich dieser, damit zu prahlen, wofür ihm irgendeine Demütigung zugefügt werden muß – die Gelegenheit dazu wird gesucht und meist auch gefunden. Es wird dem demütigsten Betragen nicht gelingen, für geistige Überlegenheit Verzeihung zu erwirken. Sadi sagt in „Gulistan": „Man wisse, daß sich bei dem Unverständigen hundertmal mehr Widerwillen gegen den Verständigen findet, als der Verständige Abneigung gegen den Unverständigen empfindet."

Geistige Inferiorität dagegen gereicht zur wahren Empfehlung. Denn was für den Leib die Wärme, das ist für den Geist das wohltuende Gefühl der Überlegenheit.

Geistesüberlegenheit jeder Art ist eine sehr isolierende Eigenschaft. Große Fähigkeiten machen stolz und sind dadurch wenig geeignet, denen zu schmeicheln, die nur geringe haben, ja, vor denen du deshalb die großen verleugnen sollst. Gegenteilige Wirkung hat das Zurschaustellen nur geringer Fähigkeiten: Es verträgt sich vortrefflich mit der Demut, Leutseligkeit, Gefälligkeit und Respekt vor dem

Schlechten, verschafft also Freunde und Gönner. Zum Vorwärtskommen in der Welt sind Freundschaften wichtig.

An unserem Vertrauen zu anderen haben oft Trägheit, Selbstsucht und Eitelkeit einen großen Anteil.

Trägheit ist, wenn wir, um etwas nicht selbst zu untersuchen oder zu tun, lieber einem anderen trauen; Selbstsucht, wenn das Bedürfnis, von eigenen Angelegenheiten zu reden, dazu verleitet, jemandem etwas anzuvertrauen. Eitelkeit ist, wenn wir uns etwas einbilden. Nichtsdestoweniger verlangen wir, daß unser Vertrauen geschätzt wird.

Über Mißtrauen sollst du dich nicht erzürnen, denn darin liegt ein Kompliment an die Redlichkeit, welche derart selten anzutreffen ist, daß sie zu den Dingen gehört, an deren Existenz gezweifelt wird.

Von der Höflichkeit, dieser chinesischen Kardinaltugend, sagt Arthur: Sie ist eine stillschweigende Übereinkunft, gegenseitig die moralisch und intellektuell elende Beschaffenheit voneinander zu ignorieren und sie nicht in den Vordergrund zu rücken; dadurch wird sie zum beiderseitigen Vorteil etwas weniger leicht zutage treten.

Höflichkeit ist Klugheit, ist folglich Unhöflichkeit Dummheit?

Höflichkeit ist, wie ein Rechenpfennig, eine offenkundig falsche Münze. Mit ihr sparsam umzugehen beweist Unverstand, Freigebigkeit beweist Verstand.

Wie das Wachs, von Natur hart und spröde, durch ein wenig Wärme so geschmeidig wird, daß es jede beliebige Gestalt annimmt, so kann man selbst störrische und feindselige Menschen durch etwas Höflichkeit und Freundlichkeit biegsam und gefällig machen. Demnach ist die Höflichkeit dem Menschen, was die Wärme dem Wachs.

Eine schwierige Aufgabe der Höflichkeit besteht darin, daß sie verlangt, daß du allen Leuten die größte Achtung zeigst, auch wenn die allermeisten keine verdienen; sodann, daß du lebhaften Anteil an ihnen simulierst, während du froh bist, keinen zu haben. Höflichkeit mit Stolz zu vereinen ist ein Meisterwerk.

Du solltest dir merken, daß die gewöhnliche Höflichkeit nur eine grinsende Maske ist, denn dann bist du nicht entsetzt, wenn sie einmal etwas verrutscht oder gar abgenommen wird. Wenn aber einer geradezu grob wird, dann ist es so, als hätte er die Kleider abgeworfen und stände in seiner ganzen Nacktheit da. Freilich nimmt er sich dann, wie die meisten Menschen in diesem Zustand, schlecht aus.

Für dein Tun und Lassen darfst du keinen anderen Menschen als Vorbild nehmen! Lage, Umstände, Verhältnisse sind nie die gleichen, und die Verschiedenheit der Charaktere gibt auch den Handlungen einen unterschiedlichen Anstrich. Du mußt nach reiflicher Überlegung und scharfem Nachdenken deinem eigenen Charakter gemäß handeln. Also ist auch in der Praxis die Originalität unerläßlich, sonst paßt das, was du tust, nicht zu dem, was du bist.

Bestreite keines Menschen Meinung, sondern bedenke, daß du ihm damit alle Absurditäten, an die er glaubt, ausreden willst und du Methusalems Alter erreichen müßtest, um damit fertig zu werden.

Wenn die Absurditäten eines Gespräches, das du anhören mußt, dich zu ärgern beginnen, dann solltest du denken, es handle sich um eine Komödienszene zwischen zwei Narren.

Wer überzeugt davon ist, auf die Welt gekommen zu sein, um sie ernstlich und in den wichtigsten Dingen zu verbessern und zu belehren, der kann von Glück sagen, wenn er mit heiler Haut davonkommt.

Wenn du willst, daß dein Urteil Glauben findet, dann sprich ohne Leidenschaft und kühl. So wird man dir eher glauben. Alle Heftigkeit entspringt aus dem Willen, daher wird man ihm und nicht der Erkenntnis, die ihrer Natur nach kalt ist, dein Urteil zuschreiben. Das Radikale im Menschen ist der Wille, die Erkenntnis ist sekundär, also hinzugekommen.

Wenn du argwöhnst, daß du belogen wirst, so stelle dich gläubig; dann wird der Lügner dreist: er lügt stärker und entlarvt sich. Merkst du hingegen, daß eine Wahrheit, die verheimlicht werden soll, dem Redner zum Teil entschlüpft, so stelle dich ungläubig, dann wird er, durch den Widerspruch provoziert, die ganze Wahrheit aussprechen.

Unsere sämtlichen persönlichen Angelegenheiten haben wir als Geheimnisse zu betrachten, deinen guten Bekannten mußt du über das hinaus, was sie mit eigenen Augen sehen, völlig fremd bleiben. Denn ihr Wissen um die unschuldigsten Dinge kann dir durch Zeit und Umstände Nachteile bringen. Das ist der Weg der Klugheit.

Überhaupt rate ich dir, deinen Verstand durch das, was du verschweigst, an den Tag zu legen, jedoch nicht durch das, was du sagst (das wäre eine Sache der Eitelkeit).

Die Gelegenheit zu beiden kommt gleich oft, aber du ziehst häufig die flüchtige Befriedigung, die dir die Eitelkeit gewährt, dem dauernden Nutzen vor, den dir die Klugheit geben kann. Sogar die Erleichterung, einmal ein Wort mit dir selbst laut zu reden, was dir als lebhafter Person öfter passiert, solltest du dir versagen, damit es nicht zur Gewohnheit wird. Denn dadurch befreundet sich der Gedanke mit dem Wort, so daß allmählich auch das Sprechen mit anderen in lautes Denken übergeht, während dir die Klugheit rät, daß zwischen deinem Denken und deinem Reden eine weite Kluft offen gehalten werden sollte.

Bisweilen meinst du, daß andere dir etwas nicht glauben können, was dich zum Beispiel ganz persönlich betrifft, während den anderen gar nicht einfällt, deine Worte zu bezweifeln. Sorgst du aber nachdrücklich dafür, daß es ihnen einfällt, können sie es dir nicht mehr glauben. Du verrätst dich oft bloß, weil du glaubst, es sei unmöglich, daß man sich das Gesagte nicht merken kann. Du kannst aus einer Höhe aus Schwindel hinabstürzen, das heißt der

Gedanke, es sei unmöglich, hier fest zu stehen, oder die Qual, hier zu stehen, sei so groß, daß es besser sei, sich hinabzustürzen: dieser Wahn heißt Schwindel.

Andererseits wieder sollst du wissen, daß selbst jene Leute, die sonst keinen besonderen Scharfsinn verraten, vortreffliche Algebristen in den persönlichen Angelegenheiten anderer sind, wo sie wegen dieser einzigen Kenntnis die verwickeltsten Aufgaben lösen. Hier ist die Begeisterung der Neugier so groß, daß mit dieser Kraft der Wille dem Intellekt die Sporen in die Seite setzt, der nun dadurch zum Erreichen der entlegensten Resultate getrieben wird. So unempfindlich und gleichgültig die Leute gegen allgemeine Wahrheiten sind, so erpicht sind sie auf individuelle.

Die Schweigsamkeit ist von allen Lehrern der Weltklugheit empfohlen worden. Einige arabische Maximen, die wenig bekannt sind, sollen nicht unerwähnt bleiben:

„Was dein Feind nicht wissen soll, das sage deinem Freunde."

„Wenn ich mein Geheimnis verschweige, ist es mein Gefangener, lasse ich es entschlüpfen, bin ich sein Gefangener."

„Am Brunnen des Schweigens hängt seine Frucht: der Friede."

Versuche gegen niemanden Erbitterung oder Abneigung zu hegen, behalte jedoch das Betragen eines jeden im Gedächtnis, um danach seinen Wert festzustellen, um dein Verhalten und Betragen gegen ihn zu regeln, und zwar stets überzeugt von der Unveränderlichkeit des Charakters. Einen schlechten Zug eines Menschen jemals zu vergessen ist, als ob du schwer erworbenes Geld wegwirfst. So aber schützt du dich vor törichter Vertraulichkeit und törichter Freundschaft.

Die Hälfte aller Weltklugheit liegt in den Worten: „Weder lieben noch hassen"; „Nichts sagen und nichts glauben", besagt die andere Hälfte.

Zorn oder Haß in Worten oder Mienen durchblicken zu lassen ist unnütz, gefährlich und unklug. Du darfst Zorn oder Haß nie anders zeigen als durch Taten. Das wird dir um so vollkommener gelingen, wenn du ersteres vermieden hast. Die kaltblütigen Tiere allein sind die giftigen.

Ohne Betonung reden, diese alte Regel der Weltleute bezweckt, daß du es dem Verstand der anderen Leute überläßt, herauszufinden, was du gesagt hast. Und der ist langsam; ehe er damit fertig geworden ist, bist du gegangen.

Hingegen mit Betonung reden heißt zum Gefühl reden. Es läuft alles umgekehrt ab. Manchem kannst du mit höflicher Gebärde und freundlichem Ton sogar ohne unmittelbare Gefahr wirkliche Beleidigungen sagen.

VII. Kapitel
WIE IST DEIN VERHALTEN ZUM SCHICKSAL UND ZUR WELT?

Welche Form auch unser Leben annimmt, es sind immer dieselben Elemente, aus denen es sich aufbaut, daher ist es im wesentlichen überall dasselbe, ob du es in deiner Wohnung, in einer Hütte oder im Kloster lebst. Mögen alle Begebenheiten wie Glücksfälle, Unglücksfälle, Reisen, Abenteuer, Begegnungen mit besonderen Menschen noch so vielfältig sein, bleibt es damit doch wie mit der Zuckerbäckerware: Es sind viele bunte Figuren, krause und glatte, große und kleine, mit Zuckerguß oder Schokolade umhüllt, aber alle wurden aus einem Teig geknetet. Was dem einen begegnet, ist dem, was dem anderen widerfährt, viel ähnlicher, als dieser beim Erzählenhören denkt. Auch sind die Vorgänge unseres Lebens mit den Bildern in einem Kaleidoskop vergleichbar, weil du beim Drehen immer etwas anderes siehst, aber eigentlich immer das gleiche vor Augen hast.

BIST DU UNSCHLÜSSIG?

Es gibt drei Weltmächte, sagt Arthur: „Klugheit, Stärke und Glück."

Glück, so fragst du mich, was ist das? Ein Augenblick in Ewigkeiten?

Arthur wählt den Vergleich mit der Fahrt eines Schiffes, in dem das Schicksal die Rolle des Windes spielt.

Wir werden durch diesen entweder schnell und weit befördert oder aber zurückgeworfen; dagegen können wir trotz

aller Mühe nichts tun. Wenn wir uns durch stundenlanges Rudern eine gewisse Strecke vorwärtsgebracht haben, kann es passieren, daß wir durch den Wind wieder zurückgeworfen werden. Wenn der Wind uns günstig ist, wird unser Schiff so bewegt, daß wir die Ruder gar nicht brauchen. Von dieser Macht des Glücks spricht das spanische Sprichwort: „Gib deinem Sohne Glück und wirf ihn ins Meer."
Der Zufall ist eine Macht, heißt es. Er ist der einzige unter allen Gebern, der dann, wenn er gibt, sogleich deutlich zeigt, daß wir keinen Anspruch auf seine Gaben haben, daß wir sie nicht unserer Tüchtigkeit zu verdanken haben, sondern ganz allein seiner Güte danken müssen, ja, daß wir auch hoffen dürfen, zukünftig unverdiente Gaben zu erhalten. Der Zufall versteht die königliche Kunst deutlich zu machen, daß gegen seine Gunst alle eigenen Verdienste ohnmächtig sind und gar nichts gelten.

Wenn du auf deinen Lebensweg zurückblickst, seinen wirren Lauf siehst und so manches verfehlte Glück erkennst, so manches herangezogene Unglück, dann kannst du mit deinen Selbstvorwürfen leicht zu weit gehen.

Dein Lebenslauf ist keineswegs nur dein eigenes Werk, sondern das Produkt unterschiedlicher Faktoren: nämlich einer Reihe der Begebenheiten und der Reihe deiner Einflüsse, die stets ineinander greifen und sich gegenseitig modifizieren. Dazu kommt noch, daß du deine Entschlüsse weder vorhersagen, noch Begebenheiten voraussehen kannst, sondern beide sind dir nur gegenwärtig bekannt. Deshalb kannst du, so lange dein Ziel noch fern liegt, nicht einmal gerade daraufzu steuern, sondern nur nach Mutmaßungen deine Schritte dahin lenken. Alles was du vermagst, ist, deine Entschlüsse nach Maßgabe der gegenwärtigen Umstände zu fassen. Du wirst von der Hoffnung begleitet, daß sie richtig sein mögen, daß sie dich deinem Ziel näher bringen.

So sind die Begebenheiten und deine Grundabsichten mit zwei Kräften vergleichbar, die in verschiedene Richtungen ziehen. Terenz sagt: „Im Menschenleben ist's wie in einem Würfelspiel: fällt auch der Wurf nicht so, wie du ihn am meisten wünschst, so muß die Kunst verbessern, was der Zufall geboten hat."

Kürzer kannst du sagen: „Das Schicksal mischt die Karten", und wir müssen spielen. Arthur meint dazu: „Es ist im Leben wie im Schachspiel. Wir entwerfen einen Plan, dieser Plan bleibt bedingt, denn im Schachspiel gibt es den Gegner und das Wissen, daß er etwas tun wird, was seinem Leben, seinem Schicksal entsprechend sein wird. Die Veränderungen, die unser Plan hierdurch erleidet, sind meistens so groß, daß er in der Ausführung kaum noch an einigen Grundzügen zu erkennen ist. Übrigens gibt es in unserem Lebenslauf noch etwas, was über das alles hinausgeht. Es ist die triviale Wahrheit, daß wir oft törichter sind, als wir glauben. Dagegen ist, daß wir oft weiser sind, als wir selbst glauben, eine Entdeckung, die wir selbst spät machen."

Es gibt etwas Weiseres in uns, als es der Kopf ist.

Wir handeln bei den großen Zügen, den Hauptschritten unseres Lebenslaufes, nicht nach deutlicher Erkenntnis des richtigen Weges, sondern nach einem inneren Impuls – oder soll ich sagen Instinkt –, der aus dem tiefsten Grund unseres Wesens kommt. Später kritisieren wir unser Tun nach erborgten oder erworbenen Begriffen, nach allgemeinen Regeln, fremden Beispielen und so weiter, ohne zu beachten: „Eines schickt sich nicht für alle." Da werden wir leicht ungerecht gegen uns selbst. Aber endlich zeigt sich, wer recht gehabt hat, und das glücklich erreichte Alter ist subjektiv und objektiv befähigt, die Sache zu beurteilen.

Vielleicht steht jener Impuls unter der uns unbewußten Leitung von Träumen, die unserem Leben die Gleichmäßigkeit des Tones geben, die das oft schwankende und irrende Bewußtsein nicht geben kann.

Nach diesen Impulsen, die von manchen Menschen von Jugend auf innerlich heimlich gespürt werden, arbeiten sie auf ihr Ziel hin, wie die Bienen am Bau ihres Stockes. Für jeden bleibt es das, was Balthasar Gracian „die große Obhut seiner selbst" nennt, um die es im Grunde geht.

Es ist schwer, nach abstrakten Grundsätzen zu handeln, und gelingt erst manchmal nach vielen Übungen.

Dagegen hat jeder Mensch gewisse angeborene Grundsätze, die eine genetische Folge sind, die sein Denken, Fühlen und Wollen beeinflussen. Du erkennst sie meistens nicht sogleich klar, sondern oft erst im Rückblick auf Lebensabschnitte, und erkennst auch, daß du sie oft befolgt hast, weil du von ihnen wie von einem unsichtbaren Faden gezogen wurdest. Je nachdem wie stark sie sind, können sie dein Glück oder Unglück leiten.

Es ist vernünftig, wenn du die Wandelbarkeit der Zeit und ihre Wirkung auf die Dinge vor Augen behältst. Wenn du bei allem, was dir jetzt passiert, sofort das Gegenteil davon imaginierst, also: wenn du glücklich bist, vergegenwärtige das Unglück, und umgekehrt im Unglück das Glück, in der Freundschaft die Feindschaft, im schönen Wetter das schlechte, in der Liebe den Haß, im Zutrauen und Eröffnen den Verrat und die Reue, und ebenso umgekehrt vergegenwärtige dir alles lebhaft. Das könnte dir zur Quelle der Weltklugheit werden; wenn du stets versuchst, besonnen zu bleiben, kannst du nicht so leicht getäuscht werden. Zu keiner Erkenntnis ist die Erfahrung so unerläßlich wie zur richtigen Einschätzung der Unbeständigkeit und des Wechsels der Dinge.

Jeder Zustand ist für die Zeit seiner Dauer notwendig und daher vorhanden. So sieht jedes Jahr, jeder Monat, jeder Tag aus, als ob er mit der Ewigkeit recht behalten wolle. Aber nichts bleibt gleich, der Wechsel allein ist das Beständige.

Der Kluge ist der, den die scheinbare Stabilität nicht

täuscht und der noch dazu die Richtung kennt, die der Wechsel sogleich nehmen wird.

Der Zufall hat bei allen menschlichen Dingen so viel Spielraum, daß selbst dann, wenn wir einer drohenden Gefahr vorzubeugen suchen, diese Gefahr oft durch eine unvorhergesehene Wendung, den die Dinge nehmen, nicht eintritt; so daß jetzt nicht nur die eventuell gebrachten Opfer verloren sind, sondern durch die herbeigeführte Veränderung gerade ein Nachteil sind. Wir können daher in unseren Vorkehrungen nicht so weit in die Zukunft greifen, sondern müssen auch mit dem Zufall rechnen und mancher Gefahr kühn entgegengehen, hoffend, daß sie, wie so manche schwarze Gewitterwolke, vorüberzieht.

Seneca sagt: „Zweifel ist nicht ohne Hoffnung, und Hoffnung ist nicht ohne Zweifel."

Es mag sein, daß du zu den Menschen zählst, die den einstweiligen Zustand der Dinge oder die Richtung ihres Laufes in der Regel für bleibend halten. Das kommt daher, daß du die Wirkung vor Augen hast, aber die Ursache nicht verstehst; sie ist es aber, die den Keim der künftigen Veränderungen in sich trägt, während die Wirkung, die du spürst, davon nichts enthält. Aber du hältst dich daran und setzt voraus, daß die dir unbekannten Ursachen, die diese Wirkungen hervorbringen, auch imstande sein werden, sie zu erhalten.

Wichtig ist es, daß du bedenkst, daß du nur theoretisch und durch Vorhersehen ihrer Wirkung den Zeitpunkt antizipieren kannst, nicht, daß du ihm vorgreifst, indem du schon vor dem Zeitpunkt verlangst, was die Zeit erst bringen kann. Wenn du das tust, mußt du erfahren, daß es keinen schlimmeren Wucherer gibt als die Zeit, die, wenn sie zu Vorschüssen gezwungen wird, hohe Zinsen fordert.

Du kannst zum Beispiel durch besondere Düngemittel und Wärme einen Baum so schnell zum Treiben bringen, daß er binnen weniger Tage Blätter, Blüten und Früchte hervorbringt – dann stirbt er. Ebenso gibt es Krankheiten, von denen jemand nur dann genesen kann, wenn ihnen der natürliche Verlauf gelassen wird, nach dem sie wie von selbst verschwinden, ohne eine Spur zu hinterlassen.

Verlangt jemand aber sogleich und jetzt gesund zu werden, so muß hier die Zeit den Vorschuß leisten, aber ein Teil der Kraft der künftigen Jahre, ja ein Teil des Lebens selbst, ist der Zins. Die Krankheit wird vertrieben, der Zins ist Schwäche und oft ein lebenslanges chronisches Übel. Oder: wenn du für eine Reise eine größere Geldsumme brauchst und du könntest sie binnen eines Jahres von deinem Einkommen gespart haben, aber du willst nicht so lange warten. Du nimmst einen Kredit auf oder borgst den Betrag bei Freunden. Das heißt auch: Die Zeit muß vorschießen. In deiner Kasse bleibt ein wachsendes Defizit, das du nur schwer wieder loswirst. Das ist der Wucher der Zeit, seine Opfer sind alle jene, die nicht warten können.

Den Gang der gemessen ablaufenden Zeit beschleunigen zu wollen, ist ein kostspieliges Unternehmen. Also hüte dich davor, der Zeit die Zinsen schuldig zu werden!

Ein charakteristischer Unterschied in den Menschen liegt in der Fähigkeit zur Einschätzung von Gefahren. Einige stellen bei Überlegungen und Schätzungen möglicher Gefahren immer nur Fragen und berücksichtigen dann in ihren Erwägungen, wann Ähnliches bereits geschehen sei. Andere überlegen, was möglicherweise geschehen könnte, und denken dabei, nach dem spanischen Sprichwort: „Was binnen eines Jahres nicht geschieht, geschieht binnen weniger Minuten!"

Der Unterschied der Denkungsart ist natürlich, denn zu überblicken, was geschehen kann, erfordert Verstand, was geschehen ist, bloß Sinne.

Und Arthur rät: „Opfere den bösen Dämonen. Das heißt, du sollst einen gewissen Aufwand von Mühe, Zeit, Unbequemlichkeit, Weitläufigkeit, Geld oder Entbehrung nicht scheuen, um der Möglichkeit eines Unglücks die Tür zu schließen: denn je größer jene wäre, um so kleiner, entfernter, unwahrscheinlicher mag sie sein."

Denke daran, wie richtig es ist, über keinen Vorfall in großen Jubel oder großes Wehklagen auszubrechen; bedenke die Veränderlichkeit der Dinge, die ihn in jedem Augenblick umgestalten kann, und bedenke, wie trügerisch dein Urteil über Vorgefallenes sein kann; wenn du in diesem Augenblick noch wehklagst über das, was dir geschehen ist, kann es sich im nächsten Moment zu deinem Besten wandeln, oder wenn du eben jetzt noch jubelst, kann dieses Geschehen zur Quelle deiner größten Leiden werden.

Höre dazu Shakespeares schöne Worte: „So viele Anfälle von Freude und Gram habe ich schon empfunden, daß ich nie mehr vom ersten Anblick des Anlasses, zu einem von beiden sogleich mich weidisch hinreißen ließe."

Da spricht er von dem Ziel, die Gelassenheit zu erreichen.

Wer bei allen Unfällen gelassen bleibt, zeigt damit, daß er weiß, wie kolossal und tausendfältig die möglichen Übel des Lebens sind, und er sieht jedes an, als wäre es ein kleiner Teil dessen, was kommen könnte. Mäßigung sollte niemals ohne Gedanken über menschliche Zustände sein, sondern stets bedenken, was für ein trauriges Los das menschliche Dasein überhaupt ist, wie unzählig die Übel sind, denen es ausgesetzt ist. Dies zeigt eine stoische Gesinnung.

Um diese Einsicht aufzufrischen, brauchst du nur überall um dich zu schauen, wo immer du auch bist, und du wirst bald vor Augen haben, wie die Menschen um ihre Existenz ringen und sich quälen. Du wirst dann deine Ansprüche herabsetzen, wirst dich mit der Unvollkommenheit aller Dinge abfinden, wirst Unfällen stets entgegensehen, um ihnen auszuweichen oder sie zu ertragen. Denn Unfälle, große oder kleine, sind ein Element unseres Lebens.

Dies sollst du stets gegenwärtig haben: nicht mißvergnügt über die Nöte des menschlichen Lebens klagen und Gesichter schneiden, noch weniger wegen eines Flohstiches Gott anrufen, sondern vorsichtig, behutsam im Zuvorkommen und Verhüten der Unfälle sein, ob sie von Menschen oder Dingen ausgehen.

Auf die gleiche Art lassen die Dunkelheit und die Ungewißheit jede Gefahr größer erscheinen.

Nichts kann dich zum gelassenen Ertragen eines Unglücks mehr befähigen als die Überzeugung von der Wahrheit: Alles, was geschieht, vom Größten bis zum Kleinsten, geschieht notwendig.

„Denn", so erklärt Arthur, „in das unvermeidlich Notwendige weißt du dich bald zu finden, und diese Erkenntnis läßt dich alles, selbst das durch die fremdartigsten Zufälle Herbeigeführte, als ebenso notwendig ansehen."

Die Erkenntnis des Unvermeidlichen und Notwendigen läßt dich zuerst tun, was du kannst, aber dann auch willig leiden, was du erleiden mußt.

Die kleinen Unfälle, die dich ständig treffen, kannst du als Übung betrachten, damit die Kraft, die großen zu ertragen, dir im Glück nicht erlahmt. Die täglichen Ärgernisse oder Streitigkeiten im Umgang mit Menschen, unbedeutende Anstöße, Unhöflichkeiten anderer, Klatschereien und dergleichen, sollst du gar nicht empfinden. Brüte nicht darüber, nimm sie dir nicht zu Herzen, laß sie nicht an dich herankommen oder stoße sie wie Steinchen, die im Weg liegen, von dir weg; nimm sie nicht in deine inneren Überlegungen auf.

Was die Leute allgemein das Schicksal nennen, sind meistens nur ihre eigenen dummen Streiche. Diese sind zu büßen, wobei hin und wieder einmal Gnade vor Recht ergehen mag.

Nicht wer grimmig, sondern wer klug dreinschaut, sieht furchtbar gefährlich aus, so gewiß wie des Menschen Gehirn eine furchtbarere Waffe ist als die Klaue des Löwen.

Der vollkommene Weltmann ist der, sagt Arthur, der nie in Unschlüssigkeit stockt und nie in Übereilung gerät.

Neben der Klugheit ist der Mut für dein Glück eine wesentliche Voraussetzung. Du kannst dir selbst weder das eine noch das andere geben, sondern du erbst eines von der Mutter, das andere vom Vater; du kannst durch Vorsatz und Übung diese Eigenschaften stabilisieren.

Zu dieser Welt, wo „die Würfel eisern fallen", gehört ein eiserner Sinn, gepanzert gegen das Schicksal und gewappnet gegen die Menschen. Denn das ganze Leben ist ein Kampf, jeder Schritt wird dir streitig gemacht, dazu sagt Voltaire: „Man besteht die Welt nur mit gezücktem Degen, und man stirbt mit der Waffe in der Hand."

Daher ist eine Seele feige zu nennen, die, sobald Wolken am Horizont sichtbar werden oder sich gar zusammenbrauen, sogleich verzagen will und jammert. Arthur schreibt:

„Weiche dem Übel nicht aus, nur tapfer geh' ihm entgegen. Das ganze Leben selbst, geschweige denn seine Güter, sind kein feiges Beben des Herzens wert. Bricht über ihm die Welt zusammen, treffen ihn die Trümmer noch unverzagt. Drum als Tapfere lebt und werfet die tapfere Brust den Schicksalsschlägen entgegen."

„Auch hier ist ein Exzeß möglich", sagt Arthur. „Der Mut kann in Verwegenheit ausarten. Zu unserem Bestand in der Welt ist auch ein gewisses Maß von Furchtsamkeit notwendig: die Feigheit ist bloß das Überschreiten des Maßes."

Balthasar Gracian dazu:

„Seine vorherrschende Fähigkeit kennen, sein hervorstechendes Talent, sodann dieses ausbilden, und den übrigen nachhelfen. Jeder wäre in irgend etwas ausgezeichnet geworden, hätte er seinen Vorzug gekannt. Man beachte also seine überwiegende Eigenschaft, und verwende auf diese allen Fleiß. Bei einigen ist der Verstand, bei anderen die Tapferkeit vorherrschend. Die meisten tun aber ihren Naturgaben Gewalt ab, und bringen es deshalb in nichts zur Überlegenheit. Das, was anfangs der Leidenschaft schmeichelte, wird von der Zeit zu spät als Irrtum entdeckt."

DIE LEBENSJAHRE

Wer nicht den Geist seines Alters hat, der hat seines Alters ganzes Ungemach.

Wir wollen einen Blick auf die Veränderungen werfen, die mit den Lebensjahren zusammenhängen.

Das ganze Leben hindurch lebst du nur in der Gegenwart. Im Unterschied zum Alter hast du am Anfang deines Lebens eine lange Zukunft vor dir, am Ende des Weges aber eine lange Vergangenheit hinter dir. Auch macht dein Charakter im Laufe des Lebens einige Veränderungen durch, dadurch entsteht eine andere Färbung der Gegenwart.

Warum verhalten wir uns in der Kindheit mehr erkennend als wollend?

Alles ist neu. Es ist die Glückseligkeit der ersten Jahre unseres Lebens, daß wir in der Kindheit nur wenige Bedürfnisse und wenige Beziehungen haben, deshalb also auch wenig Anregung des Willens, und noch keine Möglichkeit des Vergleichens. Wir sind uns selbst noch unbekannt. Der größte Teil unseres Wesens geht im Erkennen auf!

Zwischen Ich und Nicht-Ich kann das Kind noch nicht unterscheiden, seine Empfindungen sind seine Welt schlechthin, und dennoch ist der Intellekt, wie das Gehirn, das schon im siebten Jahr seine volle Größe erreicht, früh entwickelt, wenn auch nicht reif, es sucht unaufhörlich Nahrung in der

Welt des neuen Daseins, wo alles mit dem Reiz des Neuen überfirnt ist. Daher sind die Kinderjahre fortwährende Poesie. Das Wesen der Poesie, wie aller Kunst, besteht im Auffassen der Platonischen Idee, das heißt des Wesentlichen und daher der ganzen Art Gemeinsamen in jedem Einzelnen. Dadurch tritt jedes Ding als Repräsentant seiner Gattung auf, und ein Fall gilt für tausend. Obwohl es so scheint, daß wir in den Szenen unserer Kinderjahre stets mit irgendeinem Gegenstand oder Vorgang beschäftigt sind, weil er uns momentan interessiert, so verhält es sich doch im Grunde anders.

Das Leben in seiner ganzen Bedeutsamkeit steht noch neu, frisch und ohne Abstumpfung durch Wiederholung seiner Eindrücke vor uns, so daß wir in unserem kindlichen Treiben, stets im stillen und ohne deutliche Absicht, mit den einzelnen Szenen und Vorgängen des Lebens selbst beschäftigt sind, um die Grundtypen seiner Gestaltung und Darstellung aufzufassen. Wir sehen, wie Spinoza es ausdrückt, alle Dinge und Personen unter dem Gesichtspunkt der Ewigkeit.

Zeit ist kein erkennbarer Begriff. Je jünger wir sind, um so mehr vertritt jeder Einzelne seine ganze Gattung. Dies nimmt immer mehr ab, von Jahr zu Jahr, hierauf beruht der große Unterschied des Eindrucks, den die Dinge in der Jugend und im Alter auf uns machen. Daher werden die Erfahrungen und die Bekanntschaften der Kindheit und frühen Jugend die bleibenden Typen und Symbole aller späteren Erkenntnis und Erfahrung, gleichsam die Kategorien derselben, denen wir alles Spätere subsumieren, wenn auch nicht immer mit deutlichem Bewußtsein.

Kinder sind wie Wanderer, die auf dem Weg zum Meer sind, die aus der Ferne das Rauschen hören, bereits die salzige Luft atmen, ohne es noch zu sehen!

In den Kinderjahren bildet sich die feste Grundlage unserer Weltsicht; das Flache oder Tiefe wird später ausgefüllt oder vollendet, jedoch nicht im wesentlichen verändert. Infolge dieser rein objektiven poetischen Ansicht, die dem Kindesalter eigen ist, und weil der Wille noch lange nicht mit seiner vollen Energie auftritt, verhalten wir uns als Kinder mehr erkennend als wollend.

So selig erscheinen die Kinderjahre! Die Erinnerung an sie ist von Sehnsucht begleitet.

Die Erziehung bemüht sich, dem Menschenkind Begriffe beizubringen. Aber Begriffe allein bringen nicht das eigentlich Wesentliche. Alles, der Grund und echte Gehalt aller unserer Erkenntnisse, liegt in der anschaulichen Auffassung der Welt. Sie kann nur von jedem selbst gewonnen werden, sie kann niemandem auf irgend eine Weise beigebracht werden.

Daher kommt unser moralischer und auch intellektueller Wert nicht von außen zu uns, sondern geht aus der Tiefe unseres eigenen Wesens hervor; keine noch so guten Erziehungskünste können aus einem Dummkopf einen Denker machen. Er ist als Dummkopf geboren und wird als Dummkopf sterben, ebenso bleibt ein Stein ein Stein.

Aus der tiefen, anschaulichen Auffassung der ersten Außenwelteindrücke erklärt sich dann auch, warum sich die Umgebung und die Erfahrung unserer Kindheit oft fest im Gedächtnis einprägen. Wir waren ihnen ungeteilt hingegeben, durch nichts abgelenkt, zerstreut, und wir sahen die Dinge an, als wären sie die einzigen ihrer Art, ja überhaupt allein vorhanden.

Später nimmt uns die Menge der Gegenstände die Geduld und den Mut.

Blicken wir zurück auf die Entwicklung der Wahrnehmung: Wir wissen, daß unmittelbar nach der Geburt kein Kind fähig ist, zwischen belebten und unbelebten Gegenständen zu unterscheiden. Wenige Wochen später fällt auf, daß auf zwei Dinge mit größter Aufmerksamkeit geachtet wird, und zwar auf das menschliche Gesicht und auf Bewegung. Diese beiden Reize werden im Laufe der Entwicklung kombiniert und als eine bestimmte Gestalt wahrgenommen. Bis zum sechsten Lebensmonat etwa kann ein Kind noch nicht zwischen einem wirklichen menschlichen Gesicht und einer sich bewegenden Maske unterscheiden. Im zweiten Halbjahr lernt das Kind, den Unterschied zwischen unbelebten Gegenständen und Lebewesen zu erfassen. Es begreift, daß es mit lebenden Wesen einen Dialog aufnehmen kann, mit leblosen Wesen nicht. Lebewesen zeigen eine Art Rückkoppelung auf das Verhalten des Kindes. Sie bleiben nicht unbewegt, sie reagieren auch nicht nur wie ein mechanisches Echo, sondern sie treten in eine Beziehung ein, die von Initiative und Reaktion in einer Weise bestimmt wird, daß daraus gleichsam ein koordinierendes Gespräch entsteht.

Das Kind braucht die Beziehung zu einem lebenden Wesen, an das es sich wenden kann und das auf das Kind eingeht. Nur so kann das Gefühl der Geborgenheit und des Vertrauens entstehen. Das Kind kann sich darauf verlassen, daß es, wenn es in Not ist oder etwas braucht, auch jemanden hat, der ihm hilft. Die Beziehung zur Mutter ist in den frühen Lebensphasen nicht in dem Sinn als persönliche Beziehung zu verstehen, als ob hier schon das Personsein, die Freiheit, die Eigenwürde der Mutter erkannt würde. Entscheidend ist vielmehr, daß die Mutter in ihrem Verhalten auf die Appelle des Kindes antwortet und durch ihre Aktionen die Weiterentwicklung des Kindes fördert.

Im kindlichen Leben werden alle Dinge mehr vom Sehen erkannt, also durch die Vorstellung, die Objektivität, als durch die Seite des Seins, die jene des Willens ist. Weil nun diese die erfreulichen Dinge des Lebens sind, die subjektiven und schrecklichen uns noch unbekannt sind, so hält der junge Intellekt alle die Gestalten, die Wirklichkeit und Kunst ihm vorführen, für ebenso glückliche Wesen. Er meint, so schön sie auch anzusehen sind, noch viel schöner wäre es, auuch so zu sein.

Die Welt liegt vor ihm wie ein Garten Eden, dies ist das Arkadien, in dem alle geboren sind.

Das Menschenkind spürt allmählich immer mehr, daß die wachsende Selbständigkeit auch eine wachsende Verpflichtung mit sich bringt und daß es die Beziehung zu den Eltern dadurch gefährden kann, daß es selber „böse" ist. Zudem erfährt das Kind immer deutlicher, daß sich nicht die ganze Welt um das kleine Ich dreht, sondern daß es auch für andere Menschen da sein muß. Das wird deutlicher, wenn Geschwister da sind.

Das Kind spürt immer mehr, daß es zu anderen gut sein muß, wenn es etwas für sich selbst haben will. Nächstenliebe und Selbstliebe stehen in einem engen Zusammenhang. Wenn es zu anderen gut ist, möchte es dafür Anerkennung, oder wenigstens ein gutes Gewissen. Wenn es versucht, sich so zu verhalten, dann ist das nicht eine schlaue Berechnung, sondern durchaus eine emotionale Hinwendung zum anderen. Das Kind hat Freude, wenn es etwas herschenken kann. Es möchte schenken und helfen, es möchte anderen eine Freude machen, wenn das alles nur nicht zu sehr im Widerspruch zu den eigenen Bedürfnissen und Interessen steht.

Hier zeigt sich die emotionale Einstellung, die weder bloß egozentrisch noch bloß altruistisch ist, sondern auf eine befriedigende Beziehung zwischen Ich und Du abzielt. Diese Zweipoligkeit des Empfindens zeigt sich später noch besonders deutlich im Bereich der Geschlechtlichkeit, denn wo diese auf eine bloß ichbezogene Weise verwirklicht wird, bringt sie auch keine wirkliche Beglückung. Wo du dich hingegen auf den Partner einstellst und ihm Freude bereiten willst, da wirst du auch selbst am meisten beglückt sein.

Allerdings fordert gerade die Ambivalenz der Emotionen auch eine freie Entscheidung. Die Gefühle nötigen den Heranwachsenden nicht, sich im Zweifelsfall für die eigenen oder auch die fremden Interessen zu entscheiden. Die Gefühle lassen vielmehr beide Alternativen offen; erst ein übergeordneter Gesichtspunkt nötigt uns dazu, Selbst- und Nächstenliebe zueinander in Beziehung zu setzen. Erst mit der Fähigkeit, unsere Emotionen in Freiheit zu ordnen, kommt die Personalität zur Geltung. Wir sind in der Art unserer Beziehungen nicht einfach durch Emotionen festgelegt, sondern wir gestalten diese Beziehung in Freiheit, wir entscheiden uns für oder gegen den Nächsten und geben dabei unserem Leben eine eigene Ausrichtung, die nicht in der Natur vorgezeichnet ist. Die Entwicklung der menschlichen Freiheit zeigt sich darin, daß die Emotionen, die beim Kleinkind die Beziehung zu den Mitmenschen bestimmen, allmählich elastischer werden, immer weniger eindeutige Verhaltensweisen erzwingen oder immer mehr einer bewußten Gestaltung und Lenkung durch die menschliche Person zugänglich werden. Die Anlagen wie Aggression, Verlangen nach der Befriedigung der leiblichen Bedürfnisse zeigen beim reifen Menschen die Beziehung zum anderen; die menschliche Person kann mit diesen Anlagen auf verschiedene Weise in den zwischenmenschlichen Begegnungen reagieren. Freiheit und Emotionalität bedingen sich gegenseitig.

Wir wären nicht frei, etwas zu entscheiden und durchzuführen, wenn uns keine physische Energie dafür zur Verfügung stünde. Wir wären nicht frei, sinnvolle Ziele zu wählen und anzustreben, wenn unsere Emotionen übermäßig stark wären und sich nicht in eine einheitliche Zielsetzung integrieren ließen. Andererseits wären die Emotionen blind und würden sich gegenseitig stören oder aufheben, wenn wir nicht in der Lage wären, die Zukunft zu planen und die physischen Kräfte daraufhin zu mobilisieren. Die zwischenmenschlichen Beziehungen lassen sich also in ihrem Wesen nicht genügend verstehen, wenn wir sie nur unter dem

Aspekt der Persönlichkeit und Freiheit oder nur unter dem Aspekt einer „Triebmechanik" betrachteten. Freiheit, Geistigkeit und Emotionalität durchdringen sich auch hier und müssen berücksichtigt werden.

Wenn der Säugling Anspruch auf die Mutter erhebt und die mütterliche Brust als sein Eigentum betrachtet, dann wirkt diese Art der Bindung auch in späteren sozialen Beziehungen weiter.

Das Vorschulkind sagt den Namen der Eltern, wenn es gefragt wird, wem es gehöre. Ehepaare fühlen sich aneinander gebunden, erheben Anspruch aufeinander und können stärkste Eifersuchtsgefühle und Aggressionen entwickeln, wenn diese Bindung gefährdet wird. Die Anerkennung der Eigenständigkeit einer anderen Person und die Ablehnung jedes Besitzanspruches auf eine menschliche Person können die Emotionen nicht aus der Welt schaffen. Gut gelingen können zwischenmenschliche Beziehungen nur, wenn sie auch der Eigenart psychischer Emotionen genügend Rechnung tragen, und sie in diese Beziehung ausreichend integriert sind.

Liebe als personaler Dialog bedeutet auch, daß es nicht bloß um einzelne „gute Werke" geht, wie Almosen oder andere sachliche Hilfeleistungen. Entscheidender ist vielmehr die Stellungnahme zur Person des anderen in einem längeren Prozeß. Äußere Handlungen oder auch Worte, Gesten und so weiter, haben dabei eher die Funktion eines Signals oder Symbols.

Liebe will nicht nur theoretische Information mitteilen, sondern sucht Kommunikation, Vertrauen, Verarbeitung von Aggression, kultivierte Gestaltung der Libido etc. Die Beziehung darf nicht nur als ein rein empirisch erfaßbarer und durchschaubarer psychischer Prozeß verstanden werden. In einer Kommunikation sind auch Freiheit und religiöse Tiefe mit eingeschlossen.

Wir alle sind in Arkadien geboren, wie Friedrich Schiller schreibt, das heißt auch, wir treten in die Welt voller

Ansprüche auf Glück und Genuß und hegen die törichte Hoffnung, diese durchzusetzen.

Daraus entsteht etwas später der Durst nach dem wirklichen Leben, der Drang nach Taten und Leiden, der uns ins Weltgetümmel treibt. Dort lernen wir dann die andere Seite der Welt kennen, die des Seins, des Wollens.

Dann kommt allmählich die große Enttäuschung, und dann heißt es: das Alter der schönen Täuschung ist vorbei; und doch geht sie immer weiter, wird immer vollständiger. Es kann also gesagt werden, daß sich in der Kindheit das Leben, von weitem betrachtet, wie eine Theaterdekoration darstellt, im Alter wird die selbe Dekoration aus der Nähe gesehen.

Eine glückliche Kindheit ist wie ein schöner Frühling, alles Laub hat die gleiche Farbe und fast die gleiche Form, so sind wir in der frühen Kindheit alle ähnlich, harmonisieren daher vortrefflich.

In der Pubertät beginnt die Divergenz, und sie wird immer größer.

Was nun die ersten Lebensjahre, die so viele Vorzüge haben, trübt, ja unglücklich macht, ist das Suchen nach Glück, und zwar im festen Glauben, es müsse im Leben anzutreffen sein. Daraus entspringt die fortwährend getäuschte Hoffnung, und daraus wächst Unzufriedenheit. Gaukelnde Bilder eines geträumten, unbestimmten Glückes schweben vor uns in kapriziös gewählten Gestalten, und wir suchen ihr Urbild vergebens. Daher sind wir in unseren jungen Jahren mit unserer Lage und Umgebung, wie gut sie auch sei, meistens unzufrieden, weil wir ihr zuschreiben, was der Leerheit und Armseligkeit des menschlichen Lebens überall zukommt, mit der wir jetzt erste Bekanntschaft machen, obwohl wir ganz andere Dinge erwartet haben. „Wir hätten viel gewonnen", sagt Arthur, „wenn es gelingen würde, schon in der Jugend durch zeitige Belehrung den Wahn auszurotten, daß in der Welt viel zu holen sei." Das Gegenteil geschieht dadurch, daß uns das

Leben meist durch die Dichtung, und erst später durch die Wirklichkeit bekannt wird. Der junge Mensch erwartet seinen Lebenslauf in der Form eines interessanten Romans. So entstehen Täuschungen. Was allen Bildern ihren Reiz verleiht, ist, daß sie bloße Bilder und nicht wirklich sind und wir uns daher im Betrachten in der Ruhe des reinen Erkennens befinden.

Verwirklicht werden heißt, mit dem Wollen ausgefüllt werden; Wollen ist mit Schmerzen verbunden.

Der Charakter der ersten Lebensjahre zeigt eine unbefriedigende Sehnsucht nach Glück, später kommt die Besorgnis vor Unglück dazu. Damit tritt deutlich die Erkenntnis ein, daß alles Glück illusorisch, das Leiden aber real ist. Die schon vernünftigen Charaktere streben bereits mehr Schmerzlosigkeit als Genuß an (in der Jugend lernen wir die Unglücksfälle zu ertragen, im Alter, sie zu verhüten). Der junge Mensch hat häufig das Empfinden, verlassen von der Welt zu leben, in den späteren Jahren hingegen das gute Gefühl, ihr entronnen zu sein! Das erste ungute Gefühl beruht darauf, die Welt noch nicht zu kennen, das zweite darauf, ihre Bekanntschaft gemacht zu haben.

Aufgrund der Erfahrung seines Lebens sieht der gereifte Mensch die Welt anders als der junge Mensch, der zunächst nur Unbefangenheit lebt. Er nimmt die Dinge ganz einfach für das, was sie sind. Dem Jugendlichen erscheint die Welt als Trugbild, das aus überkommenen Vorurteilen und seltsamen Phantasien zusammengesetzt, die wirkliche Welt bedeckt und verzerrt.

Das erste, was die Erfahrung tut, ist, von den falschen Begriffen zu befreien, die sich in der Jugend angesetzt haben. Die Jugendlichen davor zu bewahren, entspräche wohl einer guten Erziehung, ist aber sehr schwer. Man müßte ihren Gesichtskreis eng halten und ihnen deutliche und richtige Begriffe beibringen. Sobald sie alles richtig erkannt hätten, könnte der Kreis allmählich erweitert werden, und man müßte dafür sorgen, daß nichts Dunkles oder nur halb Verstandenes zurück bliebe. Die Begriffe von Dingen und menschlichen Verhältnissen würden immer noch beschränkt und sehr einfach, dafür aber deutlich und richtig sein, so daß sie nur der Erweiterung und nicht der Berichtigung bedürfen.

Wenn wir jung sind, wünschen wir uns, daß in unserem Leben wichtige Begebenheiten und Personen laut auftreten; im Alter zeigt die Betrachtung, daß sie alle ganz still durch die Hintertür, fast unbemerkt hereingeschlichen sind.

Die geistige Überlegenheit wird in der Konversation ihr entscheidendes Übergewicht erst nach dem vierzigsten Lebensjahr geltend machen. Die Reife der Jahre und die Frucht der Erfahrung können durch sie vielfach übertroffen, aber nicht ersetzt werden; sie gibt auch dem einfachen Menschen ein gewisses Gegengewicht zu den Kräften des großen Geistes, solange er jung ist.

Jeder vorzügliche Mensch, der nicht zu den von der Natur traurig dotierten fünf Sechsteln der Menschheit gehört, wird nach dem vierzigsten Jahr von einem Anflug von Menschenscheu oder Menschenhaß nicht frei bleiben. Denn er hat anfangs nur von sich auf andere geschlossen und ist allmählich enttäuscht worden. Er mußte einsehen, daß er entweder von der Seite des Kopfes oder des Herzens, meistens sogar beider, im Rückstand blieb und nicht in einen Einklang gelangen konnte. Deshalb vermeidet er es, sich mit Menschen einzulassen, wie denn überhaupt jeder von uns nach Maßgabe des inneren Wertes die Einsamkeit, das heißt, unsere eigene Gesellschaft, lieben oder hassen wird.

Für einen jungen Menschen ist es in intellektueller und moralischer Hinsicht ein schlechtes Zeichen, wenn er im Tun und Treiben der Menschen sich sehr früh zurechtzufinden weiß, sogleich ins Haus eintritt, als wäre er vorbereitet, darin zu Hause zu sein. Dagegen zeigt sich der besondere Mensch im ungeschickten, zurückhaltenden Benehmen anderen Menschen gegenüber.

Die Heiterkeit und der Lebensmut der jungen Menschen beruhen zum Teil darauf, daß wir bergauf gehend den Tod nicht sehen, weil er am Fuß der anderen Seite des Berges liegt. Wenn wir allerdings den Gipfel überschritten haben, dann werden wir den Tod, den wir bis dahin nur vom Hörensagen kannten, wirklich sehen, und die Lebenskraft nimmt ab.

Solange wir jung sind, kann man uns sagen, was man will, halten wir das Leben für endlos und gehen mit der Zeit dementsprechend um. Je älter wir werden, um so mehr haushalten wir mit unserer Zeit. Denn im Alter erregt jeder verlebte Tag die Empfindung, daß jeder Schritt der letzte sein könnte.

Vom Standpunkt der Jugend gesehen, hat das Leben eine unendlich lange Zukunft, die sich darstellt wie die Dinge, die wir durch ein Vergrößerungsglas betrachten. Du mußt alt geworden sein, also lange gelebt haben, um zu erkennen, wie kurz das Leben ist. Je älter du wirst, um so kleiner erscheinen die menschlichen Dinge. Das Leben, das in der Jugend fest und stabil vor dir stand, zeigt sich nun als rasche Flucht ephemerer Erscheinungen: Die Nichtigkeit des Ganzen tritt zutage.

Die Zeit selbst hat in der Jugend einen viel langsameren Schritt, daher ist das erste Viertel nicht nur das glücklichste, sondern auch das längste, so daß es viel mehr Erinnerungen zurückläßt als die folgenden Jahre.

Warum aber erscheint dir im Alter das Leben, das du hinter dir hast, als so kurz?

Weil du es für so kurz hältst, wie die Erinnerung ist. Aus dieser ist alles Unbedeutende und viel Unangenehmes herausgefallen, es ist nur wenig übrig geblieben. Denn wie unser Intellekt sehr unvollkommen ist, so auch das Gedächtnis. Das Erlernte muß geübt, das Vergangene muß bewegt werden, wenn nicht beides allmählich in den Tiefen des Vergessens versinken soll. Aber du pflegst nicht das Unbedeutende, meistens auch nicht das Unangenehme. Das Unbedeutende nimmt zu, und durch die zahllose Wiederkehr wird vielerlei, was dir anfangs bedeutend erschien, allmählich unbedeutend, daher kannst du dich an die frühen Jahre besser erinnern als an die späteren. Je länger du lebst, um so weniger Vorgänge scheinen dir wichtig oder bedeutend genug, um sie in deinem Kopf zu bewegen, sie werden vergessen, sobald sie vorüber sind. So läuft die Zeit immer spurloser ab. An Unangenehmes erinnerst du dich nicht gern, am wenigsten wohl dann, wenn es deiner Eitelkeit geschadet hat, was sicher öfter der Fall war, denn nur wenige Leiden können dich ohne eigenes Verschulden getroffen haben.

Beide Ausfälle machen die Erinnerung kurz. Wenn du auf einem Schiff bist, das sich schnell weiter vom Ufer entfernt, siehst du die Gegenstände am Ufer immer kleiner und unkenntlicher werden, kaum noch zu unterscheiden; ebenso geht es mit deinen vergangenen Jahren, mit allen Erlebnissen und Taten.

Hinsichtlich des Alters kann die lange Vergangenheit und damit unser eigenes Alter uns beinahe fabelhaft vorkommen, und daraus ergibt sich, daß wir zunächst noch immer dieselbe stehende Gegenwart vor uns sehen.

Die inneren Vorgänge beruhen darauf, daß nicht unser Wille an sich, sondern nur dessen Erscheinung in der Zeit liegt und daß die Gegenwart der Berührungspunkt zwischen Objekt und Subjekt ist.

Aber warum erscheint uns in der Jugend das Leben, das wir noch vor uns haben, so unabsehbar lang?

Du brauchst viel Platz für die grenzenlose Hoffnung, mit der du es bevölkerst, und für deren Verwirklichung Methusalem zu jung sterben würde; die Neuheit läßt alles bedeutend erscheinen, weshalb es oft in der Erinnerung wiederholt wird und sich einprägt.

Manchmal glaubst du dich an einen fernen Ort zurückzusehnen, während du dich eigentlich nur nach der Zeit zurücksehnst, die du damals verlebt hast, als du jung und frisch warst. So täuscht dich allemal die Zeit unter der Maske des Raumes; in der Reife erkennst du die Täuschung.

Um ein hohes Alter zu erreichen, gibt es bei fehlerfreier Konstitution als unerläßlicher Vorbedingung zwei Wege, die Arthur mit dem Brennen zweier Lampen erläutert: Die eine brennt lange, weil sie bei wenigem Öl einen sehr dünnen Docht hat, die andere nicht, weil sie zu einem starken Docht auch viel Öl hat. Das Öl ist die Lebenskraft, der Docht der Verbrauch auf jede Art und Weise.

„Die Reife", sagt Gracian, „leuchtet aus dem Äußeren hervor, noch mehr aus der Sitte. Die materielle Gewichtigkeit macht das Gold, die moralische den Menschen wertvoll. Die Reife verbreitet über alle seine Fähigkeiten einen gewissen Anstand und erregt Hochachtung. Die Gesetztheit des Menschen ist die Fassade seiner Seele. Sie besteht nicht in der Unbeweglichkeit der Dummen, wie es der Leichtsinn haben möchte, sondern in einer sehr ruhigen Autorität. Ihre Reden sind Sentenzen, ihr Wirken gelingende Taten. Sie erfordert einen sehr vollendeten Menschen, denn jeder ist so weit ein ganzer Mensch, als er Reife hat. Indem er aufhörte, ein Kind zu sein, fing er an, Ernst und Autorität zu erhalten."

Hinsichtlich der Lebenskraft, sagt Arthur, sind wir bis zur Mitte der dreißiger Jahre mit denen zu vergleichen, die von ihren Zinsen leben. Danach beginnen wir unser Kapital anzugreifen. Am Anfang ist die Sache gar nicht merklich, der größte Teil der Ausgaben stellt sich immer noch von selbst her, ein geringes Defizit wird nicht beachtet. Aber es wächst allmählich, wird merklich, nimmt von Tag zu Tag zu, jedes Heute ist ärmer als das Gestern, ohne Hoffnung und

Stillstand. So beschleunigt sich, wie der Fall der Körper, die Abnahme immer mehr, bis zuletzt nichts mehr übrig ist. Es ist gewiß ein trauriger Fall, wenn Lebenskraft und Eigentum zusammen im Wegschmelzen begriffen sind. Ist es verwunderlich, daß im Alter die Liebe zum Besitz wächst?

Sie ist unterschiedlich in den Lebensjahren; in der Jugend, bis zur Volljährigkeit etwa oder noch darüber hinaus, gehen die Menschen mit ihrer Lebenskraft wie mit den Zinsen vom Kapital um, denn nicht nur das Ausgegebene ersetzt sich von selbst wieder, sondern auch das Kapital wächst. Aber es ist wichtig, auch hier das richtige Maß zu finden und die Kräfte zu schonen.

Aristoteles merkt an, daß von den olympischen Siegern nur zwei oder drei einmal als Knaben und dann wieder als Männer gesiegt hätten, weil durch ihre frühe Anstrengung, die die Übung erforderte, die Kräfte so erschöpft waren, daß sie später im Mannesalter fehlten. Wie dies für die Muskelkraft gilt, so um mehr für die Nervenkraft, der die intellektuelle Leistung gehört; daher werden die Wunderkinder, die Früchte der Treibhauserziehung, die als Kinder Erstaunen erregen, manchmal sehr gewöhnliche Köpfe. So mag auch die frühe erzwungene Anstrengung zur Erlernung der alten Sprachen schuld daran haben, daß mancher gelehrte Kopf urteilslos und lahm ist.

Arthur meint, daß der Charakter fast jedes Menschen vorzugsweise einem Lebensalter angemessen ist. Einige sind liebenswürdige Jünglinge, und dann ist's vorbei; andere sind kräftige, tätige Männer, denen das Alter allen Wert raubt; manche stellen sich am vorteilhaftesten im Alter dar, sie wirken milde, weil sie erfahrener und gelassener sind. Sicher ist es gut, wenn der Charakter etwas Jugendliches auch im Mannesalter behält, wenn der Charakter mit jedem Lebensalter übereinstimmt und als Korrektiv dient.

Wenn wir uns auf einem Schiff befinden, erkennen wir das Vorwärtskommen auch am Zurückweichen und damit Kleinerwerden der Dinge am Ufer; so werden wir unser Alt- und Älterwerden daran erkennen, daß Leute von immer höheren Jahren uns jung vorkommen.

Ein Kunstwerk, das wir tausendmal gesehen haben, macht keinen Eindruck mehr. Wir tun, was wir tun müssen, und wissen hinterher nicht, ob wir es getan haben. Indem nun das Leben immer unbewußter wird, je mehr es der gänzlichen Bewußtlosigkeit zueilt, so wird eben dadurch der Lauf der Zeit auch immer schneller.

In der Kindheit bringt die Neuheit aller Gegenstände und Begebenheiten alles zum Bewußtsein, daher ist der Tag unabsehbar lang. Ähnliches passiert uns auf Reisen, daher wirkt ein Monat in fremden Ländern länger als zu Hause.

Die Neuheit der Dinge verhindert jedoch nicht, daß die länger scheinende Zeit uns auch wirklich „lang wird", mehr als im Alter, oder mehr als zu Hause.

Allmählich wird durch die lange Gewohnheit der Wahrnehmungen der Intellekt so abgeschliffen, daß immer mehr alles wirkungslos darüber hingleitet, das macht die Tage unbedeutender und dadurch kürzer.

Dennoch unterliegt die Geschwindigkeit, mit der unser Leben abläuft, einer Beschleunigung, ähnlich wie die einer herabfallenden Kugel; und wie auf einer sich drehenden Scheibe jeder Punkt um so schneller läuft, je weiter vom Zentrum er entfernt liegt, so verfließt jedem, nach Maßgabe seiner Entfernung vom Lebensanfang, die Zeit schneller, immer schneller.

Die Verschiedenheit in der Geschwindigkeit der Zeit hat auf die Art unseres Daseins in jedem Lebensalter einen entscheidenden Einfluß. Zunächst bewirkt sie, daß das Kindesalter, das etwa fünfzehn Jahre umfaßt, die längste Zeit des Lebens und daher die reichste an Erinnerungen ist; dazu kommt, daß wir der Langeweile im umgekehrten Verhältnis unseres Alters unterworfen sind. Kinder bedürfen beständig des Zeitvertreibs, sei es Spiel oder Arbeit; stockt dieser Trieb, dann kommt sofort die Langeweile. Auch Jugendliche sind ihr noch unterworfen und sehen mit Besorgnis auf unausgefüllte Stunden. Wenn wir erwachsen sind, schwindet die Langeweile mehr und mehr; dem Greisen wird die Zeit stets zu kurz, auch die Leidenschaften verstummen. Wenn du die Gesundheit erhalten hast, wird im ganzen genommen die Last des Lebens wirklich geringer, als sie in der Jugend war. Daher nennt Arthur den Zeitraum, der dem Eintritt der Schwäche und der Beschwerden vorausgeht, „die besten Jahre". Im Hinblick auf unser Wohlbehagen mögen sie es wirklich sein; dagegen bleibt den Jugendjahren, wo alles Eindruck macht und alles ins Bewußtsein tritt, der Vorzug, die befruchtende Zeit für den Geist, der blütenansetzende Frühling zu sein.

Tiefe Wahrheiten lassen sich nur anschauen, nicht berechnen; das heißt, ihre erste Erkenntnis ist eine unmittelbare und wird durch den momentanen Eindruck hervorgerufen. Sie kann nur eintreten, solange dieser Eindruck stark, lebhaft und tief ist. Aber immer stellt sich hier auch die Frage: Wie gehen Jugendliche mit ihrer Zeit und mit dieser Gnade um?

In den späteren Jahren können wir mehr auf andere, ja auf die Welt einwirken, weil wir selbst vollendet und abgeschlossen sind. Diese Jahre sind daher die Zeit des Tuns und Leistens, die frühen Jahre die des ursprünglichen Auffassens und Erkennens. Die Jugend wird von der Anschauung beherrscht, das Alter vom Denken. Es ist die Zeit der Philosophie.

Auch praktisch lassen wir uns in der Jugend durch das Angeschaute und den Eindruck, den es ausübt, bestimmen, im Alter nur durch das Denken. Das beruht zum Teil darauf, sagt Arthur, daß erst im Alter anschauliche Fälle in hinlänglicher Anzahl dagewesen und den Begriffen subsumiert worden sind, um die volle Bedeutung zu vermitteln und auch den Eindruck der Anschauung durch die Gewohnheit zu mäßigen.

Dagegen ist in der Jugend, besonders bei lebhaften, phantastischen Köpfen, der Eindruck des Anschaulichen, also die Außenseite der Dinge, so überwiegend, daß die Welt als ein Bild angesehen wird. Daher ist es ihnen wesentlich wichtiger, wie sie darauf figurieren und sich ausnehmen, als ihnen innerlich dabei zumute ist. Die persönliche Eitelkeit zeigt sich hier.

Die größte Energie und die höchste Spannung der Geisteskräfte gehören der Jugend und dem Lebensalter bis zur Mitte der dreißiger Jahre. Sehr langsam nimmt diese Energie ab. Dann wird man an Erfahrung und Gelehrsamkeit reich. Es gibt Zeit und Gelegenheit genug, um die Dinge von allen Seiten zu betrachten, es werden Berührungspunkte und Verbindungsglieder herausgefunden, dadurch werden jetzt erst deren Zusammenhänge verständlich. Alles klärt sich.

Das bedeutet auch, daß wir das, was wir schon in der Jugend zu wissen meinten, jetzt viel gründlicher wissen, es gibt für Begriffe mehr Belege. Nur wenn du alt bist, erhältst du eine angemessene Vorstellung vom Leben, weil du es in seiner Ganzheit und in seinem natürlichen Verlauf siehst und es nicht nur von der Eingangs- sondern auch von der Ausgangsseite übersehen kannst. Im Alter ist mehr Urteil, mehr Gründlichkeit. Der Stoff der eigenen Erkenntnisse, der eigenen Grundansichten, das, was du der Welt schenken kannst, sammelt sich schon seit der Jugend, aber Meister deines Stoffes wirst du erst im Alter. Daraus kannst du erkennen, daß Schriftsteller ihre Meisterwerke erst um das fünfzigste Lebensjahr herum schreiben.

Dennoch bleibt die Jugend die Wurzel des Baumes der Erkenntnis, obwohl erst die Krone die Früchte trägt.

So wie sich jedes Zeitalter, auch das erbärmlichste, für weiser hält als das vorhergegangene, ist es auch mit jedem Lebensalter. Auf beiden Seiten irrt man.

Wenn auch der Charakter, das menschliche Herz und der Intellekt in ihren Grundeigenschaften angeboren sind, so ist doch keines unveränderlich, sondern vielen Umwandlungen unterworfen. Es ist der Charakter, der alle diese Kräfte beschäftigt und in Tätigkeit hält, der Inhalt des Denkens und Willens, die Erfahrung, die Kenntnis, die Übung und dadurch die Vollkommenheit. Der Mensch besteht aus einem schlechthin Unveränderlichen und einem regelmäßig auf zweifache Weise Veränderlichen; dies erklärt die Verschiedenheit seiner Erscheinung und Geltung in verschiedenen Lebensaltern.

Arthur zieht einen Vergleich: „Die ersten vierzig Jahre liefern den Text, die folgenden dreißig Jahre den Kommentar dazu, der uns den wahren Sinn und Zusammenhang des Textes nebst der Moral und allen Feinheiten erst richtig verstehen lehrt." Einen anderen Vergleich bietet ein Maskenball, bei dem am Ende die Larven abgenommen werden. Wir sehen, wer diejenigen sind, mit denen wir im Laufe des Lebens Bekanntschaft hatten. Die Charaktere treten zutage, Leistungen erhalten ihre Würdigung, Trugbilder zerfallen. Dazu war Zeit erforderlich.

Seltsam ist es, daß wir sogar uns selbst, unser eigenes Ziel und unseren Zweck erst gegen Ende des Lebens erkennen und verstehen, besonders in unserem Verhältnis zur Welt und den Mitmenschen. Wir sprechen von der Jugend im Zusammenhang mit glücklicher Zeit und nennen das Alter traurig.

Das wäre wahr, wenn die Leidenschaften glücklich machten. Sie reißen hin und her und sind mit Pein und wenig Freude verbunden. Es folgt das Ringen mit der Erkenntnis, bis sie schließlich die Oberhand gewinnt. Sie begegnet uns schmerzlos, das Bewußtsein, das sich daraus entwickelt, macht glücklich.

Wir sind Geschöpfe der Bedürfnis, und jeder Genuß ist nur das Stillen eines ihrer Kinder. Aber ohne Leidenschaften zu sein ist ebensowenig beklagenswert, wie wenn einer nach Tisch nicht mehr essen kann oder nach durchschlafener Nacht wach bleibt.

Platon schätzt das hohe Alter, weil es den beunruhigenden Geschlechtstrieb endlich los ist.

Es ist gewiß, daß im allgemeinen, abgesehen von individuellen Umständen und Zuständen, der Jugend eine gewisse Melancholie und Traurigkeit, dem Alter eine gewisse Heiterkeit eigen ist. Es gibt keinen anderen Grund dafür, als daß die Jugend unter der Herrschaft der Leidenschaft steht, die ihr nicht leicht eine freie Stunde gönnt, die zugleich auch Urheberin fast allen Unheils ist, das den Jugendlichen trifft und bedroht. Das Alter hat die Heiterkeit dessen, der eine lange getragene Fessel los ist und sich nun frei bewegt.

Im Alter erlangen wir die unmittelbare, aufrichtige und feste Überzeugung von der Eitelkeit aller Dinge und der Hohlheit aller Herrlichkeiten der Welt; die Schimären sind verschwunden. Wir wissen, daß weder in einem Palast noch in irgendeiner Hütte die besondere Glückseligkeit wohnt, eine größere als jene, die wir überall genießen können, wenn wir ohne leibliche und seelische Schmerzen sind. Das Große und das Kleine, das Vornehme und das Geringe, wie sie nach den Maßen der Welt gemessen werden, sind nicht mehr zu unterscheiden. Dies ist die Gemütsruhe, die wir erreichen, wenn wir lächelnd auf die Gaukeleien der Welt blicken können.

Viele Leute sind der Meinung, das Alter werde von Krankheit und Langeweile beherrscht. Arthur sagt dazu: „Mit wachsendem Alter wachsen Gesundheit und Krankheit. Es gibt junge Leute, die stärker unter Krankheiten leiden. Von der Langeweile kann gesagt werden, daß sie keine notwendige Begleiterin in die Einsamkeit ist, sondern vielmehr jenen gehört, die keine anderen als sinnliche und gesellschaftliche Genüsse kannten, ihren Geist unbereichert und ihre Kräfte unentwickelt gelassen haben. Im gesunden Alter nehmen Erkenntnis, Gehirntätigkeit, Nachdenken und die richtige Einsicht immer noch zu. Das Urteil schärft sich, der Zusammenhang wird klar.

Ein Glück ist es, wenn die Liebe zum Studium, zur Musik, zum Schauspiel und eine gewisse Empfänglichkeit für das Schöne geblieben ist und bis ins hohe Alter andauert. Was einer an sich selbst hat, kann kaum einmal wichtiger sein als im Alter."

Der grundlegende Unterschied zwischen Jugend und Alter bleibt immer, daß jene das Leben im Prospekt hat, dieses den Tod, daß also jene kurze Vergangenheit und lange Zukunft besitzt, dieses lange Vergangenheit und kurze Zukunft.

Ein sehr langes Leben zu begehren ist allerdings ein verwegener Wunsch. „Wer lange lebt, erlebt viel Schlimmes", sagt ein spanisches Sprichwort.

Ich bin überzeugt davon, daß es auch sehr viel Schönes zu erleben gibt, es kommt auf die Zielsetzung und auf die Einstellung zum Leben an.

DAS LETZTE KAPITEL

ist mehr ein Nachwort und eine Betrachtung des Menschseins in der Zeitenwende, in der wir uns befinden. Es ist nicht mehr möglich, unseren Kindern oder Schülern zu sagen: Dies ist das Wissenspaket, das wir für dich schnüren, damit du in deinem Leben oder Berufsleben zurechtkommst und dich orientieren kannst. Wir können nur noch das Handwerkszeug vermitteln und ihnen beibringen, wie sie lernen sollen. Wir können ihnen nicht mehr sagen, was sie lernen müssen, um der Zukunft gewachsen zu sein.

Wie leben und arbeiten wir morgen, wie beeinflussen Globalisierung und technische Revolution unsere Gesellschaft, die Wirtschaft und das Erziehungs- und Bildungssystem?

Die Möglichkeiten der Telekommunikation wachsen so sprunghaft an, daß sie die einen in Euphorie, die anderen in Angst versetzen, in Angst um ihren Arbeitsplatz, aber auch um ihre Identität. Das vielbeschworene globale Dorf bringt die Fernsten zueinander, aber es entfremdet die bislang Nächsten. Dort muß die Gesellschaftskritik der Gegenwart ansetzen, denken wir, und sie tut es längst. Es geht ihr dabei nicht nur darum, wer beim Wettlauf in das nächste Jahrhundert die Nase vorne haben wird, sie muß auch die Trümmer der alten Systeme unseres Säkulums aufsammeln, ordnen und manches davon hinüberretten, damit die Bruchlinien zwischen heute und morgen nicht so stark auseinanderklaffen. Wie viel es sich zu retten lohnt, wie viel an Beständigkeit bleiben soll oder wird, darüber gehen die Meinungen auseinander.

Überinformation als Feind des Wissens? Was lohnt es sich noch zu lernen? Internet an den Schulen? Die Unterrichtsministerin in Österreich hat als Ziel vorgegeben, jede österreichische Schule an dieses attraktive und gleichzeitig unheimliche weltweite Netzwerk anzuschließen. Die meisten Benützer holen sich in unseren Breiten aus dem Internet derzeit vor allem Unterhaltung.

Doch auch die Informationen, die es bietet, sind nicht mit Wissen gleichzusetzen und schon gar nicht mit Orientierung, sagt Kommunikationswissenschaftler Norbert Bolz. Daß Informationen geradezu zum Feind des Geistes werden können, das leuchtet jedem ein, der täglich mit Informationen konfrontiert und überlastet wird und dabei spürt: Mir fehlt es in meiner konkreten Situation und bei meinen konkreten Problemen nicht an Informationen, sondern mir fehlt es an den Kriterien für eine sinnvolle Auswahl, an einer korrekten Bewertung der Daten, mir fehlt es also an der Kompetenz, im Dschungel der unendlich vielen Daten die wichtigen auszuwählen. Das heißt, die eigentliche Intelligenzleistung besteht heute im Auswählen, im Selektieren, im Bewerten, im Filtern – und nicht mehr so sehr in der Bereitstellung neuer Daten und neuer Informationen, die kommen ohnehin. Die Maschinerie der Wissenschaft und die Maschinerie der Massenmedien produzieren ständig neue Daten und Informationen. Aber: Wie kann ich sie benutzen? Wie finde ich den Zugang zu den wichtigen Informationen? Was ist wichtig? Was ist unwichtig? Das sind die großen Fragen, an denen sich herausstellen wird, wer Geist hat und wer einfach nur ein Opfer der Datenflut ist.

Hat sich das Konzept Bildung aufgelöst? Die Medienkompetenz wird an seine Stelle treten. Was gelernt werden muß, sind nur mehr Kulturtechniken, die auch im alteuropäischen Bildungssystem zu finden sind, angereichert durch Neuzugänge.

Lernt lesen, lernt schreiben, lernt rechnen, beherrscht die Grundlagen der Informatik und begreift, daß die Welt englisch spricht. Wer das wirklich kann, der ist dann auch in der

Lage, von Fall zu Fall rechtzeitig, just in time, wie man so schön sagt, sich diejenigen Kompetenzen beruflicher und kultureller Art selbst anzueignen, die man von ihm erwartet. Denn heute weiß niemand mehr, was man in Zukunft wissen muß, und auch niemand weiß, für sich persönlich, welchen Beruf er in zehn oder zwanzig Jahren ausüben wird. Doch in diesen Gedanken liegt ein Widerspruch, denn es gibt in diesem Bildungssystem auch geistige Erträge und damit eine Zukunftsperspektive, die man ernst nehmen muß, denn Alteuropa wird zu einer „Konserve", während die Amerikaner die technischen Standards der Weltkommunikation setzen.

Das muß man nicht nur pessimistisch sehen, denn es ist ja sicher auch ein großartiges Potential, das wir hier haben, das wir einbringen könnten, das wir noch einmal verwerten könnten. In der Tat kann Europa auf eine ungeheuer differenzierte Kulturgeschichte zurückblicken. Die neuen Medien haben im allgemeinen das Dauerproblem, daß sie nicht wissen, was sie überhaupt senden und welche Inhalte sie verbreiten sollen.

Wir haben phantastische Kommunikationsmedien, phantastische Massenmedien, aber es fehlt an Inhalten, es fehlt an interessantem zu Sendendem oder zu Kommunizierendem, und da wäre in der Tat die sehr nüchterne pragmatische Perspektive gar nicht so traurig, wenn man sagte, Europa stellt, wenn man so will, noch einmal sein Bildungsarsenal zur Verfügung, um die Weltkommunikation – inhaltlich – zu erfüllen und in Gang zu halten.

95 Prozent aller derzeit angebotenen Informationen, ob im Internet oder sonstwo, sind Schrott, schätzt Norbert Bolz.

Welche Informationen ins Netz gelangen, ist im Grunde unkontrollierbar, auch was die Auswüchse betrifft. Gerade Sex-, Gewalt- und politische Extremisten-Seiten werden im

Internet bevorzugt konsumiert. Eine Beschränkung ist hier nicht durchführbar. Ist sie überhaupt wünschenswert? Die Entstehung des Internet ist ein Musterbeispiel für Selbstorganisation, es ist nicht geplant worden, sondern ist einfach gewachsen. Es ist entstanden, es hat sich vergrößert und es hat sich selbst organisiert.

Gewisse Spielregeln – die sogenannte Etikette – wie man miteinander umgeht, was man tut und was man nicht tut, sind gewachsene Regeln, die nicht autoritär von irgendeiner Instanz eingeführt worden sind.

Es gibt viele ernst zu nehmende Diskussionen darüber, wie sich das Internet weiterentwickelt, ob hier jetzt einschneidende Maßnahmen getroffen werden, Gesetze konstruiert werden sollen, oder ob man das ganze einfach sich selbst überläßt. Es gibt vieles, was dafür spricht, diese Selbstorganisation beizubehalten, in der Hoffnung, daß es genügend eigene Impulse gibt, eigene Triebfedern, so daß es im Falle, es passierte Unfug, einen Aufstand aller Aufrechten im Internet gäbe, die versuchen, diesen selbst unter Kontrolle zu bringen. Und in diesem Sinn ist es vielleicht gar nicht so schlecht, wenn sich mal Keime von mißbräuchlichen Anwendungen entwickeln, weil man dann lernt, damit umzugehen.

Wenn wir also diesen Idealfall der Selbstreinigung annehmen und das Internet wirklich, den hohen Idealen folgend, als Bildungsmedium anwenden, wo liegt der Nutzen der globalen Massenkommunikation?

Diese Frage stellte man schon vor über hundert Jahren, als das Telefon seine Verbreitung fand und man nicht unbedingt mehr auf den nächsten, den physisch vorhandenen Nachbarn angewiesen war.

Der Kosmopolit liebt die Welt, damit er seinen Nachbarn nicht lieben muß.

Es kann sein, daß das Internet zu einem Fluchtmedium wird – weg von den Problemen vor der eigenen Haustür. Es gibt aber auch das umgekehrte Argument, man müsse vorsichtig sein, denn das Internet sei ja nichts anderes als eine elektronisch-technische Infrastruktur, die vielfältig nutzbar ist. Zwei Beispiele:

Die beiden Länder, in denen – weltweit – die größte Internet-Anschlußdichte pro Kopf vorliegt, sind Norwegen und Finnland. Das liegt ganz offensichtlich daran, daß in diesen Ländern in Relation zu ihrer Größe nur wenige Menschen leben. Das heißt, in diesen Ländern ist ganz sicher davon auszugehen, daß das Internet ein wesentliches Medium ist, das sozusagen die lockere Siedlungsstruktur überbrücken hilft und den Menschen eine intensivere Kommunikation ermöglicht.

Andererseits ist Norwegen ein Land, in dem die Menschen das meiste Geld für den Kauf von Büchern ausgeben, und Norwegen ist auch das Land, wo die meisten Tageszeitungsleser leben.

Anhand von Norwegen kann man sehr schön erkennen, wie eine mediale Struktur die andere stärkt und unterstützt, wie ein gegenseitiger Aufschaukelungsprozeß erfolgt. Es zeigt sich, daß das Internet nicht – wie viele Leute meinen –, automatisch dazu führen müsse, andere Medien kaputtzumachen und zu verdrängen. Man muß das unterschiedlich sehen, von Kultur zu Kultur, von Land zu Land.

Skeptisch bleiben wir jenen gegenüber, die euphorisch die Beendigung des weltweiten Bildungsdilemmas durch das Internet verkünden, denn alle zehn Milliarden Erdenbürger wird es noch lange nicht erreichen.

Gibt es noch Arbeit für Menschen? Diese Frage muß bejaht werden. Man merkt es sehr wohl an der wachsenden Schattenwirtschaft auf der einen Seite und an der Tatsache, daß wir für viele Aufgaben keine Mitarbeiter finden. In einem größeren Rahmen merken wir es an der Zunahme der

Gesamtbeschäftigung in den Vereinigten Staaten, aber auch in Japan.

Es gibt genug Arbeit, sagt ein erfolgreicher Unternehmer, nur versteckt, bisweilen verhindert, und nicht überall. Es gibt nicht genug Arbeit hier in Österreich, behaupten manche, weil es offensichtlich zu viele Hemmnisse gibt. Ein Beispiel: Eine österreichische Firma in der Steiermark möchte expandieren, würde 200 Beschäftigte brauchen, und es scheitert am Nachtarbeitsverbot für Frauen, obwohl es gerade in jenem Ort tausend arbeitslose Frauen gibt. Sollte keine Lösung gefunden werden, müßte sich die Firma in einem anderen EU-Land ansiedeln, um das Projekt zu verwirklichen. Die Frage nach mühsam stückweise eingeführten sozialen Standards wird hier vom Tisch gewischt. Das unsozialste, sagt der Unternehmer, ist die Arbeitslosigkeit, diese würde sich hier um 15 Prozent reduzieren lassen und sei somit das Gegenteil von unsozial.

Die Gemütlichkeit der 40-Stunden-Woche bei gesichertem Verdienst ist demnach vorbei. Man sieht eine ganz neue Einstellung zur Arbeit kommen, schon alleine aus der Weiterentwicklung der Marktwirtschaft heraus. Es gibt zwei Tendenzen. Auf der einen Seite die wirkliche Polarisierung auf dem Arbeitsmarkt, die, wie es scheint, nur noch eine kleinere Gruppe von hochqualifizierten Arbeitskräften erfordert, und andererseits ein großes Heer von unqualifizierten Arbeitskräften. Zur ersten gehören Techniker, Informatiker, Instandhaltungsspezialiten etc., zur anderen Fast-food-Verkäufer, Wachebeamten, Portiers und Putzpersonal und dergleichen. Dieser Trend wird im amerikanischen Markt schon seit langen Jahren deutlich, es sieht so aus, als würden die mittleren Qualifikationen wegfallen oder unter ökonomischen Druck geraten.

Es gilt natürlich für alle Qualifikationen in diesem Arbeitsmarkt, daß der Druck härter wird, da mag man noch so viel von Unternehmenskultur oder Organisationskultur reden. Mit Berufung auf Wettbewerb und Globalisierung wird der Druck in allen Etagen stärker.

Das heißt, daß das Normalmodell der letzten Jahrzehnte, eine relativ ruhige 35- bis 40-Stunden-Woche, mit angemessenem Gehalt und einer gesicherten Laufbahn, in der gegenwärtigen Wirtschaftslage unter Druck zu geraten scheint.

Die mittleren Qualifikationen verschwinden also, sie teilen sich auf in eine hochintelligente Führungsschicht und in ein Heer von Hilfsarbeitern. Wer immer seinen Arbeitsplatz an eine Maschine verliert, wird sich die Frage stellen: Was kann die, was ich nicht kann?

Wirtschaftsethiker stellen die Frage umgekehrt: Was hat der Mensch dem Computer noch immer voraus? Am Ende gar das, was ihn mit dem Tier verbindet? Es wird bezweifelt, daß das, was der Rechner tut, das ist, was den Menschen zum Menschen macht. Denn der Mensch wird nicht nur zum Menschen dadurch, daß er spricht und logisch argumentiert; sondern daß aus dem Bauch heraus die Intuition, die Emotionen kommen, ist mindestens so sehr typisch und charakteristisch für den Menschen wie das Logisch-Abstrakte.

Was hier deutlich wird: Hier gibt es vieles, was uns mit den Tieren verbindet, und das ist wunderbar und das sollten wir ernst nehmen. Maschinen besitzen diese Fähigkeiten nicht.

Wir werden Maschinen künftig auch mit den mehr tierischen Teilen ausstatten, wir arbeiten jetzt schon an intelligenten sensomotorischen Systemen, also an Robotern, die über so etwas wie Intuition und Emotion verfügen, die so etwas haben wie ein digitales Bewußtsein von sich selbst und von der Welt, in der sie agieren; diese Maschinen verfügen über eine Sensorik, sie nehmen ihre Umgebung wahr, und sie verfügen über Handlungsfähigkeit, das heißt, sie handeln und verändern handelnd die Welt.

Die Angst vor Veränderung und die Sehnsucht nach Langsamkeit. Woran halten wir uns fest?

Es kommt nicht mehr darauf an, wo etwas geschieht, sondern daß es gleichzeitig geschieht, daß sich irgendwo auf der Welt zwei Menschen ins Netz hängen und miteinander eine virtuelle Realität schaffen.

Die Wirklichkeit weicht vor uns zurück, sagt der Berliner Politikwissenschaftler Bernd Guggenberger.

Der Mensch des 21. Jahrhunderts ist ein schutzloses Jetztzeit-Wesen, ein digitaler Neunomade, seine Wanderwelt ist nicht mehr die Landstraße, sondern der Cyberspace. Man könnte sagen, es ist der Abschied von der alten Raumordnung als erdgeborene Maulwurfswesen, die wir vielleicht evolutionär sind. Wir brauchen über die Scholle den festen Bezugspunkt in der Landschaft; obwohl Menschen früher auch gewandert sind, waren sie nicht einfach nur unterwegs, sondern haben sich immer wieder ihren Ort gesucht.

Heimat ist eine Chiffre für die Ortsbedürftigkeit des Menschen. Das spielt heute vor dem Hintergrund der wunderbaren Raumvermehrung, die uns technisch in dem Moment eingefallen ist, wo die Erdoberfläche erschöpft ist, eine große Rolle. Beides hat natürlich miteinander zu tun, der Raum ist erschöpft, die Erde hat keine Geheimnisse mehr, es gibt keine unentdeckten Berggipfel mehr, und wir kennen von der Mündung bis zur Quelle bald alle Flüsse. Ausgerechnet in dem Moment haben wir die Möglichkeit, neue, künstliche, errechnete Räume zu erschließen. Das bedeutet, wie gesagt, den Abschied von der alten Raumordnung, die uns lange begleitet hat.

Jetzt ist es wichtig für den, der dabei sein will, der gehört werden will, daß er die notwendigen Fähigkeiten besitzt, also zum Beispiel, daß er die englische Sprache beherrscht, daß er die Themen der Zeit kennt. Für die alte Ordnung war das wichtigste: Woher kommt einer? Wo lebt er? Als was ist er geboren? Als Engländer, als Pole, als Schweizer? Diese

Dinge werden für die Kinder von Windows und Dos immer unwichtiger; wo jemandes Wiege stand, ist vergleichsweise unerheblich gegenüber den anderen Kriterien wie Sprachkenntnissen und Interesse an den selben Themen. Es sind die Themen, die diese Welt zusammenhalten, nicht mehr die Landes- oder Territorialgrenzen.

Wo alles schneller geht, sucht der Mensch die Langsamkeit. Wenn er mit dem Handy und anderen tragbaren Geräten immer schneller und an jedem Ort auf Herausforderungen reagieren muß, sehnt er sich nach einem Ruhepunkt.

Das müssen nicht einmal mehr ewig gültige Werte sein, Moden reichen schon aus, um das Bedürfnis nach Verlangsamung zu stillen, sagt Bernd Guggenberger. Es ist eine paradoxe These, wir machen die Mode für das Gegenteil verantwortlich, nämlich gerade für die immer schnellebigere Kultur. Für die große Masse der Modehörigen gilt es, die Mode zu suchen, um endlich Gewißheit und Sicherheit und Boden unter den Füßen zu haben, um entlastet zu sein vom Zwang der eigenen Entscheidung. Die Mode verschafft so etwas wie Sicherheit, Gewißheit auf Zeit, und bringt damit auch dieses Veränderungswerk, diese beschleunigte Veränderung, die ja auch ein Zerstörungswerk ist – was eben noch gültig war, wird entwertet –, für eine gewisse Zeit zum Stillstand.

Was aber, wenn der begrenzte Stillstand nicht mehr ausreicht, wenn es um die letzten Dinge geht?

Der Mensch der Zeitenwende hat seine eigenen Strategien der Selbstberuhigung gefunden, er redet sich ein, daß alles wiederholbar sei. Wenn er noch vor einigen Jahrzehnten zum Abschied „Adieu" gesagt hat oder „Lebe wohl", sagt er nun „Auf Wiedersehen". Es ist der symptomatische Gruß des ausgehenden Jahrhunderts, sagt die Wiesbadener Erziehungswissenschaftlerin Marianne Gronemeier.

Er drückt die Hoffnung aus, die nicht aufgegeben werden kann, dem anderen nicht ein „Lebe wohl" zu sagen, was den

Trennungsschmerz sehr deutlich spüren läßt, sondern ihm zu sagen „Auf Wiedersehen", dies ist nicht der letzte Abschied, die Trennung ist aufhebbar, in der Zukunft liegt jede Möglichkeit der Wiederholung noch vor uns. Wir müssen dies nicht als einzige und letzte Gelegenheit unseres Zusammenseins interpretieren.

Die Hoffnung, daß alles sich wiederholen läßt und daß man nicht jeden Lebensaugenblick so ernst nehmen muß, daß auf ihm das ganze Gewicht der Einmaligkeit und dann auch der Letztgültigkeit liegt, diese Hoffnung zeigt sich im Gruß „Auf Wiedersehen", und es ist auch ein sehr schöner Gruß; es ist natürlich auch eine Art von Selbstbeschwörung, weil im Grunde jeder weiß und genügend Erfahrung hat, daß sich eben nichts wiederholen läßt.

Der Mensch der Zeitenwende sieht sich mit einem Phänomen konfrontiert, von dem er annehmen kann, daß es unwiederbringlich vorbei ist, denn mit der Wiederholbarkeit verbinden sich nicht nur Gefühle, sondern auch ökonomische Überlegungen. Das Fließband ist das Wahrzeichen des Profits durch Wiederholung.

Seinen Einspruch gegen die Endgültigkeit formuliert der Mensch der Zeitenwende auf vielen Ebenen.

Heute haben wir es mit einer Zuspitzung dieses Prinzips der „Serialisierung" zu tun, mit dem wir seit dem Beginn dieses Jahres konfrontiert werden, daß nämlich eine perfekte Wiederholung des Menschen hergestellt werden kann. Noch gibt es einige bröckelnde Gesetzesbehinderungen für dieses Projekt der Selbstwiederholung des Menschen auf gentechnologischem Wege. Dieses Projekt hat mit dem Wunsch, daß man etwas wiederholen kann, gar nichts zu tun. Hier wird nun das Prinzip der Wiederholung perfektioniert.

Perfektionieren heißt zu allererst, alle Variationen, die bei Wiederholungen immer möglich sind, zu beseitigen, also das absolut Identische herzustellen, das in keinem Detail abweicht. An die Selbstwiederholung ist unsere Unsterblichkeitshoffnung geknüpft. Inzwischen gibt es Tausende von Menschen, die auf die Frage, ob sie sich auf das Abenteuer der Unsterblichkeit einlassen würden, begeistert zustimmen: Weil sie sich viel davon erhoffen, daß sie in ihrem Duplikat weiterleben können, und weil sie nicht in ihren Kindern weiterleben wollen, nicht mehr in ihrem Werk, das sie in die Welt setzten, nicht mehr in der Erinnerung der Menschen, mit denen sie gelebt haben, vielleicht auch nicht erlöst werden wollen. Sie wollen sich Unsterblichkeit verschaffen, indem sie sich selbst wiederholen, indem sie ihr genetisches Material, ihre Biomasse (wie es heißt) zur Verfügung stellen. Was wir jetzt haben, ist eine mit der Technologie sich verbündende Wiederauferstehungshoffnung, die sich nicht mehr mit irgendeiner Form von Erlösung oder Befreiung verbündet.

Es ist der volldigitalisierte Cyber-Nomade, der heimatlos in aller Welt immer schneller und wiederholbarer arbeitet. Einer, der nur mehr die Mode als Fixpunkt wahrnimmt und der nichts gelernt hat, außer wie man mit Computern englisch spricht.

Ist das der Mensch der Zeitenwende? Oder ist die Aufklärung, die den selbstbestimmten Menschen hervorgebracht hat, doch nicht besiegt? Werden wir in 30 oder 40 Jahren über die Internet-Hysterie lachen und uns noch immer Briefe schreiben?

Bleiben wird in jedem Fall die Frage, ob die künftigen Lebensumstände mehr an Realem oder an Virtuellem orientiert sein werden, und vielleicht ringt man sich auch im 21. Jahrhundert zu der lapidaren Feststellung durch:

Was bleibt, ist der Mensch.

Katharina Beta, Wien, im März 2001

QUELLEN:

Adler, Alfred: Der Sinn des Lebens; Fischer TB,1997; Wozu leben wir; Fischer TB, 1994 Neurosen, Fallgeschichten, Fischer TB, 1994; Menschenkenntnis; (30.Auflage, Fischer TB. 1998)

Beta, Katharina: Katharsis, Verlag Ibera Wien, 2000

Buber, Martin: Ich und Du, Heidelberg, Verlag Lambert Schneider, 1983

Battegay, G.: Narzißmus und Objektbeziehung (über das Selbst zum Objekt), Bern 1977

Balint, M.: Über Liebe und Haß, Urformen der Liebe und der Technik der Psychoanalyse, Stuttgart 1969

Britz, Alfred: Auszüge aus der Hörfunksendung des Ö1 „Nachtstudio" Salzburg vom November 2000

Gillemann G.: Le primat de la Charite en theologie morale/ Essay methodologique Bruxell 1954

Goethe von J. W.: Verse Trost bei Goethe, Verlag W. Scheuermann, Wien, 1941

Gracian, Balthasar: Handorakel und Kunst der Weltklugheit aus dessen Wissen gezogen von Vincencio Juan de Lastanoja und aus dem Spanischen treu und sorgfältig übersetzt von Arthur Schopenhauer, Verlag Haude & Spener, Berlin, 1938

Klages, Ludwig: Grundlagen der Charakterkunde, Verlag Bouvier, Bonn, 1948

Krüger, Wolfgang: Eifersucht, die kreative Kraft , Hoffman & Campe Verlag, 1987; Die Faszination des Geldes, Begierde, Sehnsucht, Leidenschaft; Kösel Verlag, 1998

Mikoletzki, Prof. , Historiker, Wien: Auszüge aus dem Gespräch der Hörfunksendung, „Nachtstudio", Ö1 Salzburg, vom Juli 1995

Platon: Staatsschriften, herausgegeben von Prof. Dr. Othmar Spann Die Herdflamme, Bd. 6 - zweiter Teil, Staat., Verlag Gustav Fischer, Jena 1925

Rotter, Hans: Grundgebot Liebe, Tyrolia Verlag Innsbruck, 1983

Risser, Ralf: Schriftenreihe Lebensraum, (freie Beobachtungen) Verlag Brandstätter, 1985

Russel, Bertrand: Macht, Europa Verlag Hamburg, 2000
Philosophie des Abendlandes (östliche Philosophie Parkland Verlag VSB, 1999

Schopenhauer, Arthur: Lebensweisheit, Alfred Kröner Verlag, Leipzig, Taschenausgabe, 16. Band.

Schoeck Helmut: Ist Leistung unanständig?
Kinderverstörung; (die mißbrauchte Kindheit) , Mut Verlag, 1988

Schönemann Dr. Dietrich: NOI Klagenfurt, Vierteljahreshefte Nr. 111/119-1995; 113-1996; 116-1996

Schüller, Helmut: Universitätsseelsorger, Auszüge aus einem Gespräch in der Hörfunksendung „Nachtstudio" des Ö1 Salzburg, im November 2000

Katharsis

in der Übersetzung aus dem griech. Wortlaut heißt es: Läuterung der Seele durch die Tragödie.

Nach dem Studium der Medizin und der Geburt von drei Söhnen erlitt Katharina Beta einen schweren Autounfall mit Schädel-Hirn-Trauma und in der Folge eine Totalamnesie. Zweiunddreißig Jahre verschwanden aus der Erinnerung und damit die eigene Identität.

Liegen, Sitzen, Gehen, Essen und Trinken waren nicht selbstverständlich, sondern mußten wieder gelernt und als Handlungen verstanden werden. Das Verstehen von Sätzen, die von anderen Menschen gesprochen wurden, mußte ebenso gelernt werden wie das Lesen und Schreiben von Buchstaben und Worten.

Die Mitglieder ihrer Herkunftsfamilie, selbst ihre Söhne, blieben ihr fremd. Der erlernte Beruf war verloren. Sie begann einen mühsamen, steinigen Weg, beobachtete Menschen und das Leben an sich und gelangte zu besonderen Erkenntnissen.

In diesem Buch versucht die Autorin durch die Beschreibung ihres Schicksals verständlich zu machen, wieviel Wandlung ein Mensch verträgt, um anderen durch Leid betroffenen Menschen den Mut zu vermitteln ihren eigenen Weg zu suchen und ihn in Eigenverantwortung zu gehen.

Katharina Beta
KATHARSIS
Aus dem Wasser geboren
332 Seiten, gebunden
Spiegelbestseller 2000

Ein Spitzensportler gehört mit 30 Jahren zum „alten Eisen". Ein Model ist mit 20 „out", und verlieren Sie mit 40 ihren Job, dann will Sie „der Markt" nicht mehr! Höchste Zeit, dieser Strömung Einhalt zu gebieten, denn sie beruht nicht auf der Wirklichkeit, sondern auf Glaubensmustern, die uns eine intollerante Gruppe von Geschäftemachern einredet - und danach handelt. Die Autorin tritt mit Vehemenz und Überzeugung dem Unsinn entgegen, daß wir uns wegen der schnellebigen Zeit „beeilen" müssen zu leben. Das neue Jahrtausend wird der Welt gigantische Fortschritte in allen Bereichen bescheren – doch das heißt noch lange nicht, daß wir deshalb rascher „unbrauchbar oder veraltet" sind. Jenseits der ersten Blüte, sollte Ihr Ziel deshalb unbedingt „Alterslosigkeit!" sein. Als Vorbild kann der ungezähmte Panther dienen. Werden wir geschmeidig, ausdauernd, flexibel, klug und schlau, dann erkennen wir stets den rechten Zeitpunkt, um am passenden Ort das Richtige zu tun. Wir bestimmen damit selbst unsere Lebensqualität und Lebendigkeit, die von Jahreszahlen unabhängig ist. Werden Sie durch das Buch zum wahren Panther, der das Leben liebt!

Das Powerbuch um alterslos zu werden:

„Wahre Panther schnurren nicht"...

... nur weil man sie zur Kenntnis nimmt.

Sie haben viel mehr Ziele und wollen das erreichen, was wesentlich ist: Lebensfreude und Lebensqualität. Ein Buch, nicht nur für die viel zitierten „grauen Panther", sondern für all jene, die mit Energie, Selbstvertrauen und Zuversicht die Herausforderung des neuen Jahrtausends meistern wollen.

Annemarie Trixner
WAHRE PANTHER SCHNURREN NICHT
Das Powerbuch um alterslos zu werden
200 Seiten, gebunden.

Sie hat Energie, die Ungewöhnliches hervorbringen kann, eine Energie, die etwas bewirken kann, das wiederum Folgen nach sich zieht, mit denen niemand gerechnet hat.

In diesem Tatsachenroman über das Leben von Vera Kalmán werden die Handlungen der Personen, die sich in Liebe, Haß, Eifersucht und Resignation verstricken, noch übertroffen von den Ereignissen, die, beginnend mit der russischen Revolution in Petersburg, über Berlin, Paris, Hollywood nach Wien führen.

Wie ein feines Netz sind die Schicksalsfäden berühmter Politiker und Künstler lebenslang verknüpft, und es scheint, als habe eine Frau von atemberaubender Schönheit, aber auch mit Gerissenheit und Mut, diese Fäden in der Hand.

Frech, witzig und traurig zugleich, aber immer authentisch und wahrhaftig ist dieses Buch, dessen Inhalt auf Tonbandprotokollen, Videoaufzeichnungen, Recherchen und Gesprächen der Autorin mit Zeitzeugen beruht.

Zahlreiche, bisher unveröffentlichte Fotos und Dokumente bereichern eine Biographie, die in faszinierender Weise das Leben und Lieben jüdischer und christlicher Menschen beschreibt.

Topsy Küppers, *Professorin, Schauspielerin und Autorin, wurde 1931 in Aachen (BRD) geboren, studierte Gesang, Tanz und Schauspiel.*
Zahlreiche Engagements im In- und im Ausland, sowie Filme und TV-Auftritte in Deutschland, Österreich und Israel.
Seit 1976 Leiterin der musikalisch-literarischen Kleinkunstbühne FREIE BÜHNE WIEDEN in Wien.
Ständige Auslandsgastspiele und Lesungen. Arbeit als Regisseurin und Autorin für Bühne und Fernsehen.
Auszeichnungen und Preise bei internationalen Theaterfestivals, Ehrenmitglied der Abraham-Goldfaden Company, New York.
Ständige Mitarbeiterin TOPS(Y)CRET der „Illustrierten Neuen Welt", der von Theodor Herzl gegründeten internationalen jüdischen Zeitung.

Topsy Küppers
ALLE TRÄUME FÜHREN NACH WIEN
Vera Kalmán und ihr Jahrhundert
320 Seiten, gebunden